王铎评传

中国历代书法家评传

何炳武 党斌 著

陕西新华出版
太白文艺出版社·西安

图书在版编目（CIP）数据

王铎评传 / 何炳武，党斌著. -- 西安：太白文艺出版社，2018.6（2023.6重印）
（中国历代书法家评传 / 何炳武主编）
ISBN 978-7-5513-1199-1

Ⅰ.①王… Ⅱ.①何…②党… Ⅲ.①王铎（1592-1652）—评传 Ⅳ.①K825.72

中国版本图书馆CIP数据核字(2017)第185195号

王铎评传
WANG DUO PINGZHUAN

作　　者	何炳武　党　斌
责任编辑	李明婕
封面设计	可　峰
出版发行	太白文艺出版社
经　　销	新华书店
印　　刷	三河市同力彩印有限公司
开　　本	787mm×1092mm　1/16
字　　数	152千字
印　　张	12
版　　次	2018年6月第1版
印　　次	2023年6月第3次印刷
书　　号	ISBN 978-7-5513-1199-1
定　　价	38.00元

版权所有　翻印必究
如有印装质量问题，可寄出版社印制部调换
联系电话：029-81206800
出版社地址：西安市曲江新区登高路1388号（邮编：710061）
营销中心电话：029-87277748　029-87217872

序

陕西省书法家协会名誉主席　雷珍民

  陕西古为雍、梁之地，又称三秦大地，纵贯南北，连通东西，位于中国地理版图的中心区域。在整个周秦汉唐时期，关中地区都是古代中国政治、经济、文化的中心。数千年来，悠久的历史、厚重的文化，为陕西书法的不断发展繁盛、经久不衰提供了充足的营养。

  在三秦文化肥沃的土壤之上，历代书法名家辈出，传世的精品碑帖不计其数。商周时期的青铜器铭文、先秦时期的石鼓文、西安碑林所藏的秦李斯《峄山碑》、汉熹平石经《周易》残石、《曹全碑》《大唐三藏圣教序碑》《道因法师碑》《颜勤礼碑》《颜家庙碑》《多宝塔感应碑》《玄秘塔碑》等皆堪称书坛瑰宝。众多作品中仍以隋唐时期为盛。隋代的智永，初唐时期的欧阳询、虞世南、褚遂良、薛稷，中晚唐时期的颜真卿、柳公权都是绝贯古今、声名显赫的书法大家。陕西因此而享有"书法的故乡"之美誉，声闻海内外。

  改革开放之后，随着社会经济文化的不断发展，中国传统文化逐渐复兴，书法作为中国传统文化中最有特色的一门艺术也获得了长足的发展。一方面，在传统文化全面复兴的大潮下，书法有了更广泛的群众基础。由于书法在塑造完美人格、培养高尚优雅审美情趣等方面有着不可替代的作用，也越来越受到社会各界的认可。业余书法爱好者的数量迅速增加，书法艺术群众化、民间化的趋势日益明显。另一方面，从事书法研究的专业队伍不断壮大。整个陕西书法界呈现出百花齐放、百家争鸣的良好态势。陕西的书法家们通过作品展览、专题讲座、理论研讨等多种形式积极弘扬传统书法艺术，推动陕西书法事业的不断发展。书法研究者能够潜心钻研书法，发表论文，出版专著，举办展览，开坛讲学，在理论、实践等方面都取得显著成绩的同时，也将陕西书法的声誉和影响拓展到三秦大地之外更为广阔的领域中去。

近年来，专业人员积极投身书法理论研究，将书法的专业研究与群众普及结合起来，扩大陕西书法群众基础，推动陕西书法进入了新阶段。为了更好地传承祖国的书法艺术，陕西省社科院中国书画研究中心何炳武主任主编了《陕西书法史》。这套书出版后引起了较大的社会反响，对深入认识陕西书法、普及书法发挥了重要的作用。

现在，陕西省社会科学院中国书画研究中心又撰写了"中国历代书法家评传"丛书。他们选择中国书法史上最具代表性的书法大家作为研究对象，通过多种渠道搜集相关文献资料，进行深入的个案研究。其研究视角不仅仅关注书法家书法风格形成的历史背景及时代风貌，更注重其书法思想、理论的研究，关注书法家对前代的继承、创新和对后世的影响，将书法家的人生经历、时代背景与其书法创作紧密联系起来。这样的研究方法突破了传统研究中书家与书作相分离的局限，也为书法研究开辟了一条崭新的道路。

"没有高度的文化自信，就没有中华民族的伟大复兴。"十九大以来，随着中华民族伟大复兴进程的加快，更好地传承中国优秀传统文化，深入挖掘中华优秀传统文化的内蕴，是摆在我们面前最重要的任务，也是每一个学人在新时代下的责任。我认为，这套丛书的陆续出版，对于推动陕西书法事业的发展和弘扬祖国优秀的传统文化都具有重要的意义。

是为序。

2017年10月16日

目录

第一章　古渡孟津　王铎故里 …………………………………………（1）

第二章　生逢乱世　仕途艰辛 …………………………………………（11）

第三章　政权更迭　前途未卜 …………………………………………（63）

第四章　翰林有余　宰相不足 …………………………………………（85）

第五章　清朝治世　贰臣之名 …………………………………………（96）

第六章　翰墨画作　流芳百世 …………………………………………（116）

第七章　师法二王　神笔扬名 …………………………………………（134）

附录一：王铎生平年表 …………………………………………………（154）

附录二：历代名人评论王铎及其作品 …………………………………（165）

附录三：王铎墓志铭及祭文 ……………………………………………（167）

附录四：《清史列传·王铎传》 …………………………………………（180）

参考文献 ……………………………………………………………… (182)
后　记 ………………………………………………………………… (186)

第一章　古渡孟津　王铎故里

汉代李尤作《孟津铭》云："洋洋河水，赴宗于海。经直中州，龙图所在。黄函白神，赤符以信。昔有周武，集会孟津。鱼入王舟，乃往克殷。大汉承绪，怀附逖邻。邦事来济，各贡厥珍。"[①]这里"集会孟津"的典故说的是西周武王九年（前1038），大会诸侯于孟津，举行讨伐商纣王的誓师仪式，据说当时参加誓师大会的诸侯有八百之多。遥想数千年前，八百诸侯集会于此，周武王振臂一呼，天下影从。浩浩荡荡的伐商大军与奔流不息的滚滚黄河水一起由孟津向东奔去，商灭而周立，古渡孟津见证了这一切的发生。

事实上，孟津历史悠久，关于孟津的传说最早可以上溯到伏羲时期，习惯称之为"龙马负图"，今天的孟津仍有龙马负图寺。

孟津龙马负图寺

---

① 〔清〕唐侍陛：《新修怀庆府志》。

评传

龙马负图碑

孟津黄河湿地

《周易》载:"河出图,洛出书,圣人则之。"《尚书·顾命》伪孔安国传称:"伏羲王天下,龙马出河,遂则其文以画八卦。"即认为伏羲依龙马负图画出了乾、兑、离、震、巽、坎、艮、坤为内容的"伏羲八卦图"。班固在编撰《汉书》时,也提及此事,据《汉书》记载:"龙马者,天地之精,其为形也,马身而龙鳞,故谓之龙马。龙马赤纹绿色,高八尺五寸,类骆有翼,蹈水不没。圣人在位,负图出于孟河之中焉。"① 有人认为"龙马负图"是神话,显示了中华民族的卓越智慧和浪漫主义精神,表达了对中华文明的崇拜和赞美;有人认为它是传说,是中华儿女对于先民创造中华文明的高度概括、升华和神化。虽然,远古时代的神话传说不可尽信,但这一神话传说在反映出更深层文化内涵的同时,也是孟津源远流长历史的佐证。

中国远古文明的核心是黄河流域,孟津则处于黄河流域的中心地带,它是古人所谓不折不扣的"中原地区"。因此,历代史籍关于孟津的记载颇多。据《水经注》记载:"武王伐纣,与八百诸侯咸通此盟,古曰孟津,亦曰盟津。"《四库全书·河南通志·辨疑》中说:"古孟津,非今之孟津县也,在大河之北也。孟津县在南岸,金改河清县置。"《中国古今地名大辞典》:"孟津,在河南孟县南十八里。"《后汉书·光武纪注》:"俗名冶成

① 《汉书》卷八十一,《列传》第五十一。

津，即此。"《十三州记》云："河阳县治河上，即孟津也。"

孟津以河为名，古孟津河是黄河的支流之一。唐诗云："君不见，黄河之水天上来，奔流到海不复回。"① 黄河源自青藏高原，一路蜿蜒回转、绕山循谷。孟津河并入之后，黄河穿越小浪底，方才进入地势平坦地区，自此一路向东，奔流入海。孟津是水绕山环之地。据清代《孟津县志》记载："（孟津）上古为赫苏氏之都。赫苏氏为赫胥，《路史》曰：赫苏氏之为治也，光耀赫奕而隆名，有不居即以胥而自况……今津境西有潜亭山，赫苏氏之故都也。赫苏有赫然之德，使民胥附，故曰赫胥，盖炎帝也。"② 除潜亭

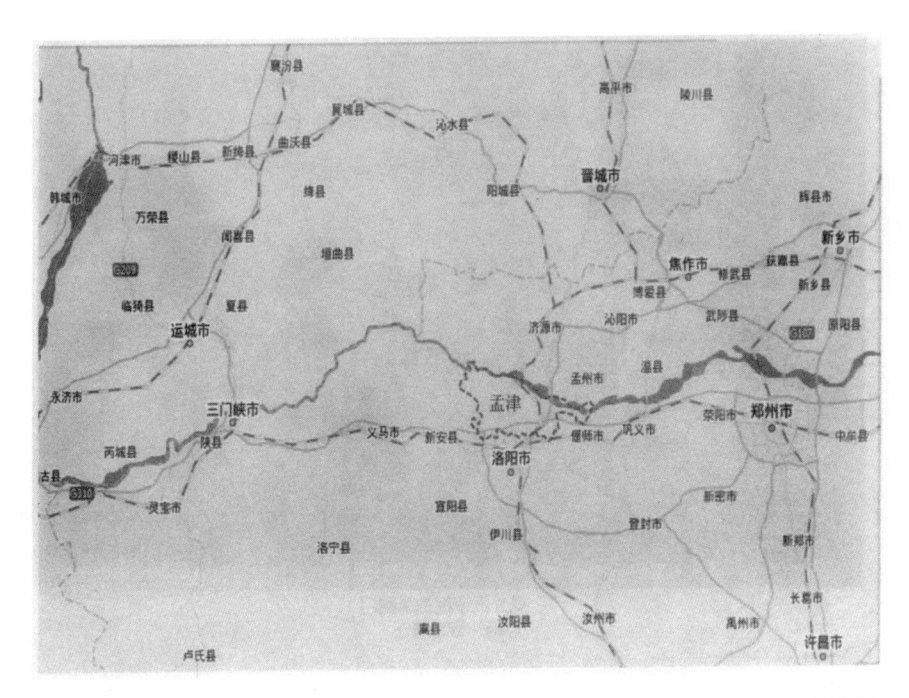

孟津山水

孟津地图

---

① 〔唐〕李白：《将进酒》。
② 清乾隆四十七年（1782）《孟津县志》。

山之外，孟津境内还有传说中的炎帝之都谷城山。据清代《嘉庆重修一统志》记载："谷城山在河南府西北五十里，连孟津县界，旧名潜亭山，瀍水出此。"①据《山海经》记载："……又东十里，曰青要之山，实帷帝之密都。北望河曲，是多驾鸟。南望墠渚，禹父之所化，是多仆累、蒲卢。䰠武罗司之，其状人面而豹文，小要而白齿，而穿耳以镴，其鸣如鸣玉。是山也，宜女子。畛水出焉，而北流注于河。其中有鸟焉，名曰鴢，其状如凫，青身而朱目赤尾，食之宜子。有草焉，其状如菱，而方茎黄华赤实，其本如藁本，名曰荀草，服之美人色。"② 青要山以东即中原文化名山北邙山。北邙山又统称"平逢山"，古称"缟羝山""郏山"。《山海经》说："缟羝山之首，曰平逢之山，南望伊洛，东

汉光武帝陵

汉光武帝陵神道阙门

---

① 〔清〕穆彰阿：《嘉庆重修一统志》，中华书局，1986年。
② 方韬：《山海经》，中华书局，2009年。

望谷城之山，无草木，无水，多沙石。有神焉，其状如人而二首，名曰骄虫，是为螫虫，实为蜂蜜之庐。其祠之，用一雄鸡，禳而勿杀。"① 《太平寰宇记》："邙山在河南县北十里，洛阳县北二里，一名平逢山，亦郏山之别名也。"如此山水相映，难怪有人用一句诗文来形容孟津说："峥嵘历史必有高迥人物，山川灵秀自有才子风流。"

帮助孟津在中华五千年辉煌灿烂文明中留下璀璨印记的，不仅仅是这些珍贵的史料、秀美的山水，更重要的是数千年来出生、生活、成长、归隐于孟津的无数文人骚客、风流人物使得孟津的历史更加熠熠生辉。西汉王朝的建立者刘邦在此绝河亡秦；西汉著

王铎故居

王铎故居一隅

① 方韬：《山海经》，中华书局，2009年。

名的政论家、文学家贾谊出生于此,并留下了《过秦论》《吊屈原赋》等不朽名作;东汉光武帝陵坐落于此;秦汉著名的发明家张衡在这里发明了举世闻名的"地动仪"等等,不胜枚举。

在这些孟津历史名人中,有一位生于孟津、长于孟津,多数人既熟悉又陌生的人物,他就是明代书法家王铎。伴随着书法艺术的日益繁盛,越来越多的人知道了"神笔"王铎的传说,临习他的法帖,因此,王铎的名字和他的书法作品对很多人来说是再熟悉不过了,他是明末清初时期书坛的重要人物。

王铎故居再芝园

明朝前期的书法,由于历史的惯性,必然受到元末书风的影响,在复古主义运动下开始对帖学全面崇尚,并开始主张个性的流露。元末,江南文化可谓五光十色,这里活跃着各样人等,这里的文化因素分外复杂。文化的历史积淀、地域特色和秀丽的自然山水,对儒学具有天然的解构性。但当元灭后,这里又必将成为新朝实施政治和意识形态统一的重要战场。明王朝建立后,"时天朝方铲时之陋习,将一变而至于古",用理学的规范扼杀艺术的非道德倾向。同时以理学开国的明朝,让长期屏蔽在社会下层的士子,又有了熟悉的儒学氛围和宣言明理、与君主结盟的辅佐之感;举荐、科举的实行,又为新朝扩大了统治的基础,于是士子精神生活的重心,也就转移到了帮助新帝王重建失落的意识形态上。理学也再一次赢得了整合人们

王铎画像

精神生活的宝贵机会。本身具有强烈的解构性和排他性的理学，在官方的支持和科举制度的维护下，在书法艺术上自觉不自觉地形成了台阁体。台阁体是明代特有的一种书法现象，以沈度、解缙等人为代表的书家群体所写出的中书舍人式的书法，被用来粉饰太平、维护政治统治，显示出一种平和稳重的风格和富贵堂皇的气派，同文学上的台阁体如出一辙。在当时书法被认为"夫字者，所以传经、载道、述史、记事、治百官、察万民、贯通三才，其为用大矣"。

书法存在的价值在于它的社会功用，所以对写字来说，其过程不仅是针对书法本身，还是一种社会态度，"某写字时甚敬，非是要字好，只是此字"。更为具体地说，就是一种静心专一的态度，"意谓此正在勿忘勿助之间也。今作字匆匆则不复成字，是忘也；或作意令好，则愈不能好，是助也。以此知持敬者正勿忘勿助之间也"。为此就要"一点一画皆有法度"，只有"字字有法度，如端人正士，方是字"。这种书法思想在当时社会获得了普遍认可。例如张绅认为："古人写字正如作文，有字法、有章法、有篇法，终篇结构首尾相应，故云：'一点成一字之规，一字乃终篇之主。'""大抵作书须结体平正，下笔有源，然后伸之以变化，鼓之以奇崛，则任心随

明代书法家沈度

沈度《敬斋箴》

沈度《言·动·视箴》

沈度《听箴》

意，皆合规矩矣。""古人所谓常使意胜于法，而后世常使法胜于意，意难识，而法易知……今始识其用意之妙，正犹君子泊然于内运，非久与之不居。"为此，明初书论弥漫着很浓的尚古风气，只不过是将赵孟𫖯放置到了正宗的地位——"赵子昂如程不识将兵，号令严明，不使毫末出法度外"，使赵孟𫖯书法在整个时代都占据上风。

"晚明时代，是一个动荡时代，是一个斑驳陆离的过渡时代。照耀着这时代的，不是一轮赫然当空的太阳，而是许多道光彩纷披的晚霞。你尽可以说它'杂'，却绝不能说它'庸'；尽可以说它'嚣张'，却绝不能说它'死板'；尽可以说它是'乱世之音'，却绝不能说它是'衰世之音'。它把一个旧时代送终，却又使一个新时代开始。"① 晚明在阳明心学及其后学的激荡下，伦理自觉和独立人格的主张也得到发扬，人的主体意识和人

---

① 嵇文甫：《晚明思想史论》，河南大学出版社，2008年。

的社会价值得以伸张,以个性解放为特征的人文主义理念得到普遍的认同。明代思想家李贽在肯定个体价值"夫天生一人,自有一人之用,不待取给于孔子而后足也"的前提下提出了"童心说":"童心者,真心也……夫童心者,绝假纯真,最初一念之本心也。"① 在文学上,"公安派"提出"独抒性灵,不拘格套"② 的审美思想。随后又有以明代文学家钟惺为代表的"竟陵派"在"公安派"的基础上提出"势有穷而必变,物有孤而为奇"③ 的求新、求异美学主张。一场主张创新、肯定自我、不受束缚的思想变革很快波及各个艺术领域,在书法艺术上表现自我性情的旗帜被高举起来。"当时的倾向是思考书法的时代性,深入探求古代书法各家的特点,更进一步则是朝着书法艺术的哲理性方向发展下去。这种明代的书法理论,可以说已经有了一种新的性质,它是探求近代书法艺术性的渊薮。"④

虽然王铎在书法领域拥有较高的声誉,但由于史料的缺乏和历史上众口不一的评价等多方面原因,许多人对王铎的生平以及其历经明清两代政权更迭之后的内心世界却很少关注。

由明入清,政权的更替,社会的变革,这一切对王铎的心理产生了巨大的冲击。王铎内心世界的变化也反映了当时儒家士大夫阶层的心态,这一切都要从晚明社会说起。

元代书法家赵孟頫画像

赵孟頫《秋兴赋》(局部)

---

① 〔明〕李贽:《焚书》,中华书局,2009年。
② 〔明〕袁宏道:《袁中郎全集》。
③ 〔明〕钟惺:《问山亭诗序》。
④ 〔日〕中田永次郎著,卢永磷译:《中国书法理论史》,天津古籍出版社,1987年。

赵孟頫书作

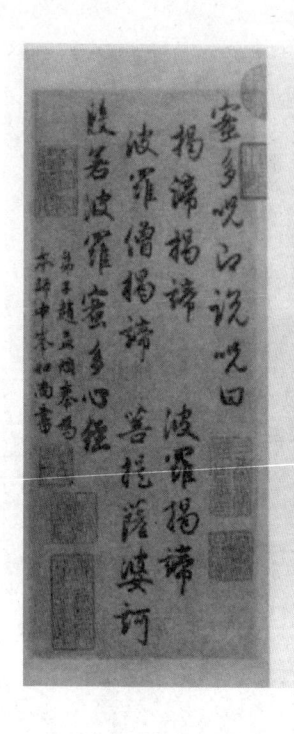

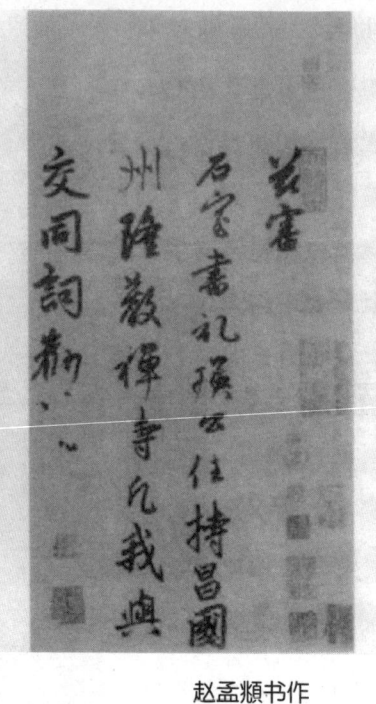

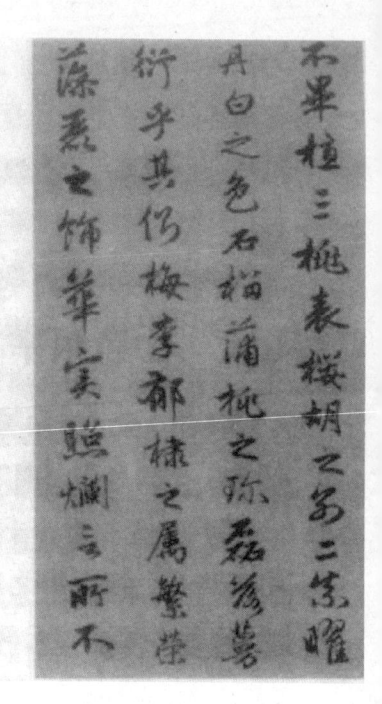

《心经行书册》（局部）　　《送瑛公住持隆教寺疏》（局部）　　《闲居赋》（局部）

第二章　生逢乱世　仕途艰辛

公元1368年，朱元璋扫灭元朝残余势力，建立政权，定国号为"明"。在中国古代历史上，明代历十二世，十六帝，享国二百七十六年。明朝是继周、汉、唐之后的又一盛世，它"无汉唐之和亲，无两宋之岁币，天子御国门，君主死社稷"，因此历史上称明代为"治隆唐宋""远迈汉唐"。当然，这样的说法仅限于明朝前期而已。

明朝初年国力强盛，经洪武、建文、永乐三朝励精图治，至明宣宗的近百年间，明朝军队北进蒙古高原，南征安南，伐锡兰，羁绊马来诸岛族，威震四方。洪武之治、永乐盛世、仁宣之治延续盛世景象。至明英宗幼年即位时，朝中由"三杨"——杨博、杨士奇、杨荣主持政局，海内清平，万邦来朝。

明正统七年（1442）后，宦官王振开始擅权。明正统十四年（1449）发生震惊天下的土木堡之变，永乐以来的军事优势遭到破坏，并使国力大损，明代宗果断任用于谦击败瓦剌，取得北京保卫战的胜利。后又经历景泰、天顺两朝经营恢复，国力有所回升，到明中叶孝宗弘治时期再次大治，此时政治清明，民生安康，对外复立哈密等卫，重新确立对西域的控制，历史上称此时期为"弘治中兴"。正德年间开始，

朱元璋画像

明王朝逐渐中衰。

从动态的角度看,正德年间(1506—1521)大致可以视为明代社会文化变迁的分水岭。随着社会的变革,新经济因素的产生,思想文化开始由明初的保守、沉闷,逐渐趋向革新、活跃。换言之,明代社会文化在正德前后呈现出两种迥然不同的特色。

从明太祖朱元璋建国到正德时期(1368—1506),是明初社会文化的保守期。宋人王禹偁说:"古有四民,今有六民。"① 其意是说,在传统的士、农、工、商四民之外,宋代已经增添了释、道二民。明太祖鉴于元末的社会状况,感受到了从四民演变为六民的危害性。所以,明太祖立国的根本,就是让他统治下的臣民能安于士、农、工、商四个等级。虽然他仍然承认释、道这两种宗教信徒的存在,但他对佛教和道教招收门徒进行了严格的户籍管理和控制。他所执行的政策,目的是为了使传统的四民安居乐业、各守本分,以政府强制力将这些人牢牢地固定在他们的生活区域内,以便于政府的管理和税役的征调,他规定:凡是"有不事生业而游惰者,及舍匿他境游民者,皆迁之四方"。

对于前文提及的明代初年所形成的社会文化元素而言,由于朱元璋一统天下,重新建立了统治全国的专制主义中央集权,相对活跃的思想文化领域受到了压制,明代政府对思想文化的钳制是极为严厉的。与这种严密的政治统治相对应,在思想文化领域内,学术上承袭元代,尊崇程朱理学,毫无个人见解的新颖发挥。这就造成了明初"有质行之士,而无同异之说;有共学之方,而无专门之学"。从明代兴起的小说等文学作品来看,内容涉及伦理纲常、名教存亡的所占比例很高,但大多以各种形式强调封建礼教的重要性,内容却显得空洞乏味。同样毫无创新的台阁体诗歌也因此而显赫一时。文

王铎《饮义楼作诗》

① 〔北宋〕袁褧:《枫窗小牍》,中华书局,1985年。

学作品是现实社会的一面镜子，也是社会思想文化的缩影。通过这些作品的特点不难看出，人们的思想差异极为微小，思想趋于一统，行为趋于一致，传统备受尊重，自由无处伸张。然而，严密的政治与社会统治，其结果势必造成整个社会与文化结构趋于保守与僵化。

明代中期以后，社会发生了极大的变革，已经到了王阳明所指出的"病革临绝"地步。

嘉靖帝在位时推行新政，明朝政治国力一度有所恢复，但嘉靖末年因君臣矛盾突出，又开始逐渐中衰，社会矛盾萌发。至隆庆年间徐阶、高拱等人推行新政，罢海禁、册封俺答等人，史称隆庆新政。到万历帝时，在著名的内阁首辅张居正的辅政之下实行改革，再度中兴，此时期海内清平，又先后平定甘肃、贵州叛乱，并为援救朝鲜击败了侵朝日军，史称万历中兴。此时明朝经

晚明时期思想家王阳明

王阳明书作（局部）

济文化极其发达，后世计当时朝廷岁收，明朝的经济规模为世界第一。从万历朝中期开始，皇帝怠政，官员更加腐化，地主阶级到处搜刮民脂民膏，导致江南民变的发生。万历末年，关外建州女真叛乱，明朝政权开始走向衰亡，进入晚明时期。

中晚期的明代社会中，许多思想家都清醒地感受到了传统儒家伦理纲常的动摇，社会思潮的革新悄然兴起。积极的士大夫阶层代表公开宣扬情与理的矛盾，并主张"情可以并且应该突破理的束缚"。正因为如此，明代书画家董其昌将李梦阳与王阳明并称，而李贽对李梦阳也一直十分推崇。发端于弘治、正德之际的人文主义思潮，至万历中期臻于极盛。万历三十年（1602）李贽去世以后，在晚明喧嚣一时的人文主义思潮才渐趋衰落，取代人文主义思潮的是明末实学思潮与儒家知识分子的自我批判思潮。思想理论的不断进化、社会思潮的激烈碰撞，使王铎生逢乱世。

董其昌书作（局部）

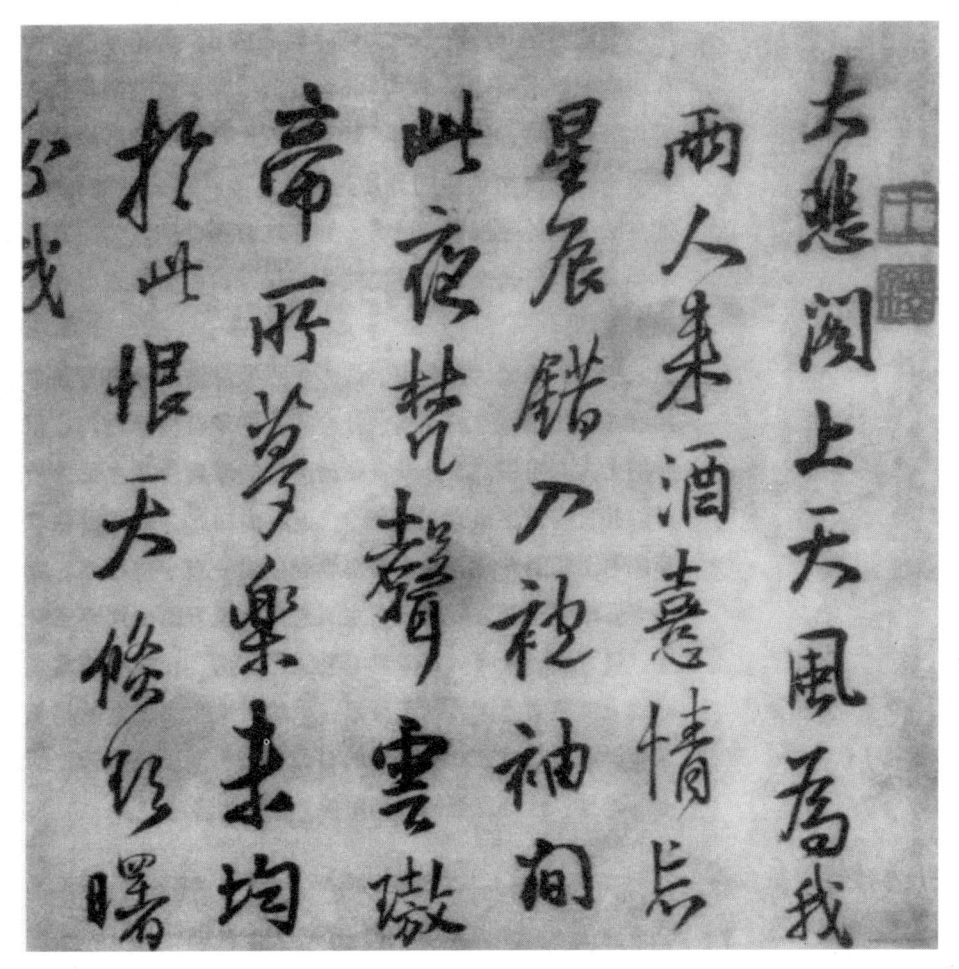

王铎《报寇葵衷书》（局部）

  万历二十年（1592），王铎出生于河南孟津邑双槐里。王铎曾有诗作《双槐旧宅》曰："西场数亩宅，曲径掩深关。井上孤桐大，庭中夏草间。抱孙窥水胍，挟史咏嵩山。茶粥兼汤白，能无雨泪潸。"诗中所写即王铎之出生地孟津双槐镇。说王铎生逢乱世，不仅仅是因为万历年间是明代社会思潮发生巨大变化的阶段，更重要的是，此时的国家政治、经济、军事都处于混乱之中。

  万历是很多人都熟知的明代年号，明代历史中以万历纪元的时间，持续四十八年之久，神宗朱翊钧是明代历史中在位时间最久的皇帝。

  隆庆六年（1572），穆宗病危。五月二十五日，高拱、

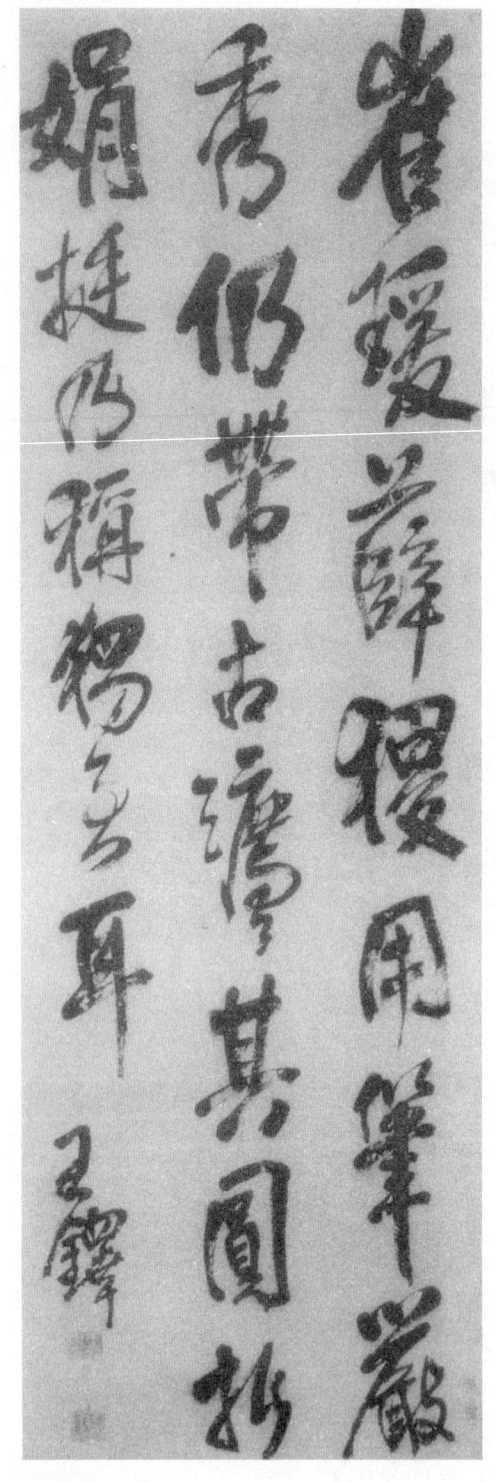

王铎《论书》

张居正、高仪被召入宫，进入寝宫东偏室。穆宗抓住高拱的手，临危托孤："以天下累先生……事与冯保商榷而行。"接着，司礼监太监冯保宣读给太子朱翊钧的遗诏："遗诏与皇太子。朕不豫，皇帝你做。一应礼仪自有礼部题请而行。你要依三辅臣并司礼监辅导，进学修德，用贤使能，无事荒怠，保守帝业。"三辅臣即高拱、张居正、高仪三人。司礼监的地位也很重要，司礼监秉笔太监兼提督东厂冯保其实也在顾命之列。次日，隆庆帝即死于乾清宫。六月初十，皇太子朱翊钧正式即位，年号万历。

万历朝的前十年，小皇帝的生活基本上是受三个人的影响：母亲慈圣李太后，司礼监掌印太监冯保，内阁大学士张居正。

慈圣皇太后与太监冯保都喜欢书法，所以，神宗很小的时候书法就极为工整。冯保在宫中，被皇帝称作"伴伴""大伴"。万历小皇帝对冯保非常畏惧。每次万历小皇帝与小太监玩的时候，看到冯保来了，就正襟危坐，说："大伴来了。"冯保的职责不但是对皇帝实行一般的教育，有时还要代皇帝朱批。因此，他与张居正之间的联系要紧密一些。实际上，正因为内有冯保，外有张居正，万历初年的新政才能顺利地推行。大臣与宦官勾结，本来是一件极让人痛心的事情，但是，官宦一心为国，对于整个国家来说，未尝不是一件好事。

万历朝的前十年，朝廷在张居正的领导下，面貌焕然一新。但万历九年（1581）七月张居正患病，十年（1582）六月二十日，一代名臣张居正病逝。其后，虽然仍有张四维、申时行等老臣辅政，但军政大事多由神宗做主，独断专行。在他的部署下，先后在东北、西北、西南边疆展开三次军事行动：平定蒙古鞑靼部叛乱、援朝战争和平定杨应龙叛变。这三次战争对稳固明朝对边境地区的管辖有一定的意义，但因战争带来的重大经济损失和社会动荡对日渐衰败的明王朝来说是沉重的打击。

到十七世纪初期，由于神宗不理朝政，国家陷于混乱之中。官员空缺的现象非常严重，地方的行政管理，有时必须由一个县的知县兼任邻县的知县。由这样的情形，我们可以想见万历后期政府运作的效率。神宗委顿于上，百官党争于下，这就是万历朝后期的官场大势。官僚队伍中党派林立，门户之争日盛一日，互相倾轧。东林党、宣党、昆党、齐党、浙党，名目众多。整个朝廷陷于半瘫痪状态。正如梁启超所说："明末的党争，就好像两群冬烘先生打架，打到明朝亡了，便一起拉倒。"

朝政混乱、天灾频发使得明末社会处于极度的不稳定之中，在这样的环境之下，王铎的幼年过得异常艰辛。史料记载，王铎"幼时家贫，不能一日两粥"。受到条件的限制，王铎读书习字相对较晚，但进步很快。根据相关资料记载，王铎在十三岁时才机缘巧合地第一次见到并开始临习书圣王羲之的作品《圣教序》。

《圣教序》又名《大唐三藏圣教序》。唐贞观十九年（645）二月，玄奘法师在印

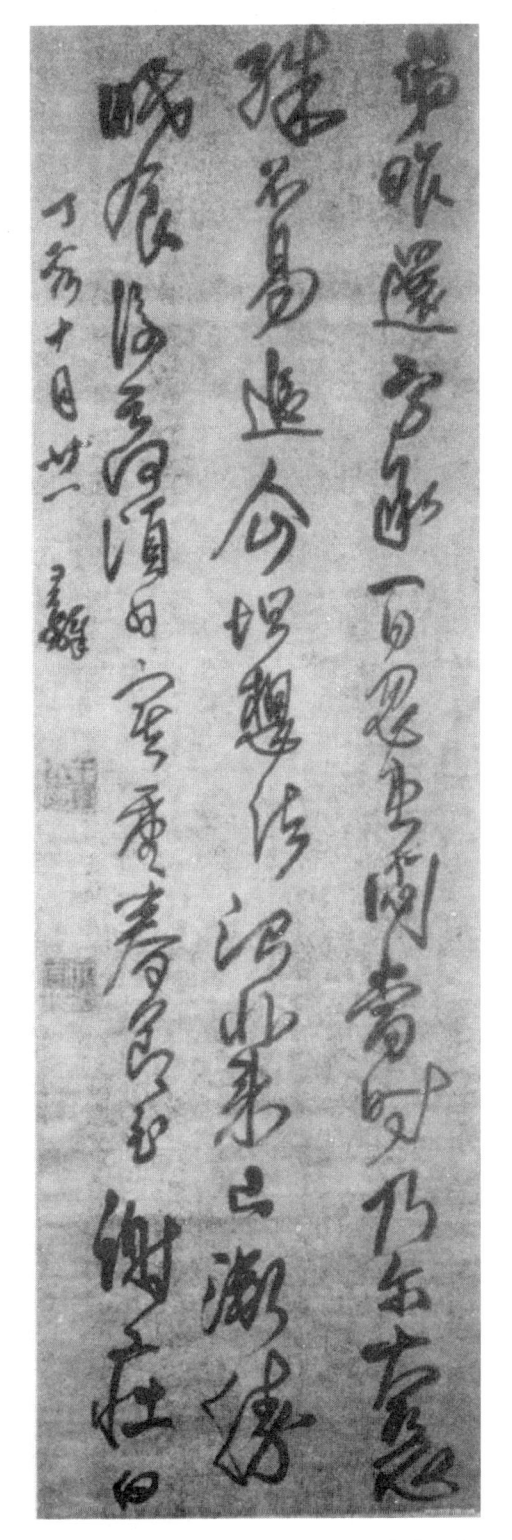

王铎《草书临帖》

度求法十七年后，携梵本佛典到长安，太宗见之甚喜。当年三月，玄奘奉命居弘福寺，并从事译经。贞观二十二年（648），太宗亲自为之撰序，皇太子（李治，后为唐高宗）作记，最初由唐初四大书法家之一的褚遂良所书，世称《雁塔圣教序》。之后，由弘福寺沙门怀仁从唐内府所藏王羲之书迹及民间王字遗墨中集字，历时二十余年，于咸亨三年（672年）刻成《大唐三藏圣教序碑》，世称《怀仁集王羲之书圣教序》[①]，王铎幼年所见王羲之《圣教序》即此。

此碑文选自王书各帖，如知、趣、或、群、然、林、怀、将、风、朗、是、崇、幽、托、为、揽、时、集等字皆取自《兰亭序》。而《兰亭序》又代表了王羲之行书的最高成就，号称天下第一行书，因此，《怀仁集王圣教序》可谓"逸少真迹，咸萃其中"。由于怀仁对于书学的深厚造诣和严谨态度，致使此碑点画气势、起落转侧、纤微克肖，充分地体现了王书的特点与韵味，达到了位置天然、章法秩理、平和简静的境界。虽然这种集字的做法有一定的局限性，如重复的字较少变化，偏旁拼合的字结体缺少呼应，但对于初学书法的王铎来说，一见到《圣教序》中王羲之的字体，他就欣喜若狂，爱不释手，一遍一遍地临习了起来。由此，王铎钟情于王羲之的行书，在此后的几十年中，孜孜不倦地探索王羲之行书的运笔、章法及其意境。可以毫不夸张地讲，没有书圣王羲之，也就没有神笔王铎之名。

十四岁时，王铎开始读书、背诵古文。十五岁时，跟随自己的舅父陈具茨读书学习。舅父对于王铎的学业操心

王铎《单椒秀泽轴》

---

① 亦名《唐集右军圣教序并记》，因碑首横刻有七尊佛像，又名《七佛圣序》。碑高9尺4寸6分，宽4尺2寸4分，行书30行，每行83至88字不等，惜今已断裂。现存西安碑林博物馆。传世宋拓有墨皇本，现藏天津市艺术博物馆；明代刘正宗藏本，现藏陕西博物馆；1972年在西安碑林石缝间发现整幅宋拓本；其他还有郭尚先藏本等。均有影印本行世。

颇多，曾告诫王铎说："读书习字的目的首先是要学习古代圣人的德行，其次才是考取功名。以你的才华，将来一定能够入朝做官。但你一定要记得，做官得志之后，不能仗势横行，要做一个为百姓谋福利的清官。"这些教诲对于王铎日后步入仕途产生了重大影响。次年，王铎正式入庠读书。

王铎夜以继日地临习王羲之的《圣教序》，时光荏苒，三年的时光转瞬即逝，王铎的书法亦小有所成。这三年的刻苦学习为王铎之后的书法创作打下了坚实的基础。

家贫当自奋，据说王铎自幼勤学好问，早在未入学馆之前，就常常一个人跑到学馆看先生教书。一次，学馆先生心里高兴，顺手指着地上的方砖问学生："你们谁能一笔一个字，把这方砖的四角都撑满？"学生们议论纷纷，可无人应对。正在大家无奈之时，坐在门砖上的王铎说："我会写。"他拿着先生递过来的毛笔，撅起屁股在方砖上写下了一个大大的"乙"字。先生看了，连赞："神童！神童！"入学后，王铎书法水平日渐提高，大字已经写得很不错。一天，他去教书先生的房间找先生，没见到先生，却发现了先生珍藏的两本字帖。自此后，先生不在，他就偷偷到房间临摹一二，时间久了，他的书法水平突飞猛进。有一次，他来到了先生的房间，先生外出未归。无意间，他看见桌面上的字条，仔细一看，原来是玄帝庙里的和尚向先生求字。王铎一想，不如自己写一个，逗先生一乐。这样，他就提笔挥毫起来。当写到庙字之时，先生的脚步声突然响了起来。王铎害怕，庙字只写了一个"广"便扔下笔逃跑了。

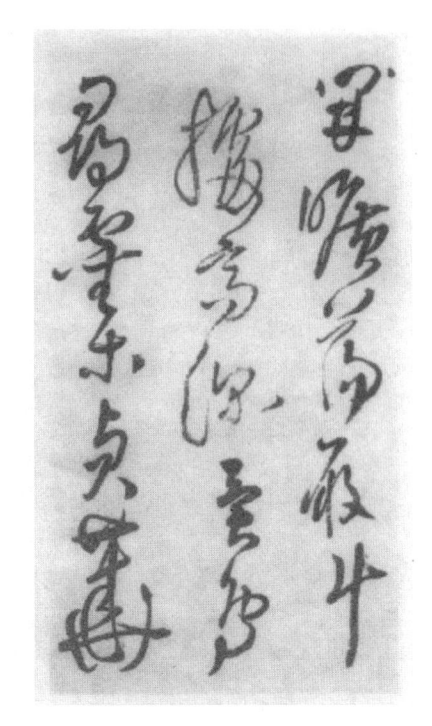

王铎《草书试卷》（局部）

王铎《草书试卷》（局部）

"书圣"王羲之画像

先生归屋一看，大吃一惊，心想，这字是谁写的，如此漂亮。兴之所至，趁势在王铎写的"广"字下面添了一个"朝"，而后就把这三个字送给了庙里的和尚。四方香客来了，一看玄帝庙三字，都觉得这个庙字没有前两个字有神韵，写得没有前两个字豪迈有力，特别是左边那一撇，写得有些歪扭。至今，"玄帝庙"门额犹存，显露着王铎少年时的风采。当然，这一切不过是王铎故乡的人们口口相传的传说，并无任何佐证，但王铎能成为明代著名的书法家，相信与其幼年付出的艰辛、努力，以及他与生俱来的才华是分不开的。

由于家境窘迫，王铎遵父母之命，与孟津东二十里花园村马氏之女结婚。妻马氏长

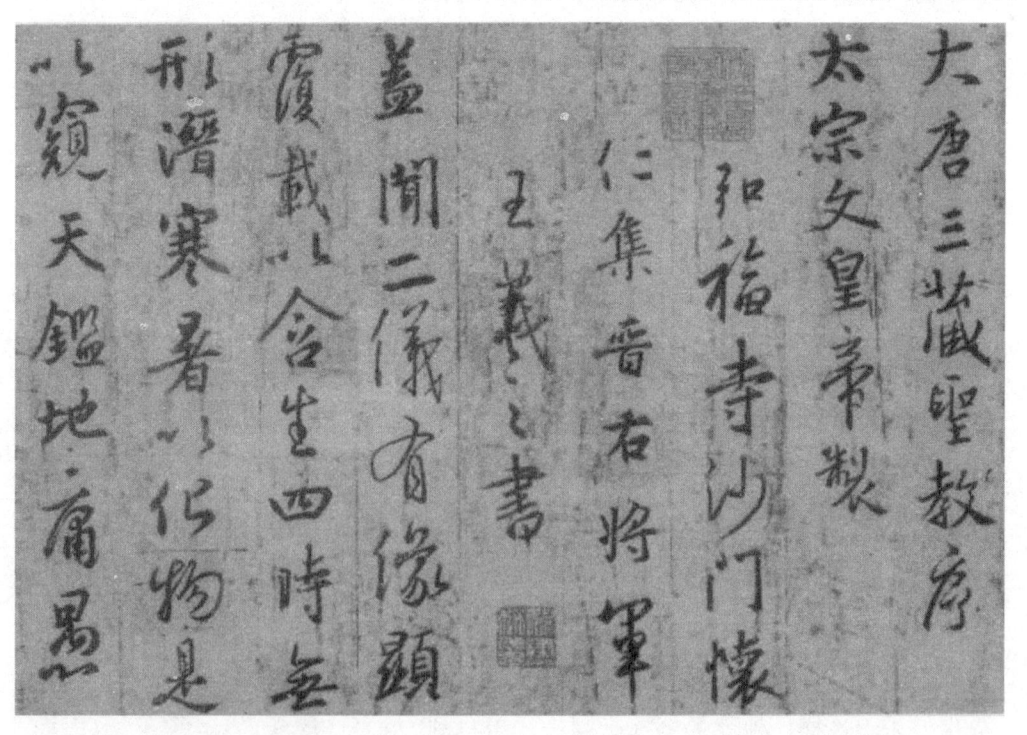

《怀仁集王圣教序》（局部）之一

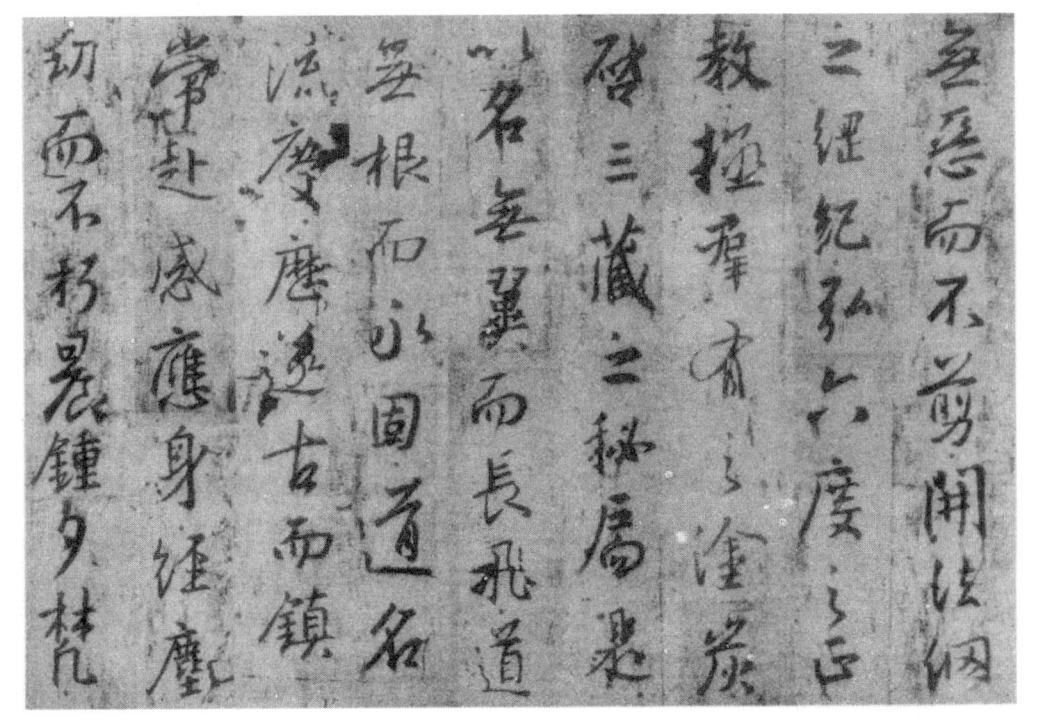

《怀仁集王圣教序》（局部）之二

王铎两岁，岳父名马从龙，字云合，任河北香河知县。在经济上，王铎多得妻马氏及岳父马从龙接济，并得以前往山西蒲州河东书院继续读书。此后，王铎先后在嵩山书院、西烟寺等处读书。王铎《嵩山五律》二首即此间所作。

其一

大熊相络绎，鸿乙访高庐。何处一声笛，群山清响虚。

花风吹古堞，梅雨滞神驴。欲悟鸿濛诀，金庭受道书。

其二

勾磐凌绝壁，百道走罡风。岩具余真种，岳灵有故宫。

杯堪浮汝汉，剑欲倚崆峒。白日孤烟上，长歌划混漳。

此后不久，因王铎身无分文，只好离开西烟寺，转投乔允升门下求学，这也对他今后的仕途产生了重大影响。此间，乔允升曾镌石座画像，由王铎以行书作《鹤老太翁小象赞》曰：

　　昔维圣贤，展德是宝。朝野赖公，贻猷匪小。攸以显斯，正直永彰。烟霞钟鼎，畴追其芳。赤凤孤鸣，麒麟不践。三朝历只，东山难恋。文章咸扬，理学名公。遹扶世轴，万世之声。瞻拜公像，望之仁杰。实帷二公，亶可相颉。

　　翁自赞："恂恂数其实而勋著朝庙，德润生民未之及，盖忘其善劳耳；况药鼎茶灶间，当事争荐之喜，而忘其墨楮。敢赞一二喜：正人君子立朝，为天下喜，为生民喜也。"

　　　　　　　　　眷晚生王铎顿首敬题并书

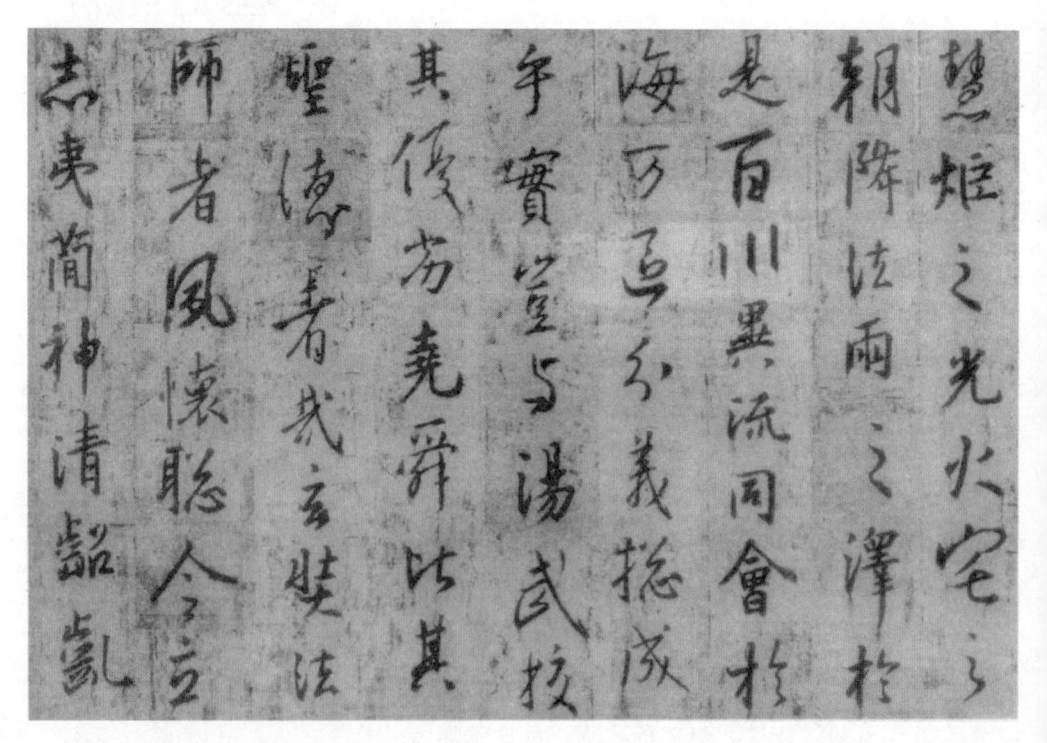

《怀仁集王圣教序》（局部）之三

受人邀请写碑对于王铎来说是第一次。此时王铎的书法已经在乡里之间小有名气，因此，书写这首《鹤老太翁小象赞》时不免紧张。他提笔蘸墨，左手轻压袖摆，闭目精心。静默良久，才睁开双眼，笔尖在纸上行云流水般划过，不出半盏茶的工夫便已书写完毕。王铎将笔放在一旁，又细细地将全文一字一句通读一遍，才松了一口气。这是王铎第一次以近乎苛刻的态度看自己的书法作品。虽然其中仍有几处稍不合心意，但王铎很清楚，要想达到提按之间收放自如的境界，自己还需要不断地练习才行。

此《鹤老太翁小象赞》是王铎现存最早的碑刻墨迹。王铎自称临习《圣教序》达到了"临之三年，字字逼肖"的地步，也许就是由此得出。

由于晚明时期全国普遍受灾，福建、浙江、江西大水，四川、河南、陕西、山西旱灾，畿内、山东、徐州蝗灾，河南还爆发了农民起义，百姓困苦益甚。王铎虽然偶尔能够从求字的人那里得到些许酬劳贴补家用，但多数情况下仍是捉襟见肘。无奈之中，只得凭借岳父马从龙、舅父陈具茨、友人吕维

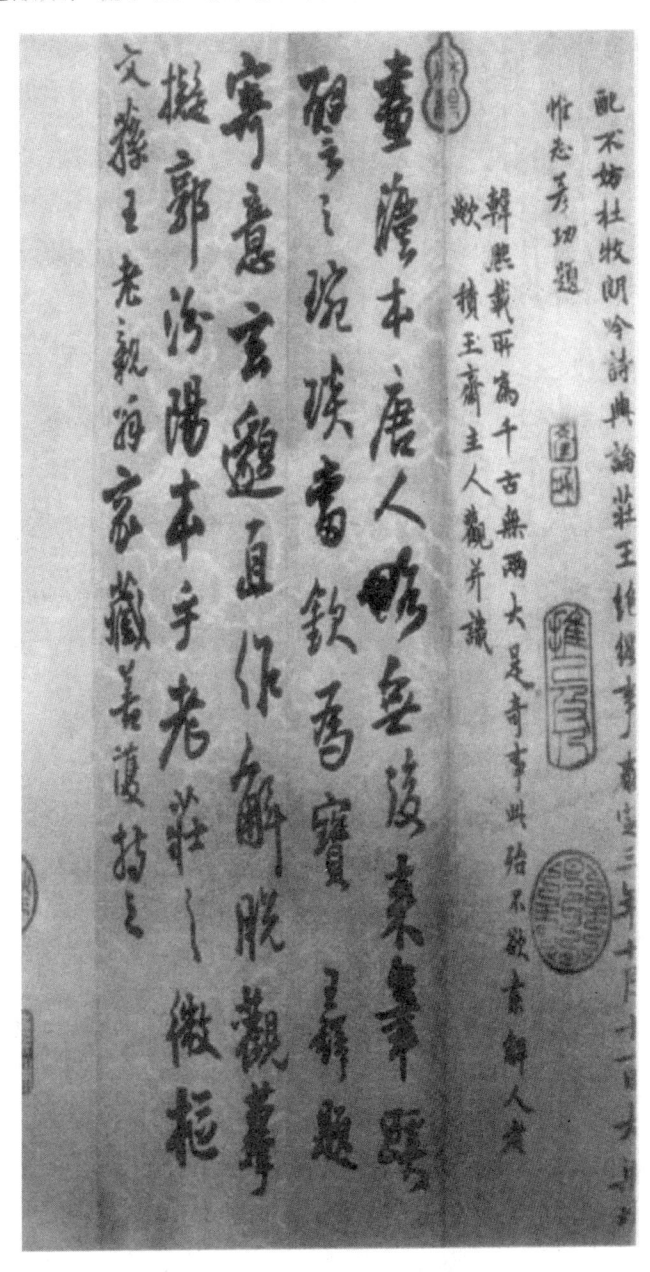

王铎《跋韩熙载夜宴图》

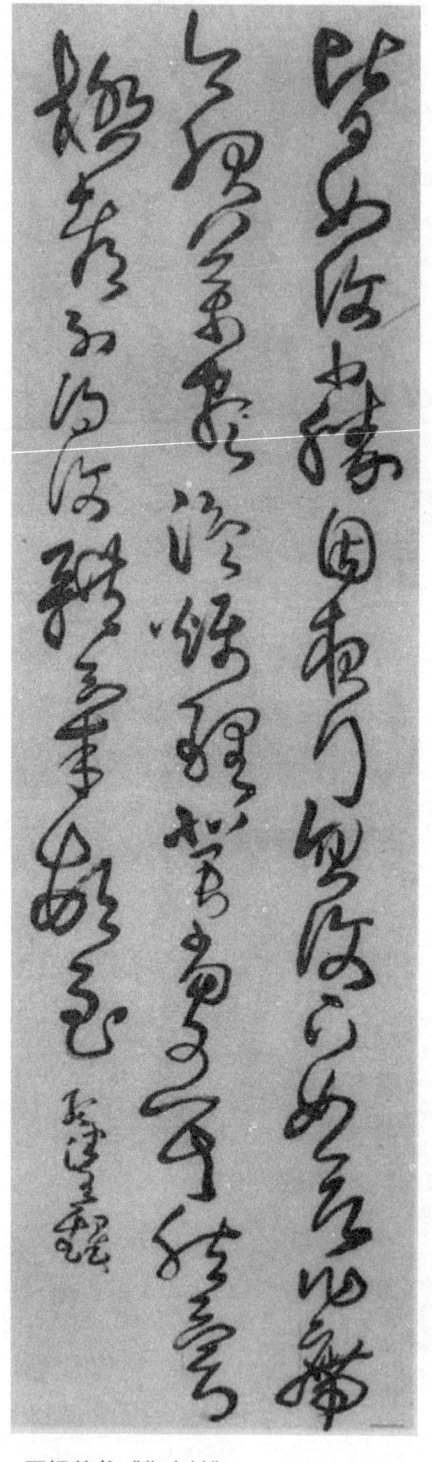

王铎草书《临古轴》

祺，以及乡绅好友的接济度日。为了求得功名，王铎与许多读书人一样立志科考中举，但他却先后四次在乡试中名落孙山。眼见好友吕维祺已经考中进士，王铎内心的焦急和郁闷是可想而知的。这样矛盾的心情从王铎所作《下第》一诗的意境中不难体会。其诗云："数年空底事，静处有孤峰。文思穷非马，人多好似龙。逃名叔夜锻，混迹伯鸾春。千载雄飞意，愁深尚未慵。"

屡次科考失利并没有影响王铎继续求取功名的理想，当然更不会影响他对于书法艺术的追求。王铎曾言："余于书、于诗、于文、于字，沉心驱智，割情断欲，直思跂彼室奥，恨古人不见我，故饮食梦寐之。"王铎对书法的痴迷达到了废寝忘食的程度，他师法王羲之，由喜爱王羲之的墨宝，到仰慕王羲之的风度，因此常常在睡梦中见到自己在王羲之身旁观其挥毫，聆其教诲。这种痴迷的状态在王铎的青年时代持续了很长一段时间。

读书学习使得王铎的眼界更为开阔，他也渐渐地认识到，自己要想在书法领域更上一层楼，就要师法古人，多多临习。在长期的临习中，王铎渐渐地发现《怀仁圣教序》因"集字"而造成的弊端。于是王铎开始四处寻找《兰亭序》这一"天下第一行书"的各家摹本，以及王羲之的其他传世书法作品。不过，王铎忽视了一点，书圣的作品历来被世人视若珍宝，岂是那么容易得到的？好在王铎很快明白了这一点，他开始研究历代书法名家的作品，并专注于他们对于王羲之、王献之父子书法风格的学习上。这可以说是王铎书法生涯的一次重要的转折，由学习书法进入了研习书法的阶段，他开始不自觉地博采众家之长。

明万历四十七年（1619），王铎读书于邑西谷献山之陈荩吾山庄，因其书法已小有名气，前来向王铎求字的人越来越多，其生活状况也因此有所好转。他曾为自己老师吴应举的父亲吴养充撰写《明隐君吴养充先生并孺人张氏墓表》：

> 自太史公，有儒乱法侠干禁之说。而侠几为世，轻第侠而儒，儒而侠则棱棱气节为虹斗光，为风纪峙砺。世何可一日无此人。而生蹇于遇，没不为表章之也。若余门孝廉吴应举者，其先隐君似之，隐君讳斗，字养充，先世三晋之洪洞人。始祖整避红巾之难，始迁天中之济源，稍移金鹅里，遂家焉。传至成，成生崔、畲蓄、始广，崔生永吉，永吉生斗郎，隐君也。隐君四岁而孤，依母张氏为命。比稍长值县有管支之役，口乡头次及于事，倾筐倒箧，家资辄尽。隐君以此将先世畲蓄化为供应之需，而家计四壁立矣。弱冠以侠闻，豪于酒饮，辄百斗无狂花疾叶之态。家郎披风抹月而客常满也。尝获遗金，谨侦之，占知为刘姓者，及其璧封识宛然。适白坡市，遇道泣者袒而示之背，知其为巨姓所笞也。裂眦而呵之曰："不可纵一虎以殃一里。"今泣者诉于官，官篲巨姓以狗于市曰："无若白坡镇之陈孟仪挟

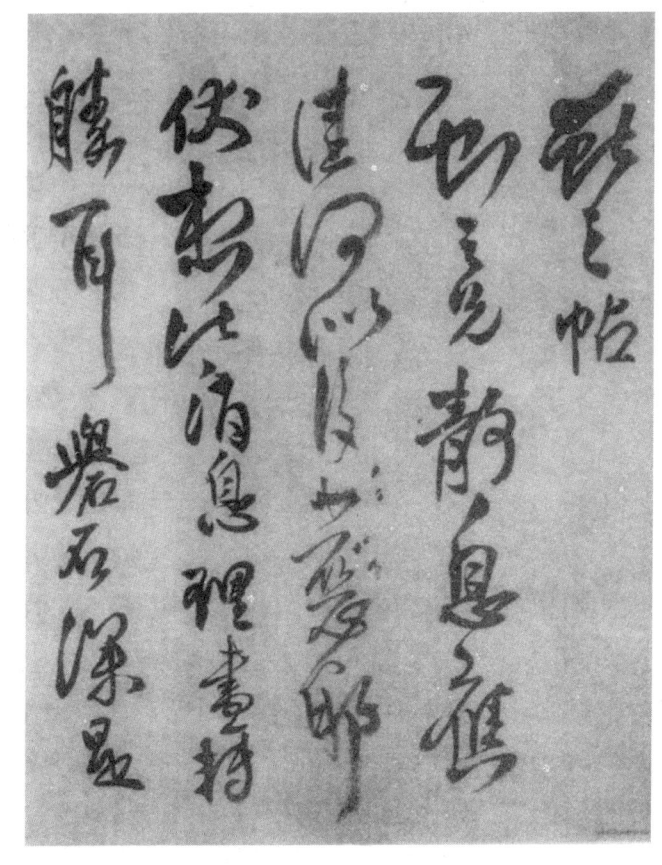

王铎草书《临阁帖卷》

王铎《题野鹤陆舫斋》(局部)

其资倍其息，以鱼肉善儒而笞其背。"自是，里无武断者。济壤沃，若田租甲于诸郡，令有催科戒严拷掠备至者，里人非隐君董其事。公毅然出见邑侯曰："赋之违限也，比无次也。若富者先输，贫者从容办可永无逋矣。"邑侯然其策赋完而刑以措，比以贾客，大梁宗藩有凌横者，纠乌棍而白掠其货，公让之曰："小人无罪恃实其罪，间关以来，将恃大王之抚循，已而无乃纠合无赖以劫之口，所以为名也。且所掠不过蚊睫鼠肝。而以藩为名，不利孰大焉。将以使者之横建白大中丞，横藩壮其人礼而谢之，以是侠声满夷门也。"晚年，以妻氏规谏憬然曰："当漫醉味方能醒，识得侠决方能忍，今而后可以忍矣。同折节为恭俭，睦邻以义，检身以礼，而训子以经也。"日于孔、刘诸老结社于柳滩之麓，一壑一瓢，醉吟松涛竹荫间，鲁鼓再挝，胡床三弄，不复问家人生计矣。邑侯闻其誉望且贤于仪，赐冠带召乡饮倒屣为上宾者数四。一日梦来良邀饮甚欢，荐以异味，揭盂而示之，乃熟拳也，醒而疽出于股，而大如拳，叹曰："兆将逝矣。"不食而卒，年六十有九。隐君配张氏，乃南陈张旅之女也。当隐君倾家以佐支役，四日而三食，赖其刺绣以奉先姑，百计支吾，了无愠色。比家计稍足，则抚妹之遗孤，若而人。养兄之遗孤，若而人。为口朝饭粥，为张曰："登完婚皆视之若己出也。"姑卧病，焚香修斋，愿以身代。比其卒也，遂长斋终其身

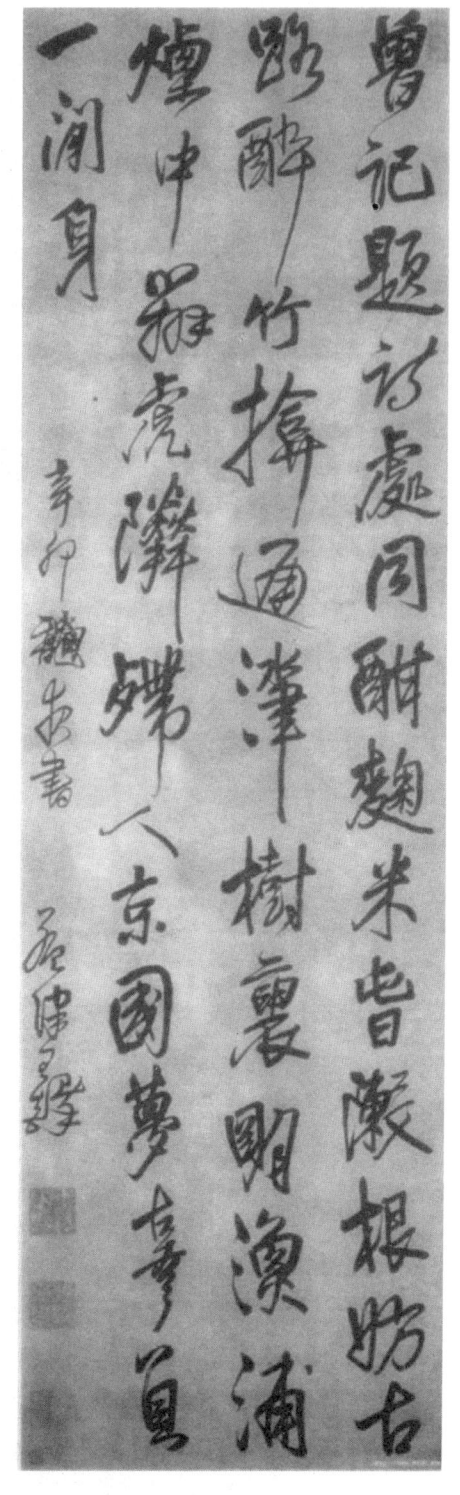

王铎《行书五言律诗立轴》

王铎《王孟津书唐人诗》之一

曰:"吾以此见吾姑于地下也。"孝廉举于乡庄,租渐丰,每于青黄不接时,命孝廉择不给之家。藉以米麦,而不取其息。多者三五斗,少者三五升,里人德之。以长斋遂喜佛水陆之会,遣送醮钱,扫室焚香,晨昏礼拜。大士尝谓其亲曰:"人生泡影若宦游者,捐亲戚、弃坟墓,羁缚官署中,无诸眷簇首之乐,那有好处,固不如画荻含饴。"膝下儿孙满前,痛痒相习,殊为极乐国土也,以此不乐孝廉出仕,而抚其二女,朝于伯氏,而夕

王铎《王孟津书唐人诗》之二

王铎《王孟津书唐人诗》之三

于仲也。因孝廉久困，公车余延口聊城，与儿辈课单子业。将行，氏戒孝廉以加餐精艺勿内顾，不以当归易远志者，不及两阅月，遂病死而复苏者三，谓其女曰："会有幡盖相迎，寰宇壮丽，不似吾家湫隘光景，想应去此乎。汝兄在，汝复何忧，只不得与汝兄一诀耳。"因诫诸妇以俭，诫诸孙以学，诫诸仆以勤于侍从。须臾而逝，年七十有五。夫以隐君夫妇之享年，倘夷吾氏所云："山嵘不童则薪羊至，水泽不涸则泷玉至者耶，安得不有子当门如孝廉者，以大其箕裘耶。"惟其儒而侠，侠而儒，以不用为用，晦其踪而不枯其灵，与闾里不无裨焉。着止枕流漱石稿其顶巅，则今所云肉菩萨耳，何益于风纪乡曲哉？故可以八斗而醉二三，亦可以一盂而结五老；可以溅颈而廷折郡王，亦可伛偻而盏酒饷宾。可以调停邑租，抚龙虎而建一郡之福；亦可以绝口生涯，侣鹤鸥而饮百年之积。况夫能乾断妇，能坤婉相敬也，而晋邻相窥也，而齐富相咸也，而有子之益则可表者，何如此夫夫妇妇哉。隐君曾梦神人谓己曰:"汝家多隐德,赐尔令子以大尔门户。"遂举孝廉,生而啼不休,禳之乃休,则孝廉之自勖,以光其严慈,收恩赠以辉泉壤也。帷先人之佳梦是践,是为表,子孙俱载志中。

吴应举,字健甫,号明白。他于明万历三十四(1606)年中举人后,看到政治的黑暗,无心入仕为官。由于吴应举为人正直、博学多才,所以很受乡里百姓的尊敬,很多人都希望自家的孩子能在他的门下读书学习。王铎从少年时期就拜吴应举为师进行学习,由于王铎天资聪颖又勤奋好学,因此很受老师的器重,师徒之间的关系也非常融洽。师徒二人之间的亲密关系从王铎手书的《赠吴明白举人》① 诗中可见一斑。其诗云:"年少河边问坟典,送庄望眺对斜曛。虽然花径迷红树,安得山斋想白云。锦石自宜麋鹿卧,野鸥误入凤鸾群。寄书好晤深岩里,夏间秋涛总为君。"其诗情谊真挚,彰显了王铎过人的文采,是王铎早期书法的代表作品之一。

王铎《王孟津书唐人诗》之四

---

① 《赠吴明白举人》现藏济源市博物馆。

王铎《王孟津书唐人诗》之五

　　民间传说，王铎后来金榜高中之后荣归故里，曾专程去拜访自己早年的授业恩师。王铎脱去官袍，换上便装，不骑马，不坐轿，不带侍从，只带着自己的儿子，亲自拿着礼物徒步前往。来到恩师家门前，他放下手中的礼物，重新整理衣冠之后才上前敲门。老师家的仆人出门见到是王铎，便把他迎进家里。王铎进屋之后，见到恩师正在专心读书，他怕打扰了老师，就提着礼物毕恭毕敬地垂手站立在一旁，并示意儿子也不要出声。就这样过去了很久，直到吴应举将手头的一卷书读完时，才发现王铎已经站在了屋里，他赶紧起身问："觉斯，何时来的，怎么也不说话？"王铎看到老师起身，抢步上前俯身拜下，说："学生见过老师，来时见老师正在看书，故未打扰。"孩子见到父亲下跪，也知礼地跟着下拜。老师将王铎和孩子搀起，连声说："免礼，免礼！你如今是朝廷大臣，我一介草民，怎么能受你的下拜呢！"王铎说："饮水思源，学生若没有老师昔日的教诲敦促，也不会有今日中举之时！"说罢又是一揖到地。老师笑着唤家人上茶，并让王铎和孩子在一旁坐下说话。大家就座之后，王铎询问了老师近来的身体状况,老师很关心王铎最近读书练字的进展和做官之后的打算,王铎一一禀明,并说:"学生此来既是拜师,又是贺喜!"吴应举一时不知喜从何来。只见王铎从怀中取出一封信函双手呈上,他打开一看,原来是吏部的委任状。王铎举荐吴应举入朝,吏部委其为四川茂州知州,命其一个月之内到任。吴应举看罢之后微微一笑,不以为然道:"山野村夫,何德何能,这官我是做不了啊!"虽然王铎一再劝说,但老师始终不愿答应,而是岔开了话题。正所谓人各有志,王铎也只好作罢。数年之后,王铎仕途不顺,方才明白恩师当年不愿出仕皆因朝廷腐败、官场黑暗,吴应举不愿与之同流合污而已。

之后两人谈及历代诗书,品评当朝名家,时间很快到了傍晚,王铎也起身告辞。此后不久,吴应举之父病故,

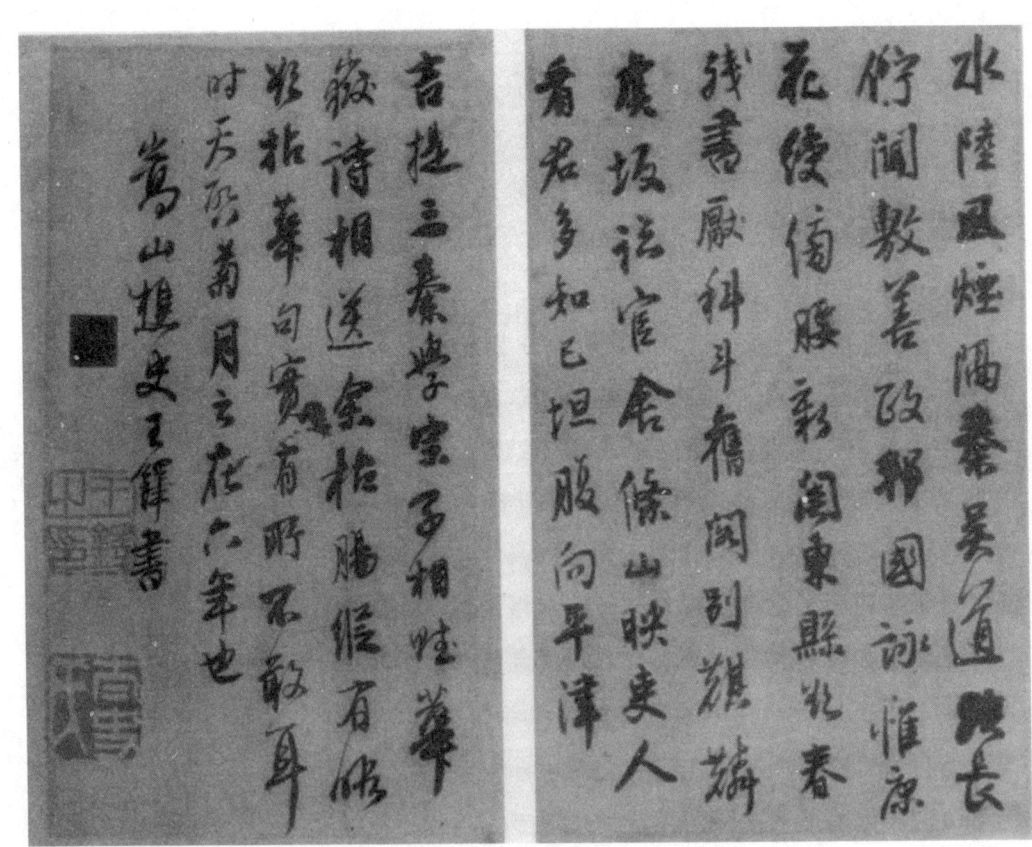

王铎《王孟津书唐人诗》之六

他请自己的爱徒为父撰写墓表，王铎欣然应允，怀着尊敬和哀悼之情写下了《明隐君吴养充先生并孺人张氏墓表》①，这是目前所见王铎最早的书法作品，是研究王铎早期书法特征的重要资料。其行文运笔通达流畅、圆厚遒劲，通篇飘逸绝尘，于细微处见钟繇、王羲之古拙之笔意，隐约中可见王羲之《圣教序》的影子。此前王铎所见书帖有限，书风仍以学古为主，此作为王铎二十八岁时的作品，系王铎早期书法的代表作。

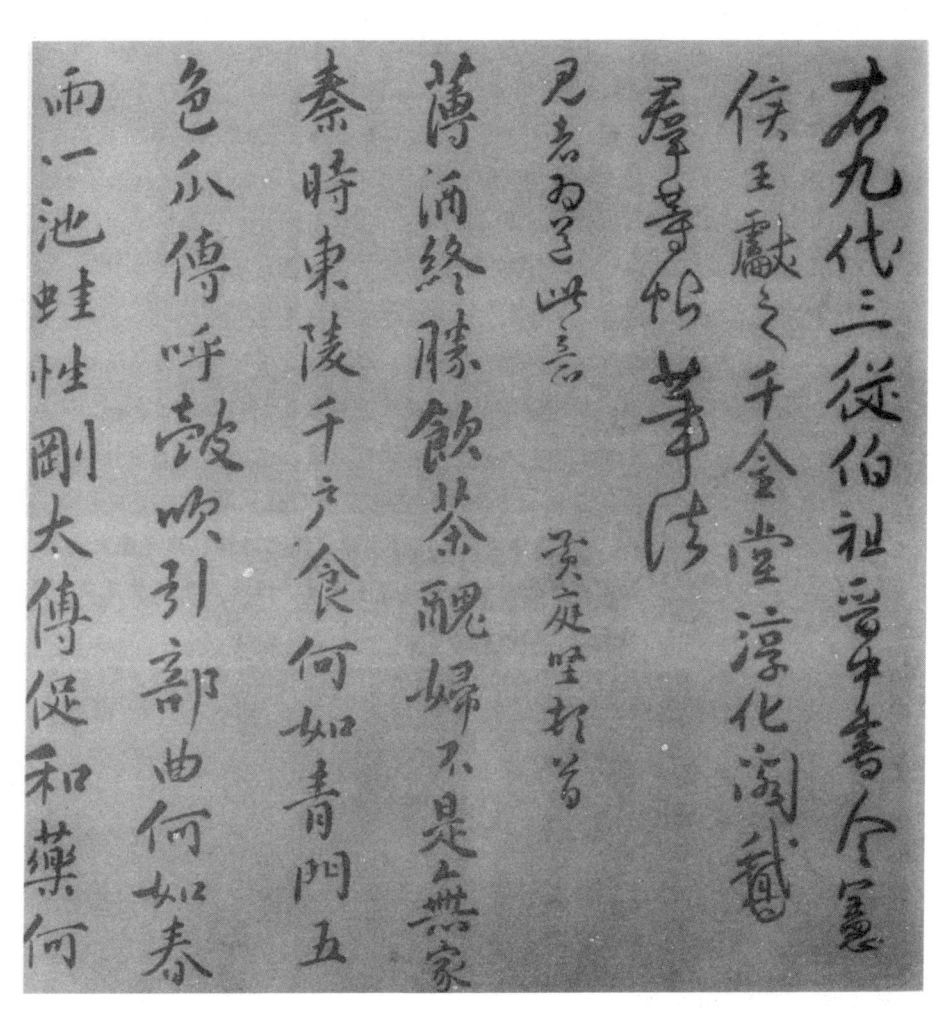

王铎《临古帖》（局部）之一

---

① 《明隐君吴养充先生孺人张氏墓表》现藏济源市博物馆。

万历四十八年（1620），王铎曾旅居怀州。清代嘉庆年间怀州诗人范照黎[①]诗文记载："巨公假馆云清阁，南有华亭北孟津。宾客一时文采盛，百年遗址付荆榛。"诗注云："云清阁者，杨憨公（杨子章）藏书处也。天启初，公以侍养家居，一时名公如董华亭、王孟津往来南北，咸

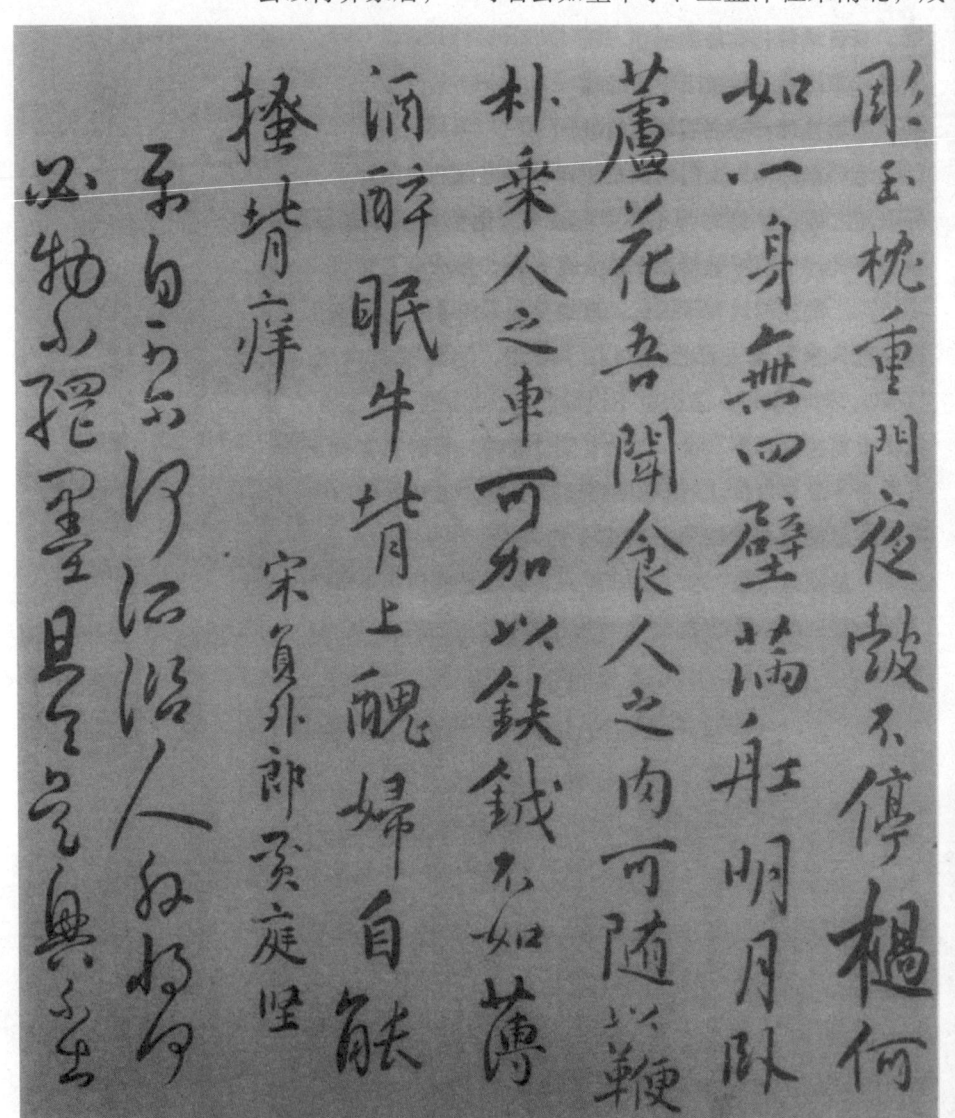

王铎《临古帖》（局部）之二

---

① 范照黎，清代怀州人，诗人。乾隆年间任怀庆府河内县令，嘉庆间任定远县令。

住其家，以故藏其笔墨最多。"由此可知，王铎与杨子章、董华亭、杨嗣修等名士在此期间交往甚密。据清道光五年（1825）《河内县志》记载，王铎在怀州留下了大量的诗作，如《辛巳覃怀清明》《晚过丹水村》《水峪》《临川寺山意》《沐涧寺后峪》《中道村》《河内长乐府》《马坡寺》及《纪行诗稿》等。通过这些诗作不难发现，王铎在怀州期间似乎在有意放松自己的身心，纵情于山水、古迹之间，感悟自然、探寻古碑名帖。

王铎《草书临帖扇画》

王铎曾独访仙神河西岸沐涧山半山腰的沐涧寺，只因寺中所藏唐宋石刻题记颇丰。沐涧寺历史悠久，根据寺内《重修沐涧寺前殿并造像之记》碑记载："郡之西北五十里，太行之阳，有胜果院，即沐涧寺也。其先起于唐贞观年间……太宗命同州刺史尉迟敬德创造其寺……"再结合当地流传至今的《二仙救唐王》传说等相关资料，大致可知沐涧寺的前身可能是魏夫人祠，隋朝末年李世民起义过

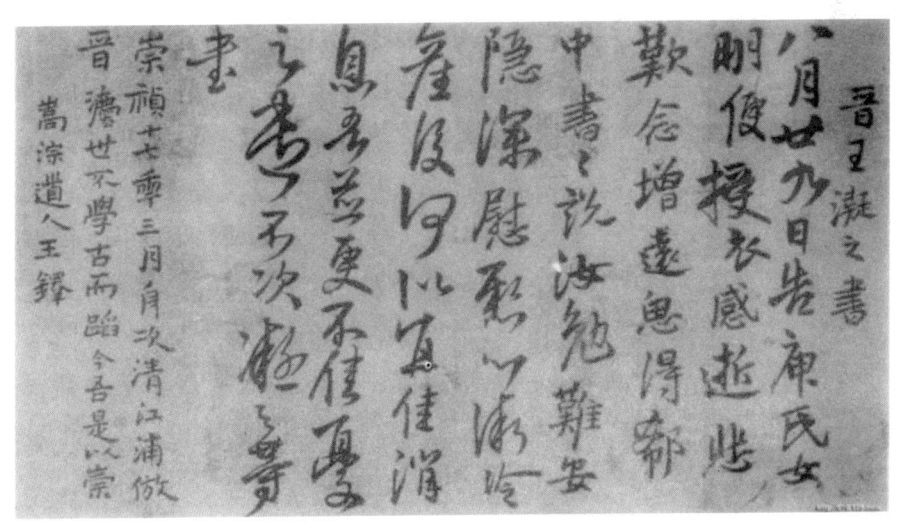

王铎《临王凝之书》

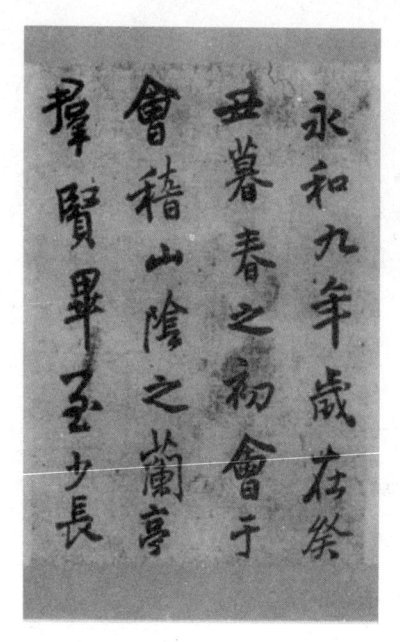

王铎《临兰亭序》(局部)之一

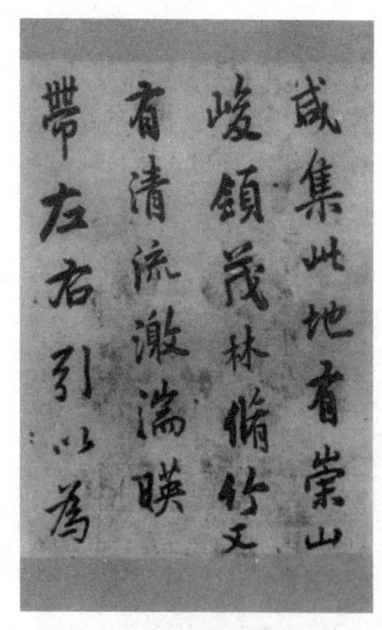

王铎《临兰亭序》(局部)之二

程中曾因一次战役的失利而败退驻扎于沐涧山中。李世民曾在此乞愿,希望起义能够成功,推翻隋王朝,后来他的愿望得以实现。于是,在唐贞观年间,他命尉迟敬德、僧人箫然创建了这座寺院,命名为胜果禅院。中唐以后,重佛轻道之风日盛,沐涧山就成了佛、道兼具的圣地。

王铎来到沐涧山前抬头仰望,群峰峻拔、溪流洄谷、林木葱茏、百鸟争鸣,如同人间仙境一般,不由得感叹:"人所谓'沐涧无盛暑,炎夏碧云寒',实非虚言也。"他沿山路徐徐而行,转过数弯后,远处有一小亭,匾额正书"忘归亭"三字。他曾听友人提及此亭为宋代所建,是通往沐涧寺的唯一路径。在奇峰环拥、幽翠叠抱的山路中,亭子虽不起眼,但"忘归亭"三字的笔意引得王铎驻足捻须,细细品味,并频频点头。三字之中,"忘""亭"笔画较少,"归"则相对烦琐,但书者在布局时有意将笔画少的两字写得浑厚苍劲,而笔画烦琐的"归"字又格外挺拔劲健,三字并排,神闲气畅、精妙和谐。虽然在结构上说与唐人尚"法"之风相悖,但正体现出了宋代书法家追求书法艺术意境、情趣的特色。

看过"忘归亭"之后,王铎沿着蜿蜒的山间小路继续上行,很快就来到了沐涧寺的正门。混乱的朝政和连年的灾荒明显影响到了寺庙的香火,来此拜佛的人很少,寺庙的大门和院墙略显破旧。寺内僧人见到有人入寺,便上前施礼询问,王铎表明来意有二:一为拜佛,二为赏碑。于是住持派遣了一位中年僧人作为他的向导。僧人向王铎介绍了关于沐涧寺的一些传说,其中关于东晋魏夫人[①]修道的故事引起了王铎的兴趣。相传魏夫人修真于沐涧山并得道升仙,后人建沐涧夫人祠加以祭祀。魏夫人得

---

① 《太平广记》卷五十八《女仙三》有传。

道升仙之前曾于江南游览名山大川，后在抚州并山立静室，又在临汝水西设置坛宇。后来年久荒芜，踪迹几乎消失了。唐朝建立者以道家老子为宗，因此大力推崇道教，唐玄宗曾命道士蔡伟将有关魏夫人的故事编入《后仙传》之中。大历三年（768），鲁国公颜真卿把魏夫人修道处重新加以修缮，立碑来纪念其事。王铎正是通过颜真卿的碑文了解到魏夫人的事迹的。

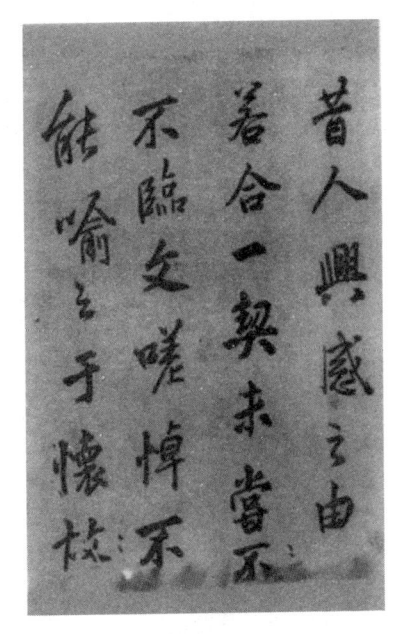

关于这位魏夫人的民间传说很多，其中最能吸引王铎的是王羲之诵写魏夫人的道教经典《黄庭经》的故事。传说东晋书法家王羲之爱鹅，山阴一道士养有好鹅，他便前往观赏，非常喜爱，想买下这群鹅。道士说："我心仪魏夫人的《黄庭经》已久，你能给我写篇《黄庭经》，我把这群鹅送给你。"王羲之亦极喜欢诵写《黄庭经》，早已烂熟于心，于是欣然命笔，一挥而就。道士看了赞不绝口，便以群鹅相赠。小楷《黄庭经》是王羲之的楷书代表作品。唐代褚遂良、颜真卿，宋代米芾、黄庭坚、苏轼等历代书法大家也相继抄写《黄庭经》，而且刻石立碑，广为流传，在中国书法史上影响很大。王铎虽然没有见过王羲之《黄庭经》真迹，但因为他十分仰慕王羲之的书法作品，对《黄庭经》早已心向往之。原以为沐涧寺是因魏夫人而闻名，此处会有《黄庭经》的摹本，① 没想到也不过是自己的臆想而已，不免有些遗憾。

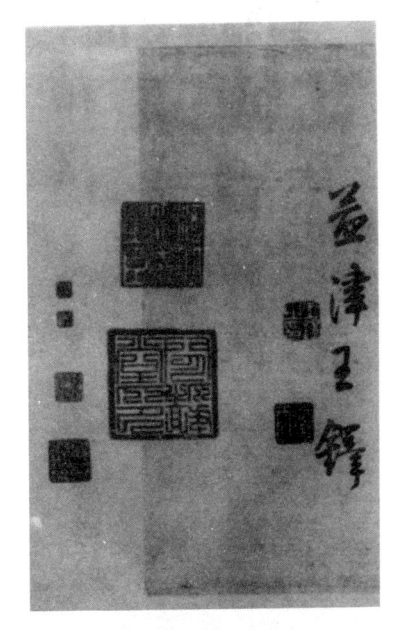

在僧人的带领下，王铎将寺院中所藏的历代碑石逐个看过，大殿两侧的回廊墙壁上虽不尽是名家

王铎《临兰亭序》（局部）之三

王铎《临兰亭序》（局部）之四

---

① 《黄庭经》末署"永和十二年（356）五月"，但现存传世皆为摹本、临本和石刻拓本。唐人摹本硬黄纸墨迹本，卷内钤有绍兴连珠小玺，后有陈绎智、董其昌、吴廷等题跋，现藏台北故宫博物院。安思远本刻本，帖后有明王世贞、董其昌等题跋，现为美国安思远个人收藏。越州石氏本，现藏日本东京国立博物馆。

王铎草书《临帖扇面》

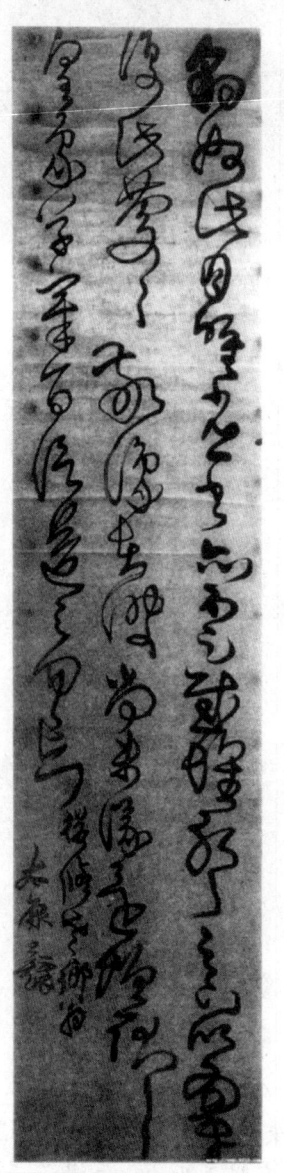

王铎《草书帖》立轴

手笔，但其中的精品却也不在少数。王铎漫步在一通通碑石前，遇有名家之作便停下脚步仔细欣赏，右手微抬，随着每个字的行笔，轻重缓急地点画起来。一通碑书过之后，还要从头再仔细研究一番。他沉浸在书法艺术的世界中，时间的概念便随之模糊了起来。来到东侧的一通碑前时，王铎忽然发现一缕夕阳照射在碑面上，他转身抬头西望，竟然已是傍晚时分，身边陪伴的僧人见到王铎如此醉心于碑刻之中，怕打扰他赏碑，早已自行离开了。可大殿两侧的碑石尚没有看完，更别提再去欣赏僧人所说的后山摩崖石刻了。想到这里，王铎前往僧房寻找那位中年僧人，询问当晚能否留宿于寺院之中。僧人被王铎对书法的钟爱和热情所感染，便帮他安排了一间进香礼拜所用的客房。用过斋饭之后，王铎要来纸笔，俯身于书案，一边回忆一边书写着白天所见所记的书作，直至子夜时分方才搁笔休息。

次日清晨，王铎早早起身洗漱之后，便出门继续欣赏碑刻、摩崖等书法作品。及至将山前山后的历代书法作品全部欣赏完毕，王铎用了整整两天的时间。

此次沐涧寺之行对于王铎的书法学习来说有重要的意义和影响，这次游览赏碑的过程使王铎受益良多，因为这是他第一次短时间内见到如此多的历代书法大家作品。王铎开始意识到，历朝历代书法名家辈出，这些人的姓名并没有因为无法超越"书圣"王羲之而湮没无闻，因为各家书风皆有自己的独到之处。传世不朽的书法作品是书作和作者个人性格、心智融合的产物，王羲之《兰亭序》之所以备受推崇，皆因它是天时、地利、人和有机融合的结果。就连王羲之自己想要再次写出与《兰亭序》完全一样的作品都是不可能的。王铎明白，自己的书法需要勤加练习，博采众长才能形成属于自己的风格和书体。

如今的沐涧寺大殿左侧立一石碑，高三米有余，草书碑文，据说便是王铎所书，世称"倒书碑"①。

不过，据相关史料记载，王铎游览沐涧寺共有两次，而草书的"倒书碑"实际上是王铎第二次与友人同游沐涧寺时所作。关于这通"倒书碑"在民间还有一段有趣的故事。

某一年的春节刚过，在家闲居的王铎接到了好友彭城刘子安、赵郡李子才的来信，约他在三月二仙庙庙会期间到阳洛山游览朝圣。庙会期临，刘子安、李子才各率家人来到了阳洛山。王铎也如期而至，众人下榻于胜果禅院。

夜色来临，刘李二人备酒菜邀王铎小酌。三人坐定后，猜拳行令，谈诗论文，杯觥频举，直抒胸怀。不到一个时辰，王铎已是醉眼蒙眬、神情恍惚。看到这种情形，刘、李二人趁机向王铎谈起明天将与兄长告别前去山西。王铎问二人去山西何事。刘、李答："去找傅山先生。"王铎问："找傅山何事？"刘、李答："今与兄相聚，游山觅胜，欢乐至极。我等欲在此立碑，以记此行。怕兄太忙，无暇书写碑文，故想去山西请傅山先生来写。可不知此去，傅山先生有空没有，但愿不虚此行才好。"这时的王铎已有八九分醉意，慨然说道："何劳弟等远寻傅山，你我兄弟在此相聚，何等欢乐，弟等欲立碑，兄岂能辞劳乎。不须弟等远行，取笔来。"于是二人立即取

王铎《临黄庭经》（局部）之一

王铎《临黄庭经》（局部）之二

---

① 倒书碑：因由后向前逆序书写成篇而得名，又称"逆书碑"，碑高1.95米，宽0.92米。碑文为："彭城刘子安、赵郡李子才，携家游胜果院。自石瓮还，息忘归亭，登览竟日。丙戌季春上旬日书。"

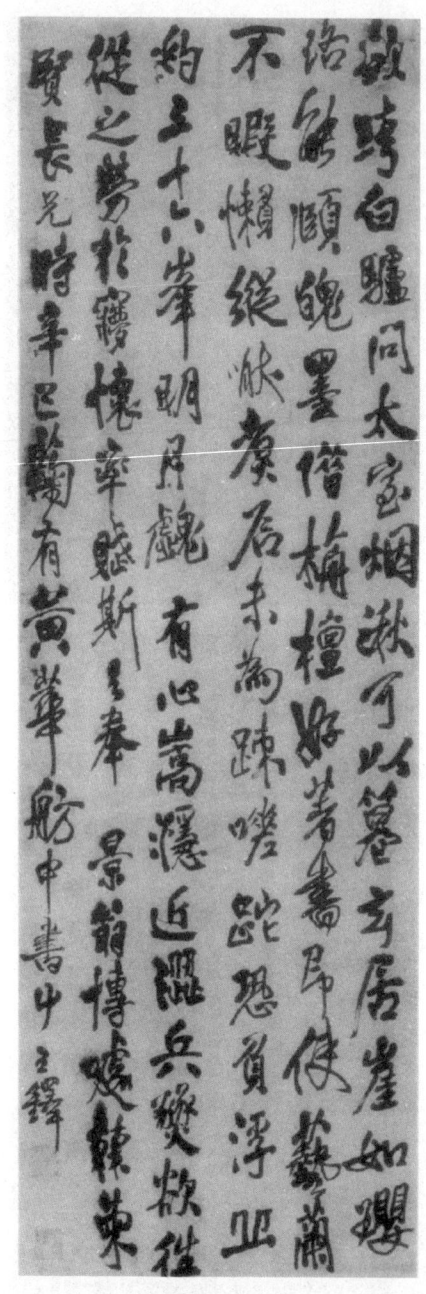

王铎《奉景翁诗轴》

来了事先备好的笔墨纸砚，王铎不知是计，握笔在手挥毫疾书，将碑文一气呵成。书毕，倒头便睡。这一睡直到日上三竿方才醒来，恍然间忆起曾为刘、李写碑文一事，立即把二人推醒说："昨夜我醉酒后，好像为弟等写过碑文，酒醉写碑文定然写得不好，应该重新写才是。"刘、李二人扶起王铎，到院中去看。王铎见一通刻好的逆行草书碑，已屹立于院中。原来刘、李二人怕王铎酒醒后，对自己所写碑文反悔，找借口重写而毁前文，立即连夜找来石刻工匠，将碑刻好后，立于院中。王铎见碑已立好，也无可奈何了。

这个关于"倒书碑"的故事已经无从考证其真假，但碑文的草书风格确属王铎手笔，全篇挥洒自如，因是王铎醉酒时所作，故笔势凌厉，放荡不羁之态倍显，是王铎书法作品中罕有的珍品。

王铎在怀州逗留数月，除沐涧寺之外，还先后游览了马坡寺、临川寺、丹水村、中道村等地，在这些地方，也见到了不少珍贵的前代碑石。

万历四十八年（1620）七月，万历帝驾崩。明熹宗即位后，改元"天启"。天启元年（1621）八月，三十岁的王铎在开封府首中乡试。这一年冬天，王铎为了参加次年的会试，[①] 提前赶往京师，寄寓于京城报国寺东庑。

[①] 明清两代科举制相沿，每三年在京城举行的一次考试，称为"会试"，又称"礼闱""春闱"。会试于乡试次年春季举行，各省的举人及国子监监生皆可应考。考三场，每场三日。取中者为贡士，第一名称会元。会试后贡士再由皇帝亲自殿试，经殿试合格后称进士。

天启二年（1622）三月，王铎会试中举，以贡士身份参加殿试，名列二甲第五十八名，赐同进士出身。是年，王铎已经三十一岁，而立之年的王铎终于在科举考试中取得功名，步入了读书人梦寐以求的仕途。

与王铎同榜的还有倪元璐、黄道周，三人同改庶吉士，为明清时期翰林院的短期职务。王铎与倪、黄由此成为莫逆之交，时有"三株树"与"三狂人"之谓。明代庶吉士主要选取进士之中长于文学及书法者充任，王、倪、黄三人皆是文学、书法见长之人。倪元璐，字汝玉，号鸿宝，浙江上虞人，累官至户、礼两部尚书。书、画俱工，尝喜口写文石，以水墨生晕，极苍润古雅之致。在学书的道路上，倪元璐最得王右军、颜鲁公和苏东坡三人翰墨之助，以雄深高浑见魄力，书风奇伟。黄道周曾在《书秦华玉镌诸楷法后》云："同年中倪鸿宝笔法探古，遂能兼撮子瞻、逸少之长，如剑客龙天，时成花女，要非时妆所貌，过数十年亦与王苏并宝当世但恐鄙屑不为之耳。"正如黄道周所言倪元璐在植根传统的同时，又在竭力寻求变化，其学古人，灵活变通，学到举一反三。其受益苏字，便能将苏字的扁平结字特征，反其道地化为偏长狭瘦的自家构字法则；学王字，却能把王氏书中居多的方笔，变成自己腕下能随机生发的圆笔；晚年用力颜字，去其"屋漏痕"意，书风渐趋浑沉，又能将揉、擦、飞白、渴笔等技法引入其中，借以丰富作品内涵。黄道周，字幼玄（或幼平），又字螭若、螭平，号石斋，福建漳浦铜山（现东山县）人，明末著名的学者、书画家，官至礼部尚书。黄道周被视为明代最有创造性的书法家之一。黄道周善楷、行、草诸体书，又工隶书。他的楷书，如《孝经卷》《张溥墓志铭》，字体方正近扁，笔法健劲，风格古拙质朴，十分类似钟繇楷法。不同处是，钟书于古拙中显得浑厚，黄书则见清健，可以看到其受王羲之楷法的影响。他的

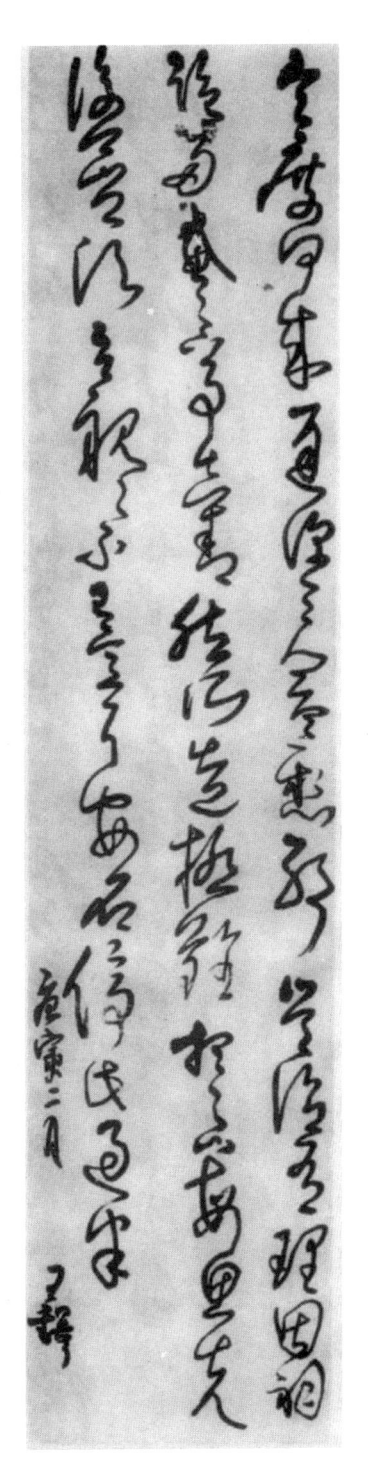

王铎《临来迟帖》

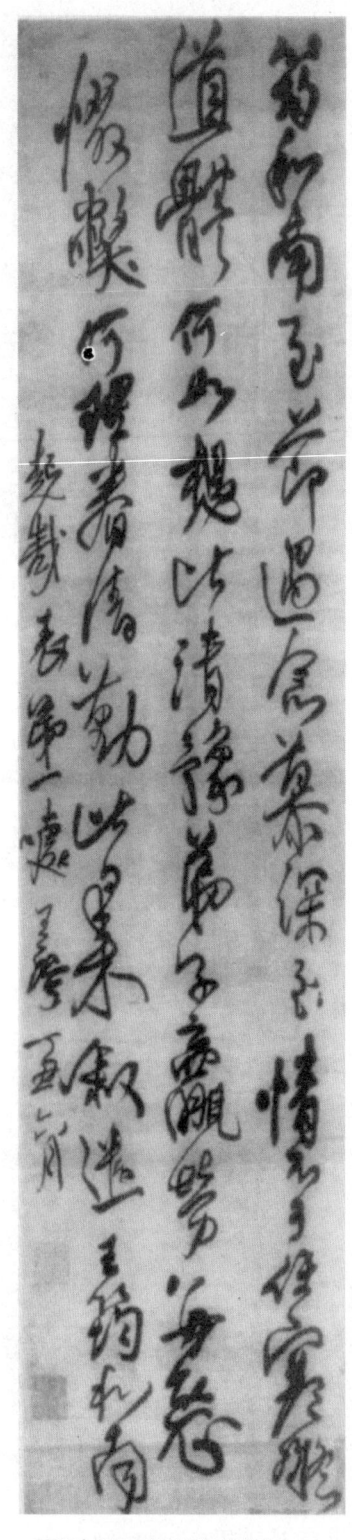

王铎《临王筠帖行书轴》

行草书，如《五言古诗轴》，大略类其楷书的体势，行笔转折方健，结字欹侧多姿，朴拙的风格同样接近钟繇。他的隶书具有"清截遒媚"的特点，不如楷书那样古拙清刚。从黄道周书论中，反映出他对魏晋书法是比较倾心的，尤其对钟繇、索靖等具有古朴书风的书法更为欣赏。王铎与倪元璐、黄道周相交，除了同年进士出身之外，最重要的原因应该是三人有着对书法艺术的共同喜好。

王铎步入仕途之时，明王朝政权内部正经历着激烈的党派斗争，斗争的双方分别是代表较为进步势力的"东林党"和代表保守势力的"阉党"。明代党争出现于宦官专权之后。洪武初年，朱元璋为防止宦官专权而令"寺人不过侍奉洒扫，不许干预政事"。英宗以后，宦官势力膨胀，干预政治的能力逐渐滋长。比如英宗时期的王振、宪宗时期的汪直、武宗时期的刘瑾、熹宗时期的魏忠贤等，都曾干预朝政、打击士人官僚。阉党与东林党之间斗争的激烈和残酷程度在历次政治斗争中最甚。

东林党人因东林书院而得名。万历三十二年（1604），顾宪成等修复宋代讲学的东林书院，与高攀龙、钱一本等讲学其中。顾宪成、高攀龙等在书院讲学的八人，被称为"东林八君子"。东林讲学之际，正值明末社会矛盾日趋激化之时，东林人匡正时弊、讽议朝政、评论官吏，既有鲜明的学术思想见解，又有积极的政治主张。他们要求廉正奉公，振兴吏治，开放言路，革除朝野积弊，反对权贵贪赃枉法。这些针砭时政的主张得到当时社会的广泛认同与支持，同时也遭到宦官及其依附势力的激烈反对。两派之间因政见分歧发展演变形成明末激烈的斗争局面。反对派将东林书院讲学及与之有关系或支持同情讲学的朝野人士笼统称之为"东林党"，并加以无端攻击诋毁。

天启年间，东林党由于扶持熹宗即位有功而出现了转机，当时的首辅刘一景、叶向高，吏部尚书赵南星，礼部尚书孙慎行，兵部尚书熊廷弼，都是东林党人或其支持者。可以说明朝的军事、政治、文化、监察和人事大权全都被东林党人掌握，他们从在野的清流成为主持朝政的主要力量，《明史》记述此时"东林势盛，众正盈朝"。按理说，这是他们治理国政的最佳时机。然而此时，东林党人与阉党集团之间因朝政争论相互攻击，达到公开的不可调和的地步。

阉党是以魏忠贤为核心人物的宦官集团。熹宗不喜欢管理朝政，只喜欢木工，经常沉溺于此，不觉厌倦。因而宦官魏忠贤总是等熹宗做木工的时候故意拿出一大堆奏章让熹宗批阅，熹宗这时总是不耐烦地让魏忠贤去处理。时间长了，朝中大小事务都要先请示魏忠贤，魏忠贤也就执掌了朝政大权，被东林党排斥的齐楚浙诸党争相依附于他形成了强大的力量。魏忠贤排斥异己，收罗爪牙，建立了遍布全国各地的特务网络，谁说了魏忠贤坏话，很容易就招致杀身之祸。朝中巴结魏忠贤的人也越来越多，魏忠贤也被称为"九千岁"。

王铎初涉仕途，怀着报国救民的满腔热情，再加上他早年求学期间曾受到"端方廉直，扬历中外"的东林党人乔允升的影响，因此，对政治思想相对清明、激进的东林党颇有好感。在翰林院为庶吉士的两年中，王铎同文震孟、陈仁锡、黄道周、倪元璐、郑之玄等人支持和拥护东林党人的思想和行动。这些人的名字在阉党手中的"天鉴录"和"点将名"两份黑名单中都可找到，说明魏忠贤的党羽已经将王铎等人视为东林一派人士，并准备对其加以迫害。

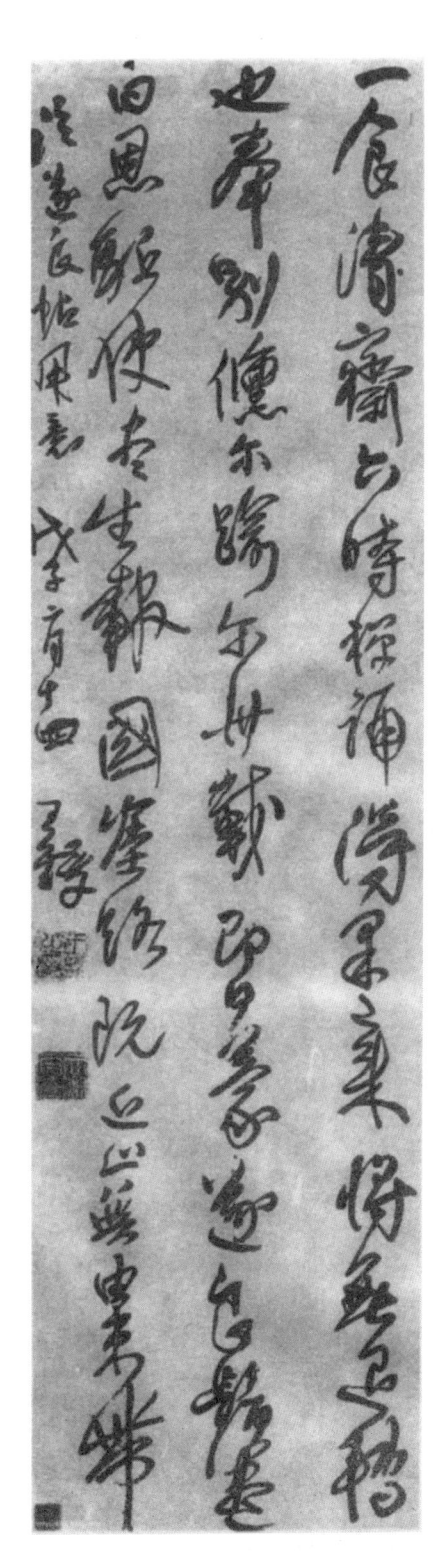

王铎《临褚遂良家侄帖》

倪元璐画像

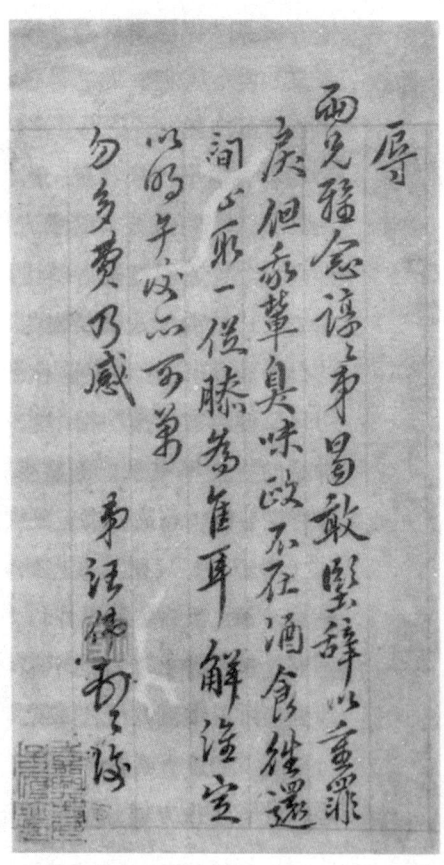

倪元璐《汪伟书札》

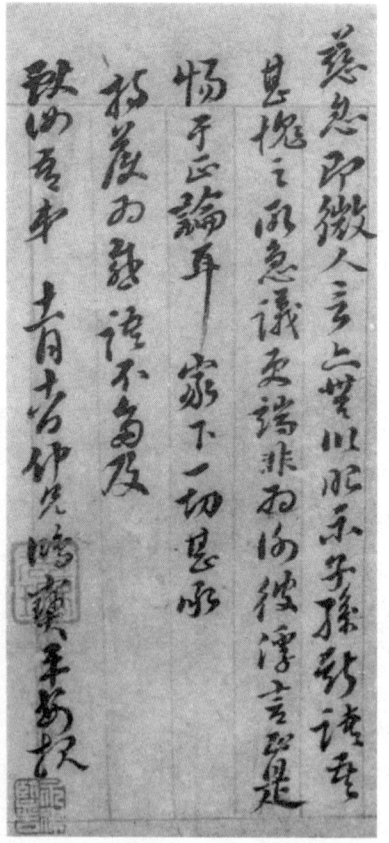

天启三年（1623），魏忠贤经过周密的策划，将东林党代表人物赵南星赶下吏部尚书之职。朝中大臣推举时任刑部尚书的乔允升任吏部尚书，但魏忠贤以乔允升为赵南星的同党，不仅不允许他任吏部尚书，还将举荐他的官员罢免。乔允升在无奈之下只好以抱病在身、归家休养为由退隐还乡。这一次斗争中魏忠贤的阉党取得大胜，朝廷中东林党的高层势力受到极大的削弱。天启五年（1625）魏忠贤对东林党采取了残酷的镇压行动，他借熊廷弼事件，诬东林党的左光斗、杨涟、袁化中、魏大中、周朝瑞等人（后来这五人加上自杀的顾大章被称为"前六君子"）有贪赃之罪，大肆搜捕东林党人，许多著名的东林党人冤死狱中。天启六年，魏忠贤又杀害了高攀龙、周起元、周顺昌、缪昌期、周宗建、黄尊素、李应升七人（史称"后七君子"），东林书院被限期全部拆毁，讲学亦告中止。自天启三年开始，阉党把持明朝政权数年，朝政一片混乱。

此间，王铎常与吕维祺

等东林党人饮酒作诗为乐。天启末年东林党人遭到迫害时,吕维祺辞官归隐乡里。时任翰林院检讨的王铎仍与其保持联络。天启七年(1627)五月,王铎调任福建乡试考官的途中曾有感而发,作七言律诗怀念吕维祺:"经筵侍从旧无功,痛哭流涕想象中。蠲税未闻擒汉诏,授衣何日讲豳风。天寒戍雪三边白,月暗狼烟万道红。禄食谁知怀报主,可怜绿鬓欲成翁。"仔细品味这首诗,他将为皇帝讲课的经筵讲官称为侍从,又称这样的官员历代以来都不过是讲授一些治国方略,而这些方略和建议又很少得到皇帝认同而被应用,故王铎称其为"旧无功"。此时的王铎虽然没有兼任经筵讲官的职务,但他日常的工作也大多与之相似,因此诗文的前四句与其说是为曾任职经筵讲官的吕维祺鸣不平,还不如看作是在抒发王铎自己英雄无用武之地的慨叹。王铎在政治的洪流之中,有报国尽忠之心,却无施展才华之所。通过这首诗,我们可以真切地感受到

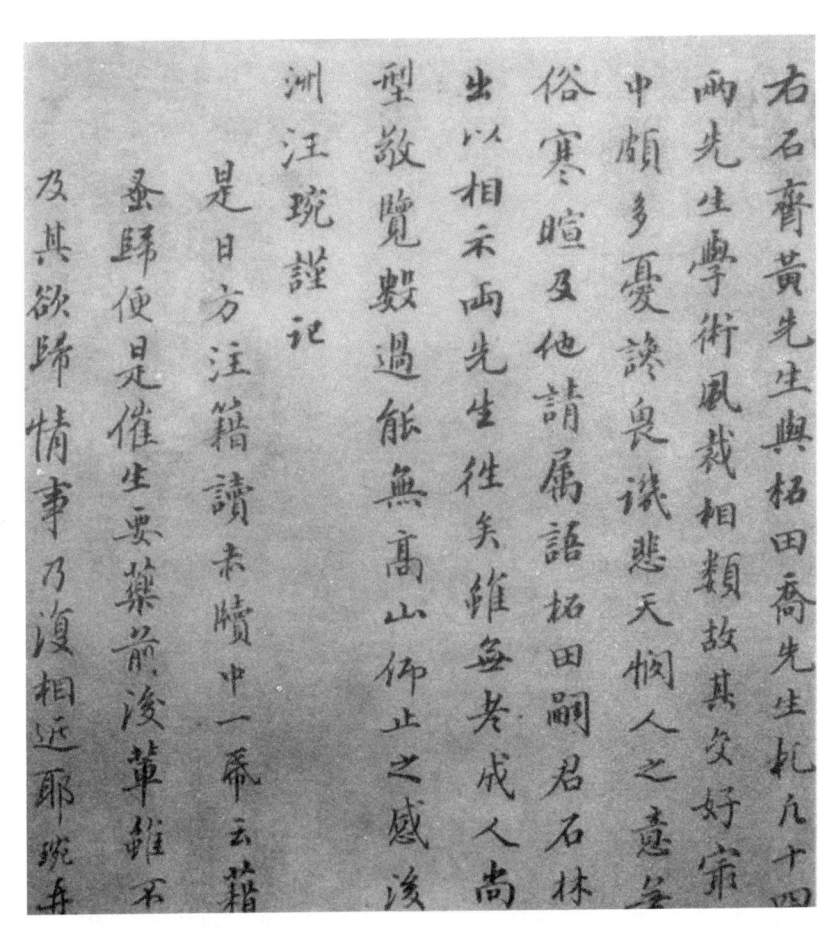

黄道周书札(局部)

王铎心中的无奈和苦闷之情。

天启六年（1626）正月，在魏忠贤操控下，大学士顾秉谦、黄立极、冯铨等主持纂修《从信鸿编》，这就是明清历史上著名的《三朝要典》，又称《三大政纪》。

顾秉谦，昆山（今江苏省昆山市）人。万历进士，天启元年（1621）升礼部尚书。第二年魏忠贤掌权，他率先趋附，次年即入阁参机务，事魏忠贤若奴仆，至此，魏忠贤气势更嚣张了。叶向高等被罢免后，顾秉谦成为首辅，任《三朝要典》总裁。自冯铨入阁，阉党内部自相倾轧，顾秉谦乞休归。于崇祯元年（1628）被列逆案中，为民家居。昆山百姓恨之入骨，遂聚众一把火烧了他的家，他仓皇乘渔船逃跑，客居他乡而死。黄立极，明直隶元城（今河北省大名营镇乡黄庄村）人，字中五。万历三十二年（1604）进士，累官少詹事、礼部侍郎。天启五年（1625）八月，魏忠贤以同乡故，擢黄为礼部尚书兼东阁大学士，入阁参与机务，旋晋太子太保、文渊阁大学士。次年迁武英殿、建极殿大学士，为首辅。崇祯即位，阉党案定，落职。《明史》将之列入阉党传。冯铨，字伯衡，又字振鹭，号鹿庵，顺天府涿州（今河北省涿州市）人，明万历四十一年（1613）进士，改授翰林院检讨，其父被劾罢官，冯铨亦回籍。天启四年（1624），魏忠贤进香涿州，冯铨跪谒道左，得复故官，进右赞善兼检

无锡东林书院旧迹

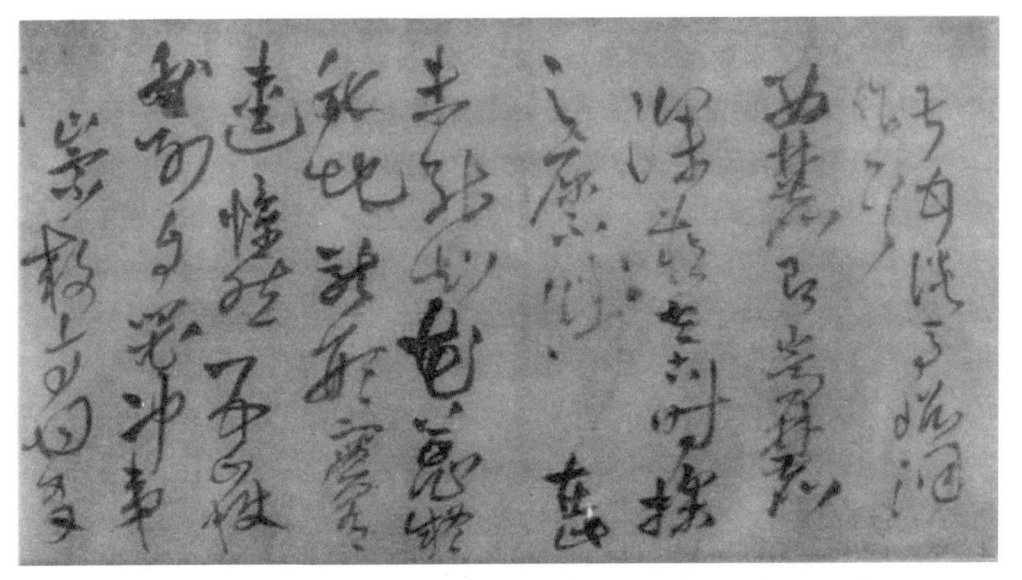

王铎《草书诗卷》（局部）之一

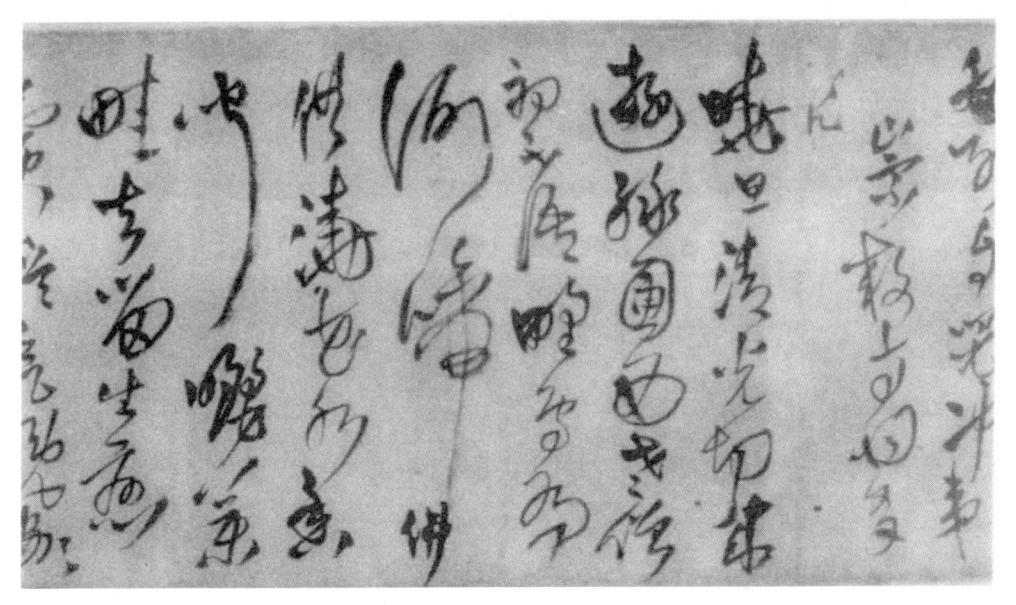

王铎《草书诗卷》（局部）之二

讨。天启五年（1625）七月，以谕德兼检讨升少詹事，补经筵讲官。八月，晋礼部右侍郎兼东阁大学士入阁。九月，升礼部尚书兼文渊阁大学士。天启六年（1626）正月，承旨充《三朝要典》总裁官。崇祯初，魏忠贤伏诛，冯铨论杖徙，赎为民。崇祯十四年（1641），谋复官不果。清兵入关，定都北京后，摄政王多尔衮以书征召冯铨，恢复

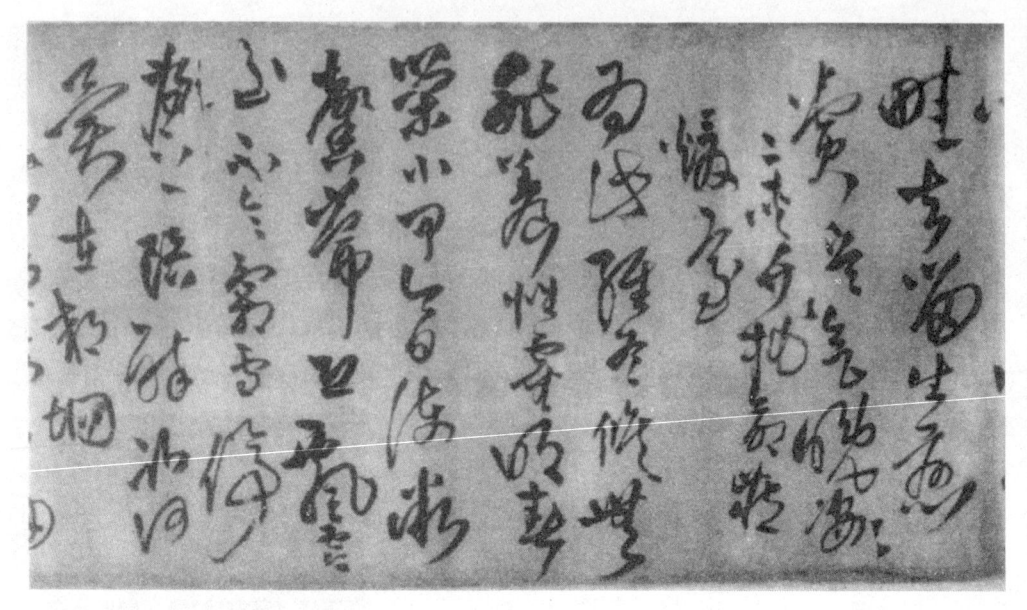

王铎《草书诗卷》（局部）之三

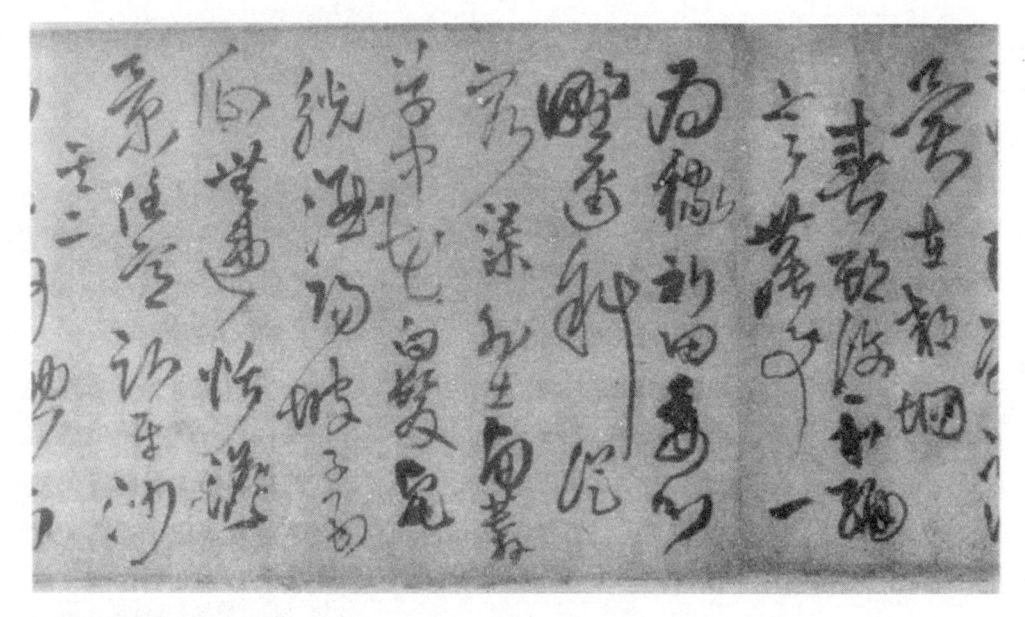

王铎《草书诗卷》（局部）之四

其大学士职衔，令其入清廷内院协理机务。自此历任弘文院大学士兼礼部尚书，加少傅兼太子太傅，多次出典会试，顺治十三年（1656）致仕。

《三朝要典》共二十四卷，在明朝历史上是一部臭名昭著的"名著"。为了达到陷害东林党人的目的，顾秉谦等人纂辑万历、泰昌、天启三朝有关梃击、红丸、移宫三

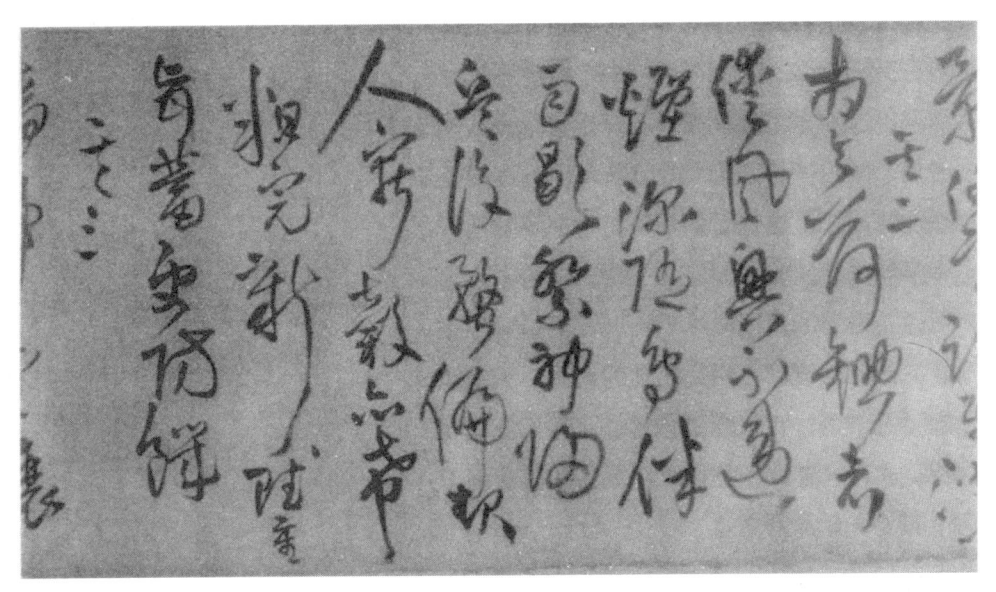

王铎《草书诗卷》(局部)之五

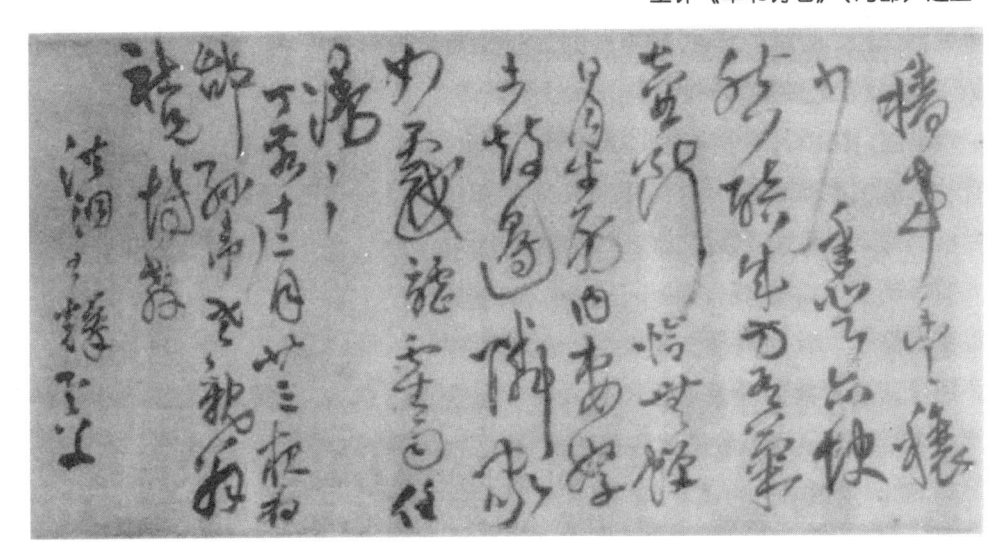

王铎《草书诗卷》(局部)之六

大案的示谕奏疏档册，加上按语而成，中间多有混淆是非、颠倒黑白之处。三案中有种种疑点，当时许多人，尤其是东林党人都察觉到了，并由此而闹得满朝沸沸扬扬。当时东林党人钱谦益在《九月十一日次固镇驿恭闻泰昌皇帝升遐途次感泣赋挽词其三》中也隐晦地提到了这些事件："丹地飞章日，青宫倾席时。忧危宗社并，诃护鬼神知。禁近终难问，弥留竟可疑。盈朝董狐笔，执简欲何

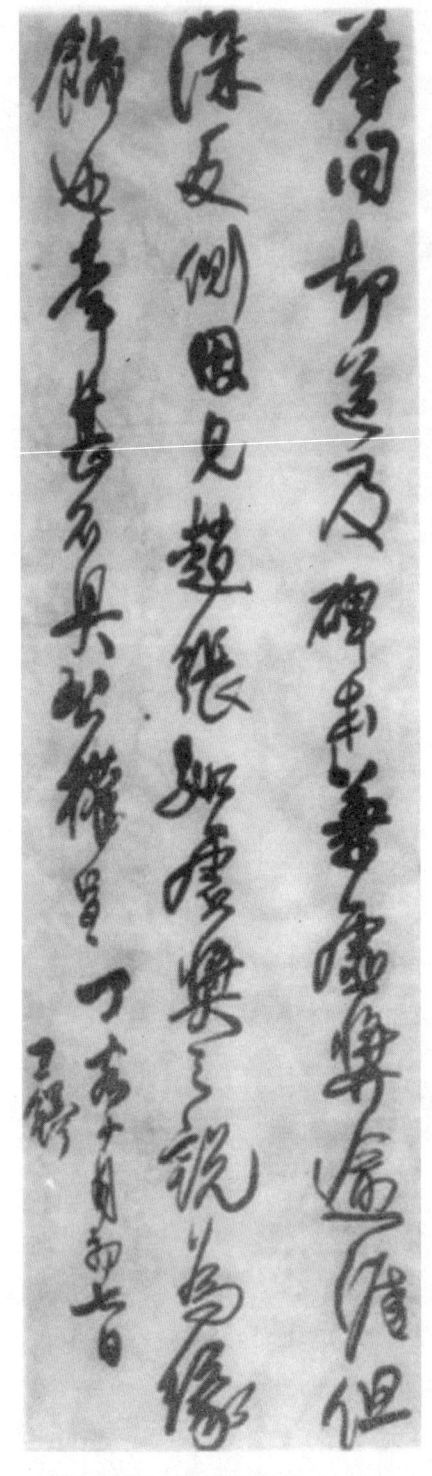

王铎《临柳公权辱问帖轴》

施?"对这三件事表达了深深的疑问。不过,这些在《三朝要典》中皆只字未提。可以说,这部书的命运是同阉党的命运紧密地联系在一起,可算是阉党集团在明代政治斗争中取得胜利的标志。

《三朝要典》成书不久,熹宗朱由校驾崩,其弟朱由检继位,后世称为崇祯帝。崇祯非常痛恨魏忠贤的阉党,以短短三个月的时间迅速扫清了阉党政治集团,并以《钦定逆案》把其罪行公布于天下,下诏毁《三朝要典》。南明弘光时,阮大铖等人曾打算重修《三朝要典》,但形势变化太快,不久清兵渡江,南京陷落,此事即作罢。《三朝要典》作为一份典型的颠倒黑白的反面教材被流传下来。在清代,《三朝要典》也曾被列入禁毁书目。军机处在一份向上呈报的关于禁毁书目的奏折中说:"查《三朝要典》系明天启六年大学士顾秉谦等编纂,述梃击、红丸、移宫三案始末,附以论断。其书名为敕修,实一时阉党借此罗织正士,献媚客魏,中间颠倒是非,天良灭绝,本应毁弃。又有狂悖之处,应请销毁。"

魏忠贤授意编纂《三朝要典》之时,王铎在翰林院任检讨之职,有史官之责,因此也必然参与了此书的编纂工作。但王铎与好友黄锦、郑之玄等人很快便因同情东林党人遭遇而找借口辞去了编纂工作,以消极不合作的方式与阉党进行抗争。虽然此举引起了顾秉谦等官员和阉党势力的不满,但王铎等人不畏权贵,坚持己见,拒绝合作。

崇祯初年,在打击阉党的同时,崇祯帝还昭雪平反东林党人冤案,并下旨修复东林书院,东林党人一度入阁。崇祯元年(1628),罢职归隐的乔允升复任刑部尚书,崇祯帝命其重新审理天启年间钱谦益主持科考营私舞弊一案。由于乔允升未能找到相关的证据证明钱谦益有罪，崇祯帝极为不满，认为乔允升与钱谦益相互串通，实属同党。吏部尚书兼东阁大学士温体仁趁机向崇祯皇帝进言，欲罢免钱谦益的官职，乔允升也因此愤然请求免官，未果。这次事件使得乔允升及其代表的东林党人在崇祯皇帝心中的地位一落千丈。崇祯二年（1629），清军攻抵都城，狱囚刘仲金等一百七十余人趁乱越狱。崇祯皇帝以此严查时任刑部左侍郎胡世赏及乔允升等人，欲定其死罪。为此，朝中群臣分为两派，争议不止。东林党人日讲官文震孟以《鲁论·君使臣以礼》一文之寓意规劝崇祯帝免乔允升等人之死罪。乔允升因此死罪豁免，改为戍守边卫，不久病逝。乔允升的波折经历及悲惨结局对王铎产生了很大的冲击。

乔允升死后，温体仁得到崇祯皇帝的信任，成为内阁首辅，大权在握。温体仁辅政长达八年之久，此间，他没有提出过任何经国济世的方略，没有建立过任何利国利民的功业，是一个十足的庸官，但在结党营私、玩弄权术上却是一个高手。据《明史纪事本末》记载，明亡前夕，御史吴履中上书总结崇祯治国之失时说："温体仁托严正之义，行媢嫉之私，使朝廷不得任人以治事，酿成祸源，体仁之罪也。"王铎鄙视温体仁无才无能，又与其政见不合，故很早就请求调离京师，任南京翰林院学士。选择外调避开温体仁锋芒的王铎是明智的，王铎离京期间，朝臣稍有忤逆温体仁意者，即遭到报复，文震孟、倪元璐等人都曾遭到其陷害。

在当时的政治环境中，王铎虽有不甘，但官职卑微、人单力孤，无法在官场上施展自己的雄心和才干，于是只好不与其同流合污，反之潜心于诗文书画之研究。如果说入朝为官带给王铎的大多是一些不顺心之事的话，那么有一件事情对于他来说是非常欣慰的，那就是在翰林院期间，王铎因职务之便，得以见到大量的前代墨宝珍品。历

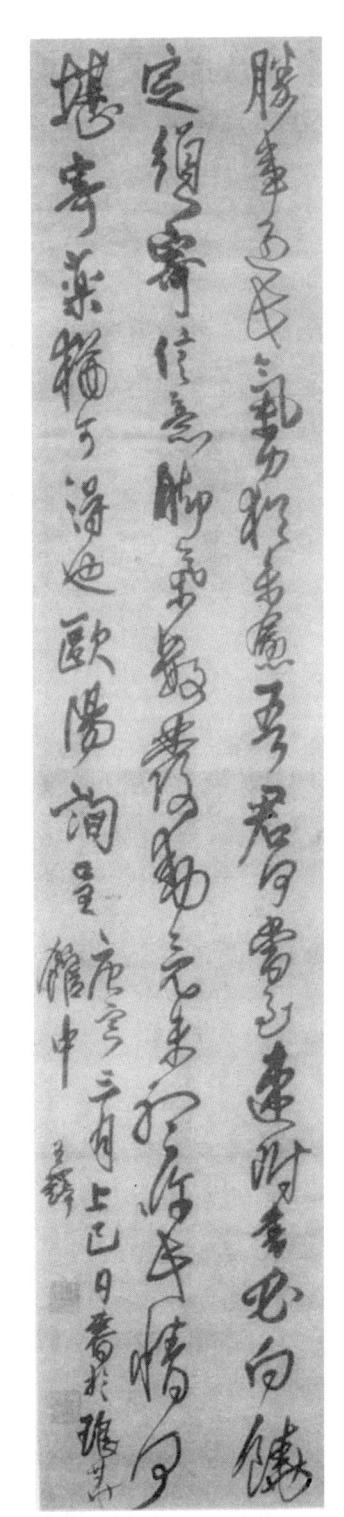

王铎《临欧阳询行书帖》

代书作中的珍品大多收藏在宫廷之中，王铎心痴已久的《兰亭序》摹本也在其中。

《兰亭序》真迹流传至唐代之后失传。据说唐太宗酷爱书法，视《兰亭序》如至宝，故以其陪葬。传世的《兰亭序》摹本主要是唐代的五种摹本。首推两种"神龙摹本"①，其卷引首处钤有"神龙"二字的左半小印，故此得名。因使用"双钩"摹法，为唐人摹本中最接近兰亭真迹者。次为"虞世南摹本"②，虞世南得智永真传，承魏晋风韵，与王羲之书法意韵极为接近，用笔浑厚，点画沉雄。再次为"褚遂良摹本"③，褚遂良笔力轻健，点画温润，血脉流畅，风神洒落，深得兰亭神韵。最后为"定武本"，实为唐代书法家欧阳询的临本，于北宋宣和年间勾勒上石，因于北宋庆历年间发现于河北定武而得名。定武原石久佚，仅有拓本传世，此本为原石拓本，是定武兰亭刻本中最珍贵的版本。

以上几种"兰亭摹本"各具特色，对后世书法影响极大，唐代之后的历代书法名家都曾从其中汲取营养，丰富自己的书法创作。王铎苦心寻求《兰亭序》摹本多年未得一见，终于在入仕之后实现了自己的愿望。至于王铎是在何时得窥何种版本的《兰亭序》摹本，史载不详，但从王铎四十岁之后书法可以推测，王铎确实有幸见到过梦寐以求的《兰亭序》摹本。

王铎身为翰林院检讨，除了能够见到大量的石刻碑拓之外，还能见到众多的唐宋元明书画名家的手

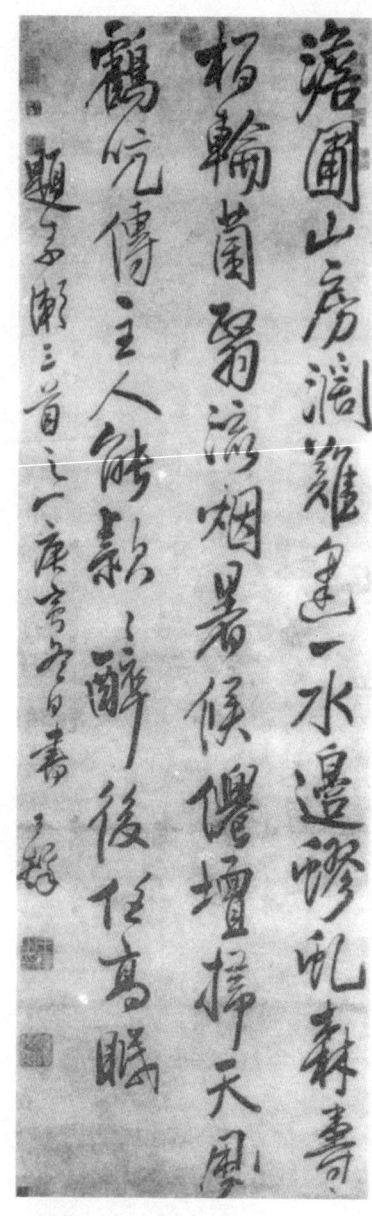

王铎《行书立轴》

---

① 神龙摹本，唐冯承素摹写，现藏于北京故宫博物院。另有存于宁波天一阁博物馆内的《兰亭序》碑刻，据说为冯承素在贞观年间奉旨摹自王羲之真迹，亦为"神龙本"。唐宋皆藏于内府。宋理宗传于驸马杨镇，元朝时杨家又卖给郭天锡，明朝入丰坊万卷楼，丰坊于晚年刻于石碑之上。1562年，万卷楼大火中摹本焚毁，仅剩天一阁所藏碑石。故"神龙摹本"有二。

② 神龙摹本，卷中有元天历内府藏印，故亦称"天历本"。

③ 褚遂良摹本，卷后有宋代米芾题诗，故亦称"米芾诗题本"。

迹，其中一部分传世作品上留有王铎赏评的题跋文字便是最有力的证明。这些赏评之作，一方面可以看作是王铎传世书法作品中的上品。理由很简单，王铎在欣赏唐宋元明书画家作品之时，必然心驰神往、敬慕有加，他在作题跋之时，必然是深思熟虑之后方才提笔为文的。这些珍品流传已久，即使是当朝的名家，在其上书写之时也会格外谨慎。当时的王铎虽然已经因书法而闻名，但还不能与名家比肩，他在这些珍贵的作品上书写题跋之时自然格外用心。因此，这些题跋无论从书法理论的角度去研究，还是从书法创作的角度去审视，都堪称佳品。从另一方面分析，经过多年的书法实践，此时的王铎已经与早年一心学古的那个少年不可同日而语。他从潜意识地博采众家到自觉地分析和研究前代各家书法的特点和不足之处，其书法创作已经有了属于自己的风格。王铎所留下的大量题跋并非一时所作，这些题跋在一定程度上也反映出了王铎书法风格形成和变化的过程，因此，是研究其书法的珍贵资料。此时王铎的书法创作虽然仍处于变化之中，但已经进入了一个全新的阶段。

温体仁失宠后，王铎于崇祯十年（1637）初自南京调任回京，任少詹事、东宫侍班。次年，又任詹事、吏部右侍郎兼翰林院侍读学士、经筵讲官、教习馆员等职，位及三品。此时的王铎已四十七岁。在朝为官十五载即取得正三品的官阶，这对于很多人来说是可望而不可即的。但在王铎的内心并没有因此而有些许欣慰，更多的是郁郁寡欢的不得志情绪。詹事即给事、执事。秦始置，掌皇后、太子家中之

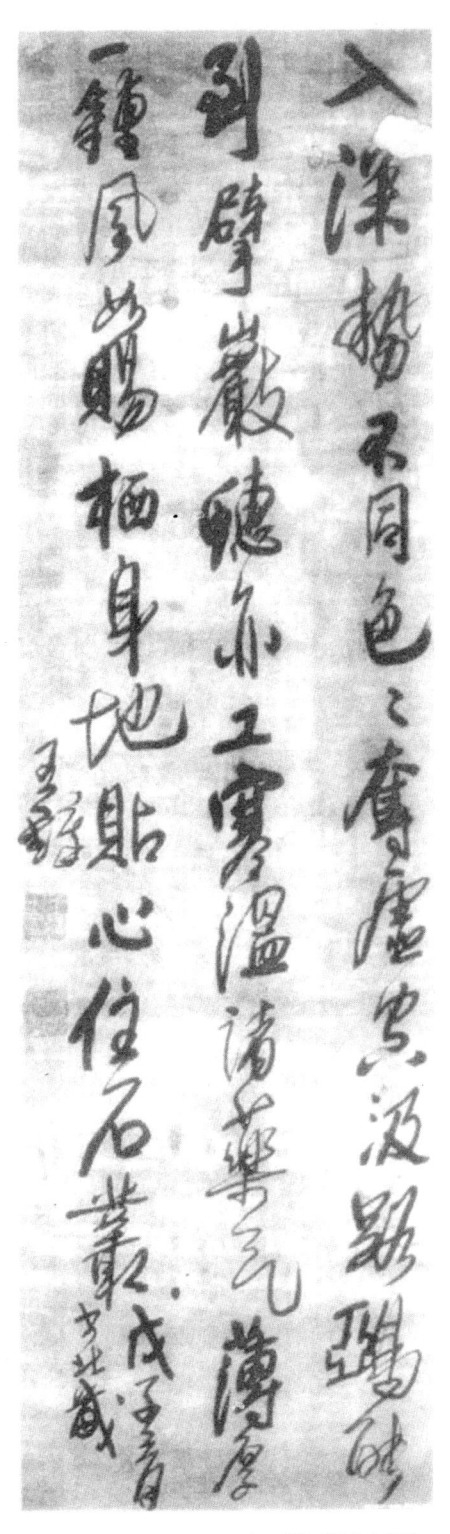

王铎《行书诗立轴》

事。明清皆置詹事府，设詹事及少詹事，为三、四品官，其下有左、右春坊及司经局等。侍读学士，品等为从四品，主要配置于内阁或翰林院，任务为文史修撰，编修与检讨，其上为掌院学士。经筵讲官掌管为皇帝进讲书史。明、清侍读、侍讲学士等为翰林院官员，而以实际为皇帝进讲官员为经筵讲官，由翰林出身大臣兼充，但进讲渐成具文。上述官职基本属于不掌实权的虚衔，因此，这十几年中，王铎一直游离于政治权力的中心之外。

天启、崇祯两朝是明王朝最为动荡之时，王铎面对着极其复杂的局面，各种政治势力的缠斗，朝廷重臣为一己私利置王朝政治于不顾，张献忠、李自成等人领导的农民起义和山东白莲教起义风起云涌，关外后金势力不断扩张并骚扰王朝边境，内忧外患的明王朝如风雨飘摇中的茅屋，随时可能倾覆。这一切使得王铎对未来一片迷茫。认识到自己的政治抱负在当时朝政混乱的情况下无法实现，王铎决定离开政治旋涡的中心。崇祯年间，王铎先后数次离京远游，其足迹几乎遍及整个中国，用他自己的话来说："予足迹江南北，几遍天下！"

王铎似乎在漫无目的地游荡，但如果细心观察的话又可以看出王铎游览的些许规律。王铎在多年的旅途之中，始终留心书艺，或拜访当朝书画名家，与之彻夜畅谈；或游览

王铎《行书五律诗轴》

褚遂良摹本《兰亭序》

名山古刹，访碑求书，神游于古代书作中；或亲朋好友书信往来，谈书论画。流传下来的王铎书论或长或短，评古论今，颇有精妙之处。

云游各地的经历以及博览古今书作大大开阔了王铎的眼界，数年之中，他对魏晋唐宋元明各代书法大家进行了逐一系统的研究，临摹作品，分析书风的变化，对比各家之长短。清代书法家梁巘曾经对王铎博采众家的过程进行了细致的分析，他说："王铎书，得执笔法，学米南宫，苍老劲建，全以力胜，然体格近怪……王孟津行草大字，劲装古服，魄力雄迈，盖初法南宫，而实得力于诚悬遗意，顾力太猛，稍顾令含蓄……孟津王觉斯，书法得清臣、海岳衣钵……觉斯年伯书法，全用清臣、海岳、北海诸家，不止入山阴之室也……觉斯草书绝伦，实出自怀素。"梁巘所列举的唐宋时期几位书法家正是王铎所推崇和学习的前辈。依据王铎自己所述，他虽然游走于众家之间，取长补短，但他平生极力推崇和学习的前代书法家并不多。

王铎早年学古，对东晋书法名家钟繇、卫夫人、王羲之、王献之敬爱有加，此四人书风同属一派，相互延承，以王羲之的影响最大。王铎在很大程度上受到了二王父子书法风格的影响。除此之外，王铎还极力推崇唐代颜真卿、宋代米芾二人。

颜真卿祖籍琅琊临沂，家学渊博，五世祖颜之推是北齐著名学者。他少时家贫缺纸笔，用笔蘸黄泥水在墙上练字。初学褚遂良，后师从张旭得笔法，又汲取初唐四家特点，兼收篆隶和北魏笔意，完成了雄健、宽博的颜体楷书的创作，树立了唐代的楷书典范。他的楷书一反初唐书风，行以篆籀之笔，化瘦硬为丰腴雄浑，结体宽博而气势恢宏，骨力遒劲而气概凛然，这种风格也体现了大唐帝国繁盛的气度，并与

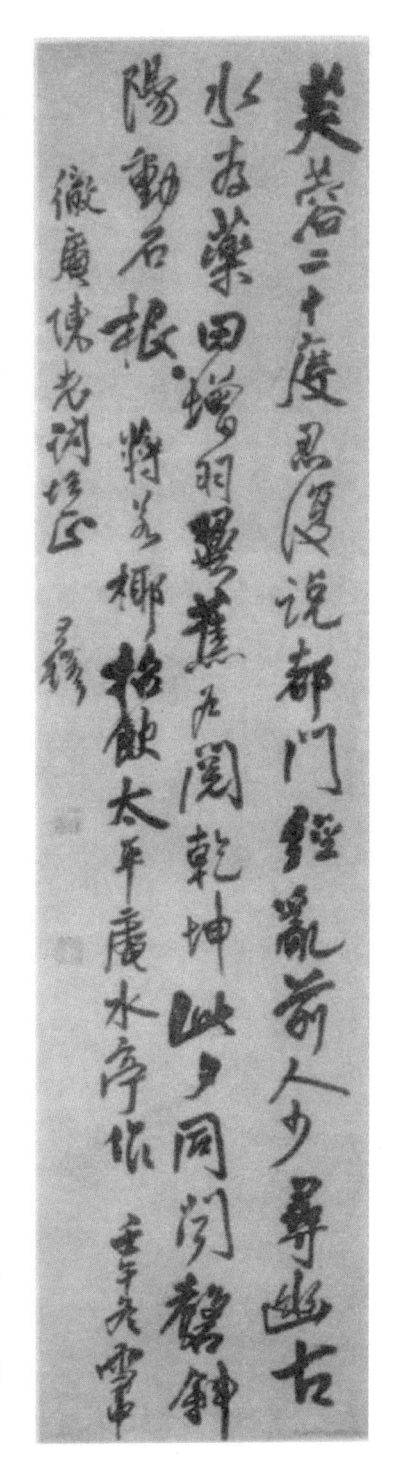

王铎《自作五律诗轴》

他高尚的人格契合，是书法美与人格美完美结合的典范。他的书体被称为"颜体"，与柳公权并称"颜柳"，有"颜筋柳骨"之誉。颜体书对后世书法艺术的发展产生了深远影响，唐以后很多名家，都从颜真卿变法成功中汲取经验。尤其是行草，唐以后一些名家在学习二王的基础之上再学习颜真卿而建立起自己的风格。苏轼曾云："诗至于杜子美，文至于韩退之，画至于吴道子，书至于颜鲁公，而古今之变，天下之能事尽矣。"[1] 但是王铎对于颜真卿的推崇却不仅仅是因为其楷书独步于唐代，创下了历代楷书之典范，王铎平生喜好行书，他之所以推崇颜真卿，皆因颜真卿的人品高尚。

颜真卿为开元年间进士，曾四次被任命为监察御史，迁殿中侍御史。因受到当时的权臣杨国忠排斥，被贬黜到平原郡（今属山东省）任太守。天宝十四年（755），平卢、范阳、河东三镇节度使安禄山发动叛乱，他联络从兄颜杲卿起兵抵抗，附近十七郡响应，被推为盟主，合兵二十万，使安禄山不敢攻潼关。德宗兴元元年（784），淮西节度使李希烈叛乱，奸相卢杞想趁机借李希烈之手杀害颜真卿，便派其前往劝谕，被李希烈缢死。闻听颜真卿遇害，三军将士纷纷痛哭失声。半年后，叛将李希烈被自己手下人所杀，叛乱平定。颜真卿的灵柩才得以护送回京，厚葬于京兆万年颜氏祖茔。德宗皇帝痛诏废朝五日，举国悼念。德宗亲颁诏文，追念颜真卿的一生是"才优匡国，忠至灭身，

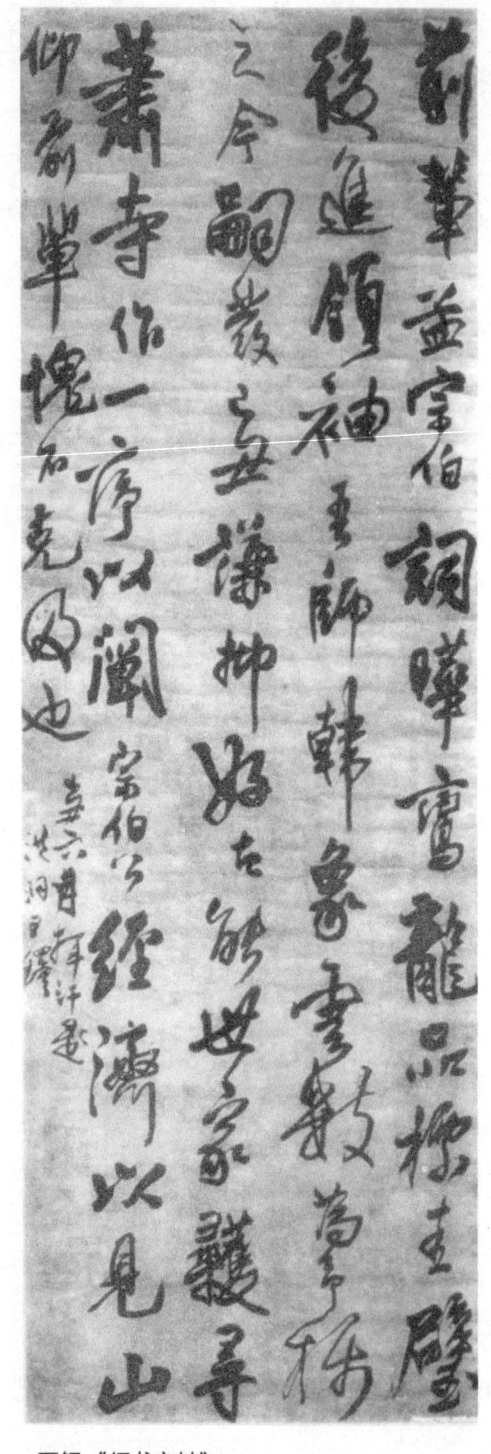

王铎《行书立轴》

---

[1]〔北宋〕苏轼：《东坡题跋》。

器质天资，公忠杰出，出入四朝，坚贞一志，拘胁累岁，死而不挠，稽其盛节，实谓犹生"。他秉性正直，笃实纯厚，有正义感，从不阿谀权贵，屈意媚上，以义烈名于时。从某种程度上说，王铎对颜真卿人品的认可要高于对其书法造诣的肯定。

如果单纯从书法艺术分析，王铎还极为推崇宋代米芾。王铎曾说："米芾书本羲、献，纵横飘忽，飞仙哉！学得《兰亭》法，不规规摹拟，予为焚香寝卧其下。"由此可见，他认为米芾为历代书家中学二王而得其精髓者。

米芾，字元章，吴人也。以母侍宣仁皇后藩邸旧恩，补浛洸县尉。历知雍丘县、涟水军，太常博士，知无为军，召为书画学博士，赐对便殿，上其子友仁所作《楚山清晓图》，擢礼部员外郎，出知淮阳军。卒，年四十九。芾为文奇险，不蹈袭前人轨辙。特妙于翰墨，沉着飞翥，得王献之笔意。画山水人物，自名一家，尤工临移，至乱真不可辨。精于鉴裁，遇古器物书画则极力求取，必得乃已。王安石常摘其诗句书扇上，苏轼亦喜誉之。冠服效唐人，风神萧散，音吐清畅，所至人聚观之。而好洁成癖，至不与人同巾器。所为谲异，时有可传笑者。"无为州治有巨石，状奇丑，芾见大喜曰：'此足以当

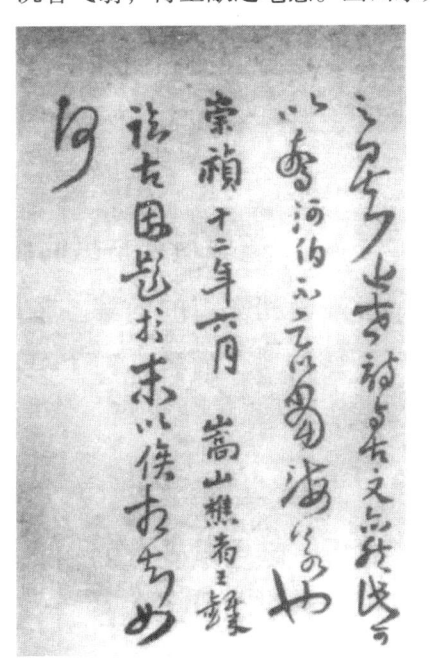

王铎《论书》题跋（局部）

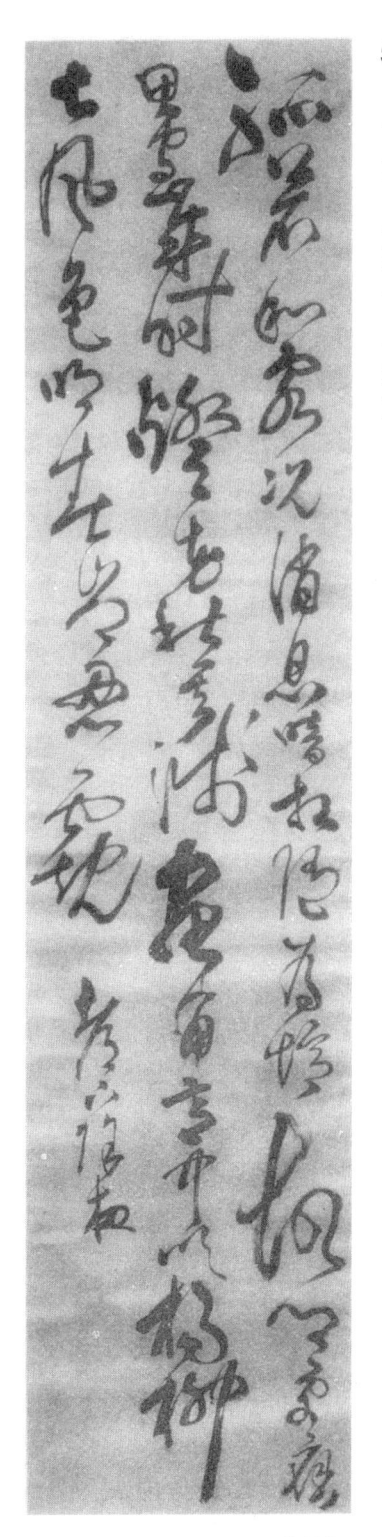

王铎《都下除夜轴》

王铎《赠今础先生扇面》

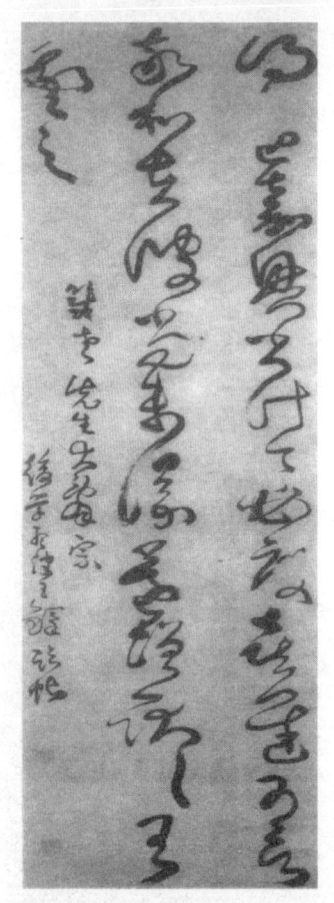

王铎《临王羲之帖》

吾拜！'具衣冠拜之，呼之为兄。又不能与世俯仰，故从仕数困。尝奉诏仿《黄庭》小楷作周兴嗣《千字韵语》。又入宣和殿观禁内所藏，人以为宠。"①

米芾不善官场逢迎，这使他赢得了很多的时间和精力来玩石赏砚钻研书画艺术，同时对书法艺术的追求到了如痴如醉的境地。这种与众不同，不入凡俗的个性和怪癖，也许正是他成功的基石。

米芾作书十分认真，不像某些人想象的那样，不假思索一挥而就。米芾自己说："余写《海岱诗》，三四次写，间有一两字好，信书亦一难事。"② 一首诗，写了三四次，还只有一两字自己满意，其中的甘苦非个中行家里手不能道，也可见他创作态度的严谨。

王铎对于书法的痴迷，对二王的细致研究，每次写书之前的缜密思索，书写过程中的挥洒自如等都与米芾有着惊人的相似。这种相似性在王铎所作之《米芾天马赋跋》《李成小寒林跋》等作品中表现得最为明显。《米芾行书天马赋跋》的小楷，略带行书笔意，结体宽博，字态俊美，通篇点线参差错落，浑然一体，平稳整饬中透出飘逸洒脱之气，是从王羲之《黄庭经》脱化而来。大楷书体有碑刻

---

① 〔元〕脱脱：《宋史》卷四四四、列传二〇三《文苑》第六，中华书局，1985年。

② 〔明〕范明泰：《米襄阳外记》。

传世，墨迹则较少存留。《李成小寒林跋》见其楷法功力，法度出自颜真卿大字《麻姑仙坛记》和《颜氏家庙碑》，但用笔中锋，兼施侧媚，结字严整，笔力沉雄，章法如钟鼎铭文，不拘格式，大小字迹间，镶嵌得趣，寥寥十二个字，却给人以大气磅礴之势。王铎楷书的功力往往被忽视，其实，那些草书的神来之笔，仰仗的是楷书的坚实功底，否则难以神完气足。这种相似说明王铎对米芾的书法作品及风格研究最多，由此真正理解了学习二王的要旨，他将其总结为"不规规摹拟"的五字箴言。王铎用了十几年的勤学苦练，在数万次的临帖之后方才悟出这样的道理，足见书法艺术与实践的密切联系。

明王朝政权摇摇欲坠之时，王铎书法风格也在发生着明显的变化，似乎王铎的人生轨迹、学书历程与王朝的命运存在某种联系，这也许是历史的机缘巧合。

颜真卿画像

颜真卿《多宝塔碑》拓本（局部）

米芾书作（局部）

米芾画像

王铎《临米芾行书天马赋跋》　　　　王铎《自作行草五律诗轴》

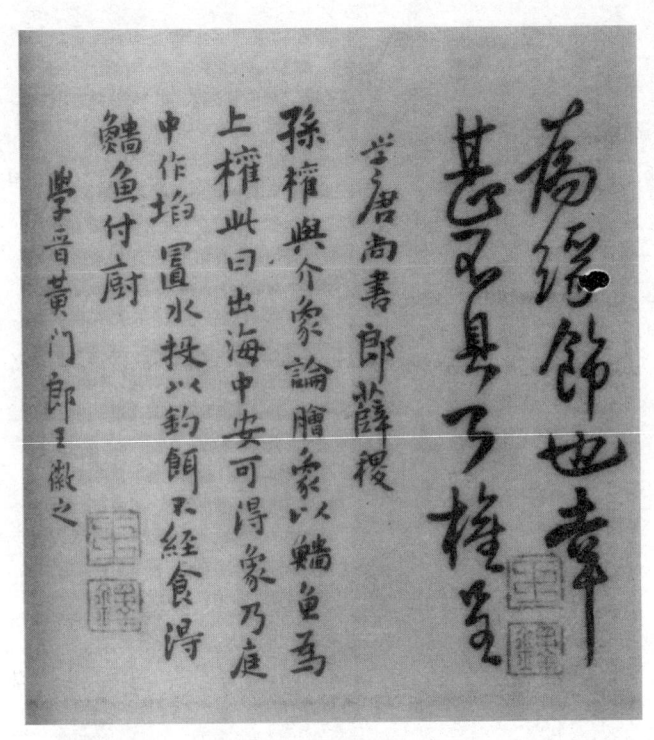

王铎《学宋特进王昙帖》（局部）之一

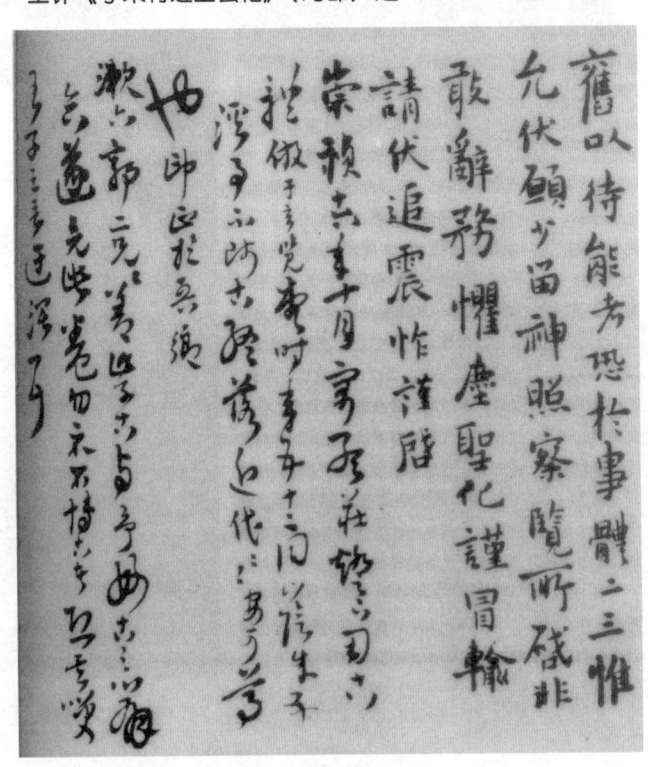

王铎《学宋特进王昙帖》（局部）之二

第三章 政权更迭 前途未卜

  1619年，明朝在萨尔浒之战中惨败，几年间丧失辽东七十余城。1621年，努尔哈赤攻占辽阳、沈阳，迁都辽阳。1625年春，努尔哈赤不顾贝勒诸臣异议，决定迁都沈阳。当年农历三月三日在拜祭祖陵后，便率亲族百官自东京（辽阳）起程，夜宿虎皮驿，翌日抵沈阳。从此沈阳成为后金政权的统治中心。不过，努尔哈赤在1626年的宁远战役中被明军的大炮打成重伤，不久逝世。第八子皇太极继位，他继续对明朝展开攻势，并联合蒙古各部，势力不断扩大。在明、清两个政权激战之时，明朝朝廷内部形成了主战和主和两个对立的势力。主和派认为对于兴起的满族势力应该采取招抚政策，给予一定的优待，息事宁人，其代表人物是杨昌嗣、陈新甲。主战派的观点则恰恰相反，王铎及其好友黄道周等都是主战派人士。黄道周曾上疏批驳议和派的苟且行为，但崇祯皇帝不但不予采纳，反而将黄道周廷杖八十，贬官六秩。为了支持黄道周，时任詹事的王铎也上疏。但是，由于崇祯皇帝对杨昌嗣极度信任，王铎的上疏如石沉大海，十余日未见批复。此间，杨昌嗣曾暗中使人上疏弹劾王铎，要不是清军全力进攻，边境战事突然吃紧，皇帝议和派的策略并不能起效，恐怕王铎的命运和黄道周是一样的。此后，王铎仍然力主与清军作战，每有机会，便直言进谏。任经筵日讲官时，王铎以《中庸·唯天下至圣章》的讲论言及时事称"力言加派，赋外加赋。白骨满野，敲骨吸髓，民不堪命。有司驱民为贼，室家离散，天下大乱，致太平无日"。如此直言本是出于忧国忧民之心，但昏庸的崇祯皇帝对王铎的言论

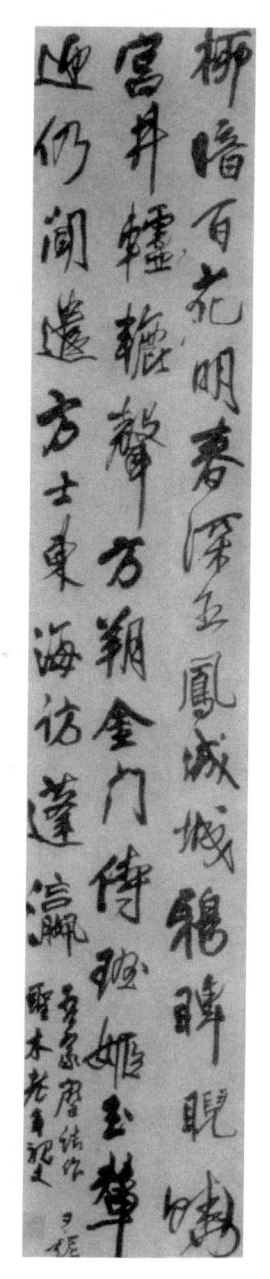

王铎《王维诗轴》

不予理睬，使得王铎心灰意冷。相信此时的王铎对明王朝不久之后的灭亡已有所感知。早在天启七年（1627）冬，王铎结束福建乡试返京途中，见到百姓流离失所，于心不忍，就曾作诗："孤城极目意悠悠，烟里人家浅淡洲。兰气香沉金锁钥，翠涛光研玉箜篌。堤边故苑风霜冷，原上诸陵草树秋。二十四桥询往事，江声寂寞向东流。"该诗充满了王铎对国家前途未卜的深深忧患。

王铎虽然不能以一己之力拯救万民于水火之中，但他对百姓的疾苦却从不置若罔闻。崇祯五年（1632）六月，王铎途径孟津，恰遇河堤决口，百姓溺死无数。王铎作五言律诗十四首记述其事。其序曰："壬申夏秋，吾郡霪雨七十余日，倾圮庐舍，伤人害禾，回忆辛未雪五尺，冻死数百人，载盛异事。"后闯王高迎祥攻入河南，王铎又作七言律诗八首，其序曰："壬申七月至十月，晋寇约七万余，夺太行、石城而下，去孟津止百里。济源、河内、武陟、修武杀焚之惨，嚏血为川，林积其尸。募兵无一斗者，国家养士，求其实用，则竟如此。至上捷奏，徒使劳于披览。噫！亦可以少息矣。汝州、叶县、鲁山、庐氏、嵩县寇余孽数十万，鸱张虎啸，盘踞大山，未为扫荡，吞噬何止。拯民而出之水火者谁乎？良可流涕也。予辗转发愤郁塞而作此诗。"

崇祯六年（1633），天灾人祸大行，王铎困居乡里，数日无粮可食，无奈中修书友人汤若望求助。汤若望字道未，出生于德国科隆，明万历年间来到中国传教，在京城期间与王铎曾有往来。在给汤若望的信中，王铎写道："日来病，力疾，勉书。时绝粮，书数条卖之，得五斗粟。买墨，不嘉，可奈何？"在朝为官之王铎生活窘迫尚且如此，更何况平民百姓呢。为此，王铎曾多次进谏上疏请求朝廷减免税收。不过，由于皇帝不理政事，朝政混乱不堪，王铎的奏疏如同石沉大海，终无回复。

崇祯九年（1636），高迎祥、李自成领导的起义军势

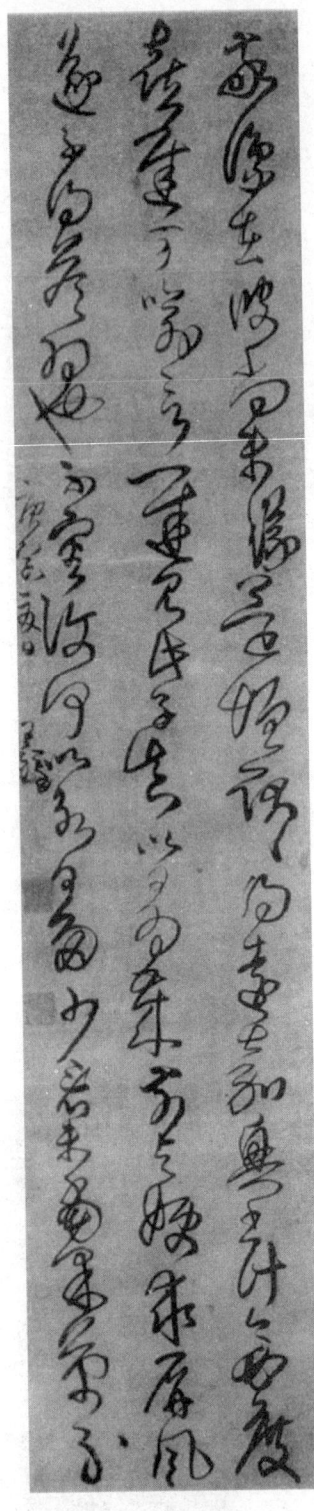

王铎《临王羲之帖》

力更加强大，为了保护乡民，王铎协助孟津知县张尔葆改建孟津故城，作《孟津砖城记》一文以记之。也就在这一年，皇太极率兵降服漠南蒙古。之后，皇太极称帝且改"金"国号为"清"，正式建立清朝，改年号为崇德。明、清两个政权为了争夺统治权的斗争进一步升级。崇祯十三年（1640），松锦之战爆发，崇祯十五年（1642），洪承畴在松山被俘，祖大寿在锦州投降。松锦之战的失败标志着明朝在辽东防御体系的彻底崩溃，在关外只剩下宁远一座孤城。崇祯十七年（1644）三月，李自成率领的大顺军攻陷北京，明朝崇祯帝在农民起义军的攻城炮声中自缢于皇城后的景山。四月，驻守山海关的明将吴三桂降清。清摄政王多尔衮指挥八旗劲旅，兼程入关，以吴三桂为前导，击败大顺农民起义军，进占北京。同年，清顺治帝迁都北京。至此，明清两代政权的交替终于完成。明代残余势力逃至南方，建立了弘光、隆武、绍武、永历等政权，史称"南明"。

自崇祯九年（1636）至崇祯十七年（1644），王铎虽然在朝为官，但多次进谏无果和明军在战斗中的节节失利将王铎的政治理想几乎消磨殆尽，他把更多的精力放在了书画、诗文等方面的钻研之中，以此麻木自己。不过，从其此阶段的书法、诗文作品中，仍能感受到王铎心中的无限苦闷和无奈。

崇祯七年（1634），王铎身在京城。春意盎然之际，王铎多次临习书圣王羲之的《永嘉敬豫帖》。开封博物馆所藏的王铎《临王羲之永嘉敬豫帖》是王铎于顺治七年（1650）所书。释文如下：

王铎《临张芝帖立轴》

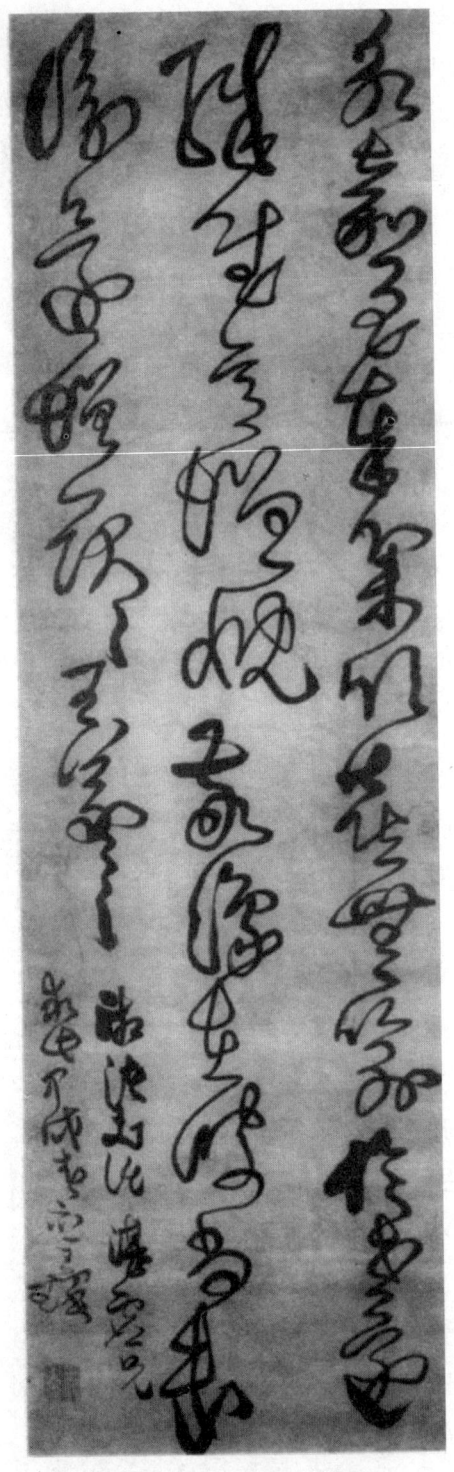

王铎《临王羲之永嘉敬豫帖立轴》

永嘉至奉集，欣喜无喻。伦等还，殊慰意增慨。敬豫在彼，尚未议还，增耿耿。王羲之。

其实王铎之所以临习此帖，不仅仅是因为对书圣王羲之字体的喜爱，更重要的在于感叹自己与王羲之生活时代如此的相似。王羲之，字逸少，东晋著名书法家，琅琊人（今山东省临沂市），后居会稽山阴（今浙江省绍兴市）。父王旷，历官淮南丹阳太守、会稽内史。伯父王导，历事晋元帝、晋明帝、晋成帝三朝，出将入相，官至太傅。羲之幼时不善言辞，长大后却辩才出众，且性格耿直，享有美誉。他所处的东晋时期，中原政权偏安江南，北方大部分地区都在少数民族的掌控之中，东晋诸多人士都希望统治者能够驱逐"胡族"，夺回中原领土。这种状况与明王朝面临满族的进攻有很大的相似性。王铎身处其间，对于王羲之的经历以及其书法创作的内心世界若有所感，故此才反复临习《永嘉敬豫帖》。在此期间，王铎曾与明代著名书法家董其昌以书信往来的形式讨论书法艺术。

崇祯七年（1634）夏，王铎寓居自由庵，作《甲戌都下秋日》曰："半枯松树枝，倔强有深情。自信抱性坚，偃蹇岁月更。铁皮神鬼护，十抱立其躬。野老三叹息，冬日尚峥嵘。树叶虽秃藏，阳春为尔生。天地本无意，吹万有阴晴。谅非荏苒柔，半枯岂不荣。枯荣何足说，所贵岁寒情。"

此后王铎仍专心研究王羲之的书法作品，临习草书《月半念足下帖》《不审清和帖》及王献之《省前书帖》等。《月半念足下帖》五行，四十五字："月半，念足下穷思深至，不可居忍。雨湿，体气各何如？参军得针灸力不？甚悬情。当深宽割，晴通省苦，遣不具。王羲之白。"《淳化阁帖》收刻的王羲之尺牍中，帖目涉及"月半"二字者有三帖：《月半念足下帖》《月半帖》《月半哀感帖》。据历来学者考订，《月半哀感帖》乃伪作。而宋代《宣和书谱》著录的《月半帖》有二，当有此帖。墨迹本宣和年间尚存世。王铎临写王羲之的《不审清和帖》，以排山倒海之力，横扫千军之势，独树风标，令人叹为观止。因其气势连绵不断被称之为"连绵草"，又因从上到下几乎一笔所书，又被称为"一笔书"。其临王献之《省前书帖》："省别书，故有集聚意，当能果不？足下小大佳。不闻官前逼遣足下甚（急），想以相体恕耳。足下兄（子）至广州耶？丁亥十月十三夜王铎。"综观其书，形神兼备，可见其临帖所下功夫之深。

崇祯八年（1635），王铎曾为明末"四朝元老"，有"五世恩荣"之称的袁可立作《太子少保兵部尚书节寰袁公神道碑》，并为其夫人作《兵部尚书节寰袁公夫人宋氏行状》。袁可立（1562—1633），字礼卿，号节寰，又号闲闲居士，睢阳卫军籍，明河南睢州（今河南省睢县）城内人。万历十七年（1589）进士，官至兵部尚书太子少保，累赠光禄大夫、太子太保，曾辅佐万历、泰昌、天启、崇祯四朝皇帝。万历十九年（1591），袁可立出任苏州府推官（七品）。太守石昆玉以廉直著称，按治豪横，忤应天巡抚李涞，李巡抚反诬石太守（正四品）有罪，可立犯上百辩雪其冤。（袁可立）"对中丞诵之，其声琅琅。中丞愧甚，举屏自障。公读法声益

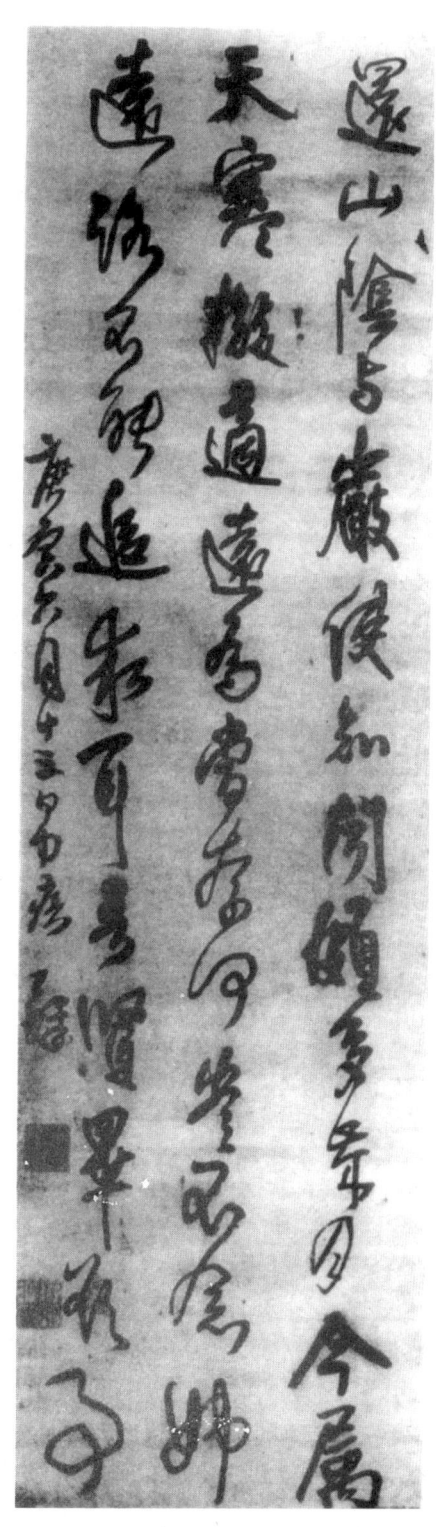

王铎《临王献之敬祖、潘阳轴》

厉,中丞遂自劾去。"万历二十二年(1594),太宰上其事,擢袁可立山西道监察御史,吴地百姓箪酒相留,哭送百里不绝。一日,袁可立巡视北京西城,遇到皇帝弄臣杀人,有司不敢问,可立重捶抵罪。即有人持重金至可立门上,袁可立勃然大怒道:"杀人者死,朝廷法也,即弄臣顾可脱乎?吾知有三尺,不知弄臣。"遂将弄臣正法于市,万民呼"袁青天"。由此可知,袁可立为官秉公无私,王铎对袁可立敬佩有加,故为其书碑。

太子少保兵部尚书节寰袁公神道碑全文如下:

皇帝御天下之七季癸酉十月十一日,资政大夫兵部尚书节寰袁公终于家。其明季春,大宗伯言:"故尚书可立勤于砥身,不渝不怼,保佑我王家,宜畀祭葬。"诏曰:"俞哉。"予之司空致水衡钱,徐议易其名者。子户部员外枢稽首曰:"是惟先君治行,徼惠吾子以重先君之灵。"铎拜曰:"诺。"

据状:公讳可立,号节寰。始祖荣,颍州人,洪武时以随征庆阳功为神策卫百户,屡调睢州坚城卫,遂居。祖锦,韩城教谕。子永绥,贡士;永康,公王父,赠资政大夫、太子少保、兵部尚书。永康生子江、淮、河、洛、渭。淮,公父,赠资政大夫、太子少保兵部尚书。配陆氏,继安氏,俱赠夫人。

公季二十七戊子举乡,己丑进士,为苏州推官。

吴俗诸猾,少季株累细民,胁令长

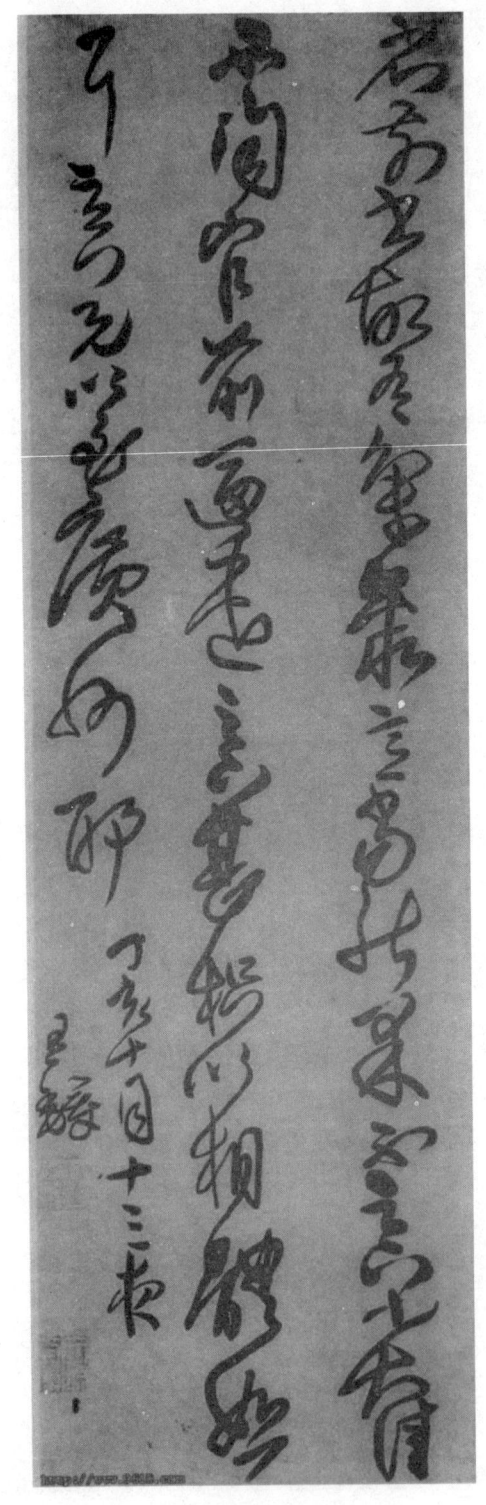

王铎《临王献之省前书帖轴》

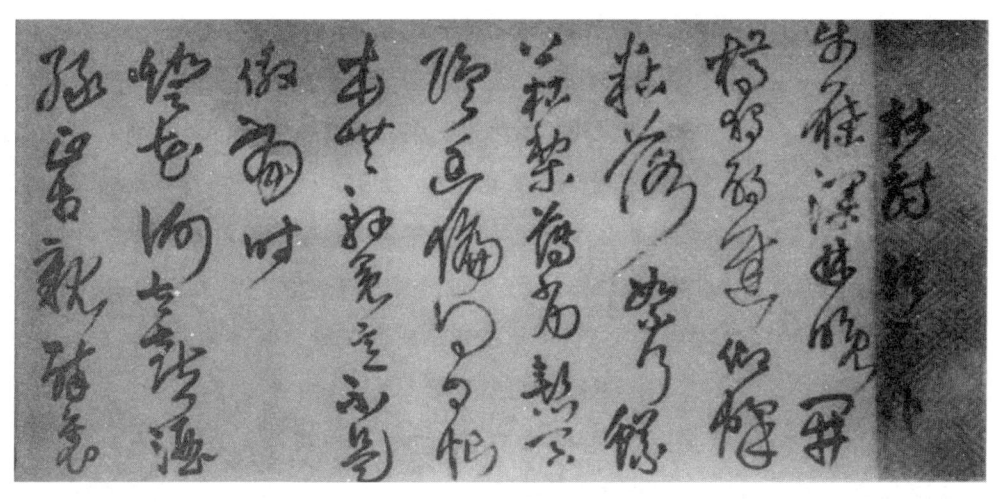

王铎《为葆光张老亲翁书诗卷》(局部)之一

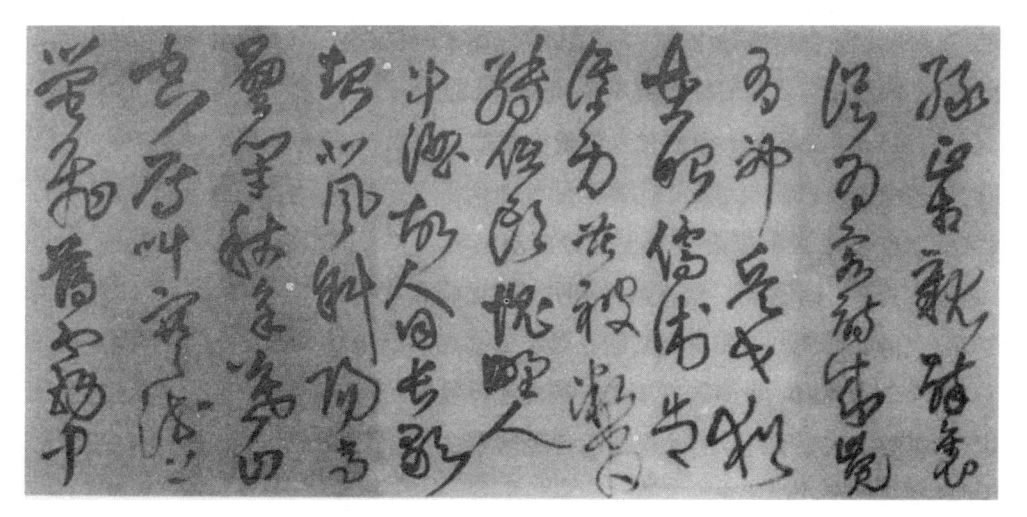

王铎《为葆光张老亲翁书诗卷》(局部)之二

对簿，往往陷人罥井，以恫疑乡曲，民益凋敝。而吏治日以毛挚深刻，博声取列卿。公至曰："吾有以煮大豪。"而已诫伯格长："无所口实，舞文禁奸止邪，不滥于绳墨之外。"

湖州民欲甘心于浔阳董宗伯国之，抽楄击扉，几不免于难。大吏命公往，公廉其状，一一分诸县分谳之，从容按雄长为是，悛而止。

而抚臣方衔石太守昆玉，婞直不妩媚，故弹章及之，事下四郡。司礼皆知诬陷，相顾愕眙，

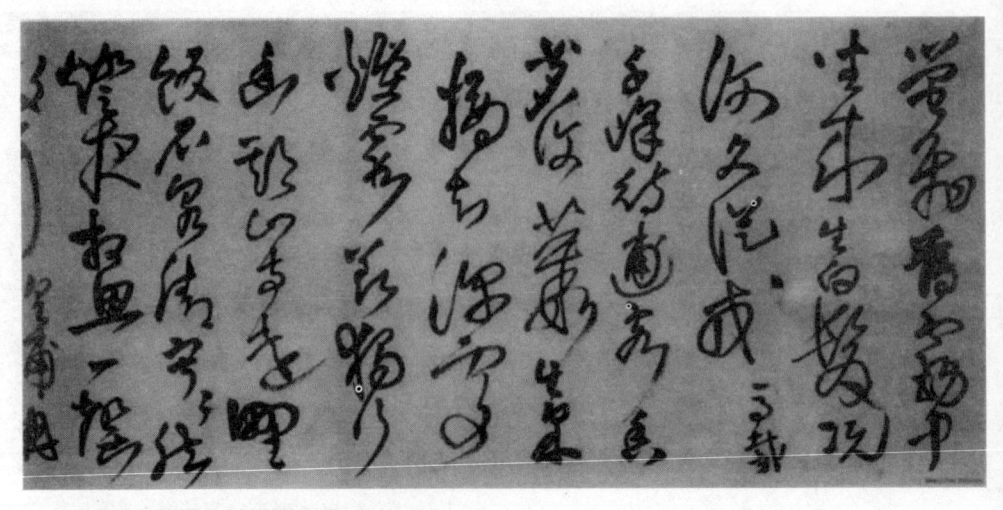

王铎《为葆光张老亲翁书诗卷》（局部）之三

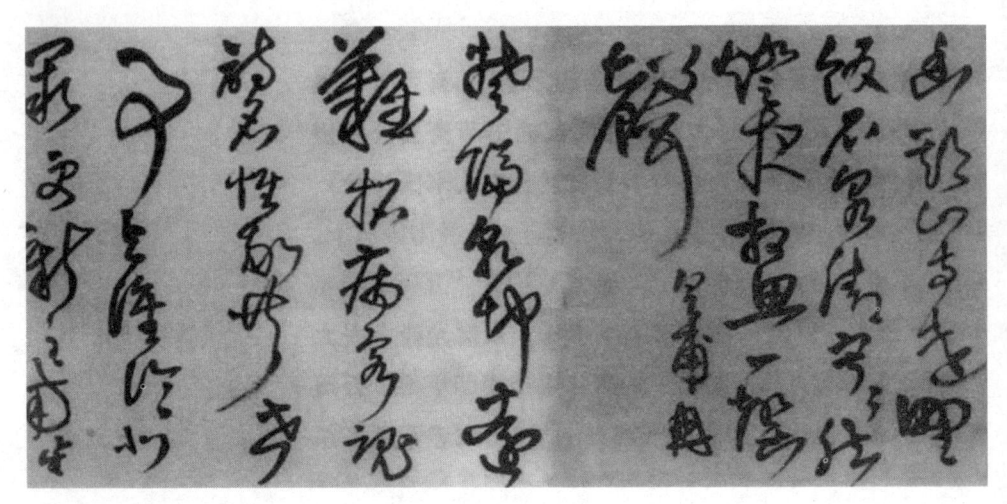

王铎《为葆光张老亲翁书诗卷》（局部）之四

不敢解宗伯罪。公竟援笔大言曰："直者固难仕哉，诸君子恐以府怨也？可令牛偿豚上今，不宜锢一贤太守，以市好上官，为功名地，不多其罪而纾之？"抚臣大恚曰："袁李官廷我耶，岂石氏之无颇？"因自劾。偏散尺一书，多方诟公，一时颇多公，曰："义也。"

申文定公里居，有司经其门，徒焉舍车，公持不宜，曰："蹈道则未也，叱之驹。"

甲午,太宰上公治行,陟山西道御史。而给事林尼公诋而有以压之,兵鼓起于甲中,为公纂之,长揖已也。会巡西城,阍者杀人,公即榜于五都衢,或为解曰:"斯事未必过切,足下何与之深呼?且弄臣也,其如此辈人自明将降祸蝎公矣。"公不从,乃钤之,滋速俄而赦出,中旨夺去。

寻,公疏起直谏者,皇帝怒,夺公俸一季。是季九月,雷震景德门,公疏指阙政之愿,及庇

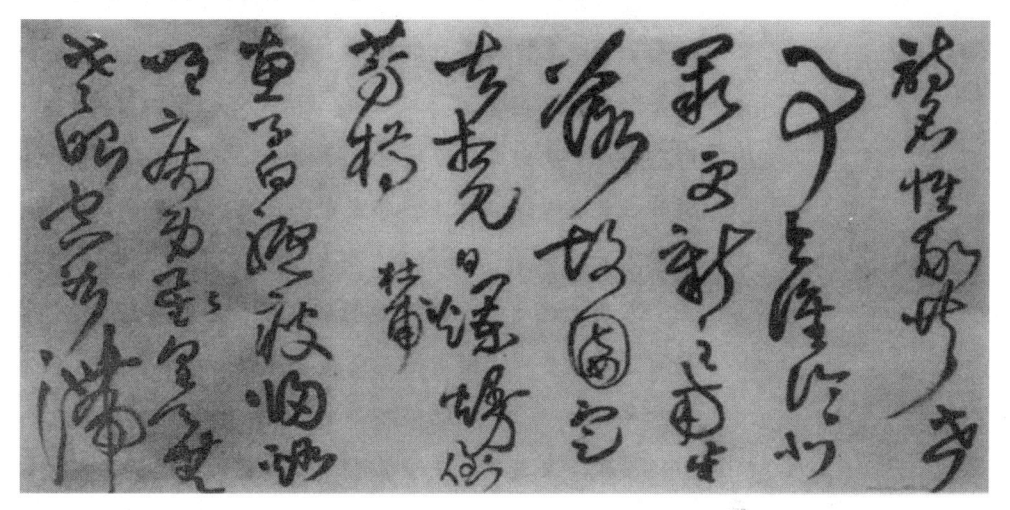

王铎《为葆光张老亲翁书诗卷》(局部)之五

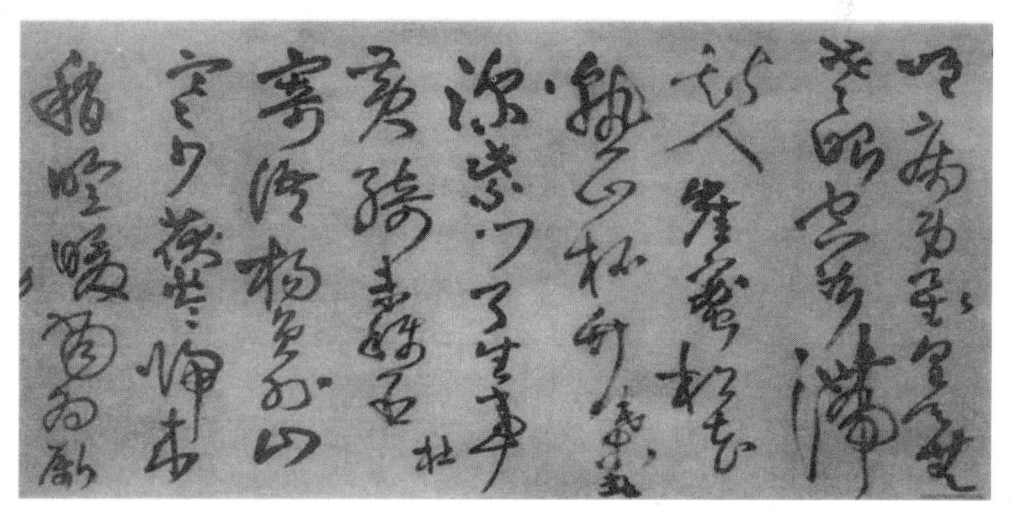

王铎《为葆光张老亲翁书诗卷》(局部)之六

权奸，烦织造、宝珍，是务是非扰。时神庙方静摄，章奏不报，极言君子小人之辩，总揆喧之。无几何，一御史逆辅臣，辅臣中以他事以激皇帝，诸御史请于辅臣，犹蒙耳也。公于座上曰："辱冤枉枉不厉，兹御史非不厉，何可剪其翼为辅臣目？"摄公，不正视，龂斯切齿。丙申得旨革职归。寻丁母忧。癸卯丁父忧。里居二十有六载。

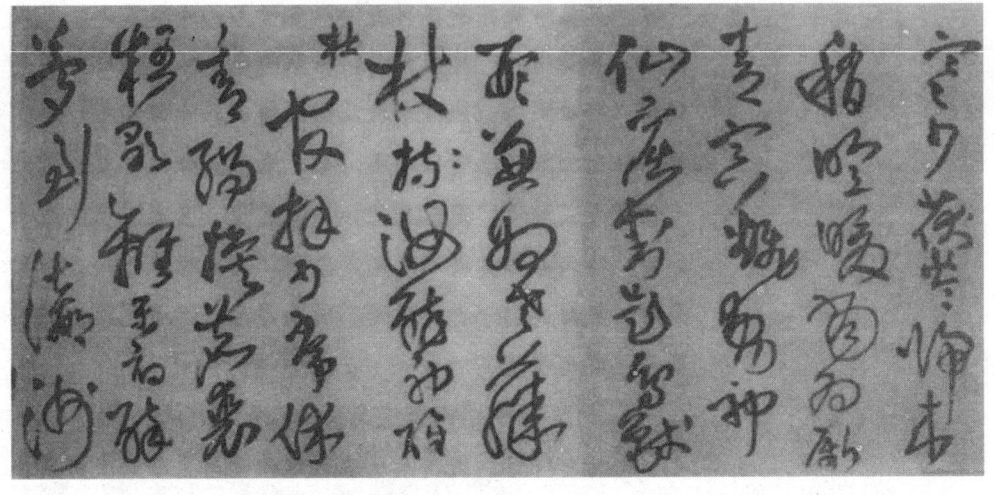

王铎《为葆光张老亲翁书诗卷》（局部）之七

光宗元季庚申，起公尚宝司司丞。熹宗元季辛酉，陟尚宝司少卿，七月陟太仆寺少卿。冬，敌乃大会蹲林，月盛攻陷全辽。公上其事，大约谓关外残兵瓦解云散者不下数万，宜收其残，省调募西兵便，闻敌令妇女乘城，骁悍皆赴利以犯我，宜会兵捣之，踏其虚，可夹击也。若监军道高出不致死，以带甲数万窜，不宜从熊廷弼之请，复使监军令怠玩而忘其死。况廷弼曲怙，贺世贤何法纪之有，则熊廷弼、高出之头可斩也。寻诸者言，敌与西合一片石桃林古北喜峰诸隘口，公奏宜守御筑墉，养马增士卒，习骑射。至于京营老弱虚冒，不宜缓综，复多藏粮米以备兵部尚书节寰袁公夫人宋氏行状全文如下：

余为史官时，盖与夫人子户部山西司主事袁公石寓讳枢周旋晨夕，故得闻袁母持家晓大义。

夫人父宝，睢之王政里人，母纪氏。夫人为次女，崇祯八季七月十九日卒，季七十有四，距夫资政大夫兵部尚书袁公节寰讳可立之终一季九阅月。

夫人季十四，司马公筐采有贶命矣。事翁姑受事有数，饔飧井臼之操必自。迹公方为诸生，嗛嗛苦不足以供笔研，夫人以矜缟进笙帘前萧惟谨。公好客，客至口瓯尝匮，夫人有以佐之，恐以为公忧，或鬻之，或贷之，以舒公也。

公授弟子于张氏，夫人归宁，问车于张，弗之予夫人不义。张氏曰："吾夫妇亦云辛苦，垫隘矣，车之底告弗之，予非欢以承命，岂臭味也者，而不去为。"公笑曰："然急病让兵之谓何？"遂俱去。

戊子、己丑公乃售，授苏州府推官。公小心恐事有滞积出，历州郡不能无梱。顾夫人摄家政甚肃，一一皆当公意。而于刑时劝公多宽恤。壬辰上积得上考，宋母先封孺人。公陟山西道监察御史，数梗言罢归。

公营别墅于牟驼岗，以娱两尊人。偕夫人长跪，柔旨酒奉以为寿，旦夕善事之。又筑园城南，命歌者击鼍鼓云，璬声琅琅，爽振驷伐，以写其胸中砰訇磊落之气。两尊人亦知公不郁郁，曰："庶无忧兮。"

公尚未举子，夫人愁，时屡以纳媵请公

王铎《行草七律诗立轴》

王铎《杜甫秋兴之七韵作扇面》

曰："敢忘子之重？"勤迓潘公松女，以副焉。生子即户部山西司主事袁公石寓公也。夫人无子，视之如己出，曰："是子邀福于先公。"不类其祚，朝夕释憾于中者，此耳方周一季病，夫人抱之七日夜，不知食寐。未几潘孺人卒，大人哭之恸。石寓曰："愿自爱。"命子齐哀三季。

光宗庚申秋，起公尚宝司丞，宋母封安人。熹宗辛酉，公升本司少卿，封宜人。无何升太仆寺少卿。壬戌四月，公擢左通政，迁都察院右佥都御史山东巡抚。是季妖贼方蜂午，公欲以单车往。夫人曰："吾知君任职不辞难肰道险阻矣，东人仗公以安，吾不避死以辅公。"遂偕往。

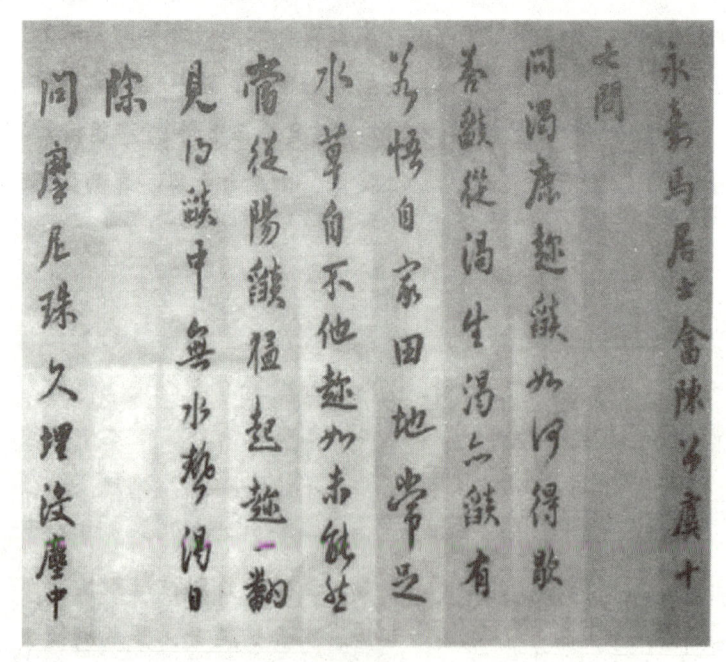

公至登铺，时徂定汰，客兵而摩厉之。于义土著蠡用之。三卫既复，戎政有经，以军实报司马门。上其事，夫人阴有所襄。后以议牺毛文龙有蛰公者，夫人欲与归，因公首功，以少司马晋公秩，得诰封三世。封淑人，荫其子。

乙丑起公兵部右侍郎，寻转左侍

王铎《临永嘉马居士手卷》（局部）

耶，多所赍赐。公语夫人曰："孔棘矣，时方煽靰，荐绅人之出处，智不如鱼耶，吾倦矣！"

会袁崇焕遣僧吊唁于敌，公力诋非策。其有意制敌死命呼，辱国之命。而使敌人轻中国，敌国得志。岂能忘我中国耶？此尾湛肘溃之说也。遂勒致仕。

当事知公，加公兵部尚书，赐乘专归。后叙功加太子少保，予诰，公辞加衔。宋母至是封夫人云。

石寓寻转户部山西清吏司主事，摄香蜡事。事多中制，琐屑不能堪，夫人以书诫之，曰："利之陷人也贪，且反义事勉之，宁自吾，吾不厚，是图以为诸大吏笑足矣。"石寓廪廪顿首谢曰："枢不孝，读书知自爱，毫厘不能汗其守，以戚我母氏。"

癸酉冬，司马公病革，夫人左右之，以得正终。

乙亥二月，流寇薄睢阳城下，睢之厚资家多遁去或穴地内金焉。夫人曰："子其钵兮，淬甲登陴。"高高下下，不惰鼓音。石愚散金两千石，以振其旅。夫人命妇女为炊，以饱城守者。睢之不堕，亦夫人力也。岁饥，夫人煮粥施衣，多所全活，其不暗于大义如此。

女三，适某某。孙三，赋诚，廪生。赋谌、赋諴，妻某氏。孙女二，曾孙一，燽。

呜呼，夫人之裨袁氏多矣。不知其妇视其夫视其子，弓鞬弥亦鞬，衣韧里亦韧，持内而无秕政，予于袁夫人见之矣，此石寓公之所繇腹悲也！

天启二年（1622），封疆多事，辽阳、广宁相继失陷，辽东经略袁应泰自杀，熊廷弼和辽东巡抚王化贞遭逮捕论死。朝野震动，京师戒严，人人视关门为死地，百官

王铎《行草五言律诗轴》

王铎《临古法帖扇面》

嚛口以图自保。袁可立却在此时大胆提出七项建议，力主全力迎战。此举与王铎主张对关外后金势力采取强硬政策是不谋而合的。此后，袁可立在与清军的交战中屡有战绩，王铎对此人更为尊敬和仰慕。崇祯六年（1633）十月十一日，袁可立薨，大宗伯董其昌言于帝，帝谴使至睢州祭葬，首辅孔贞运为之墓铭。崇祀名宦、乡贤二祠，并在袁尚书府第前街衢之中修东西过街二石坊，左曰"三世司马"，右曰"宫保尚书"，二石坊"规模高大，雕工精巧，额字亦佳，分列县公署两旁"。朝中正直的官员大都自发追念袁公，黄道周的《节寰袁公传》、孔贞运的《资政大夫兵部尚书袁可立墓志铭》、孙承宗的《答袁节寰登抚》、高攀龙的《答袁节寰中丞》、董其昌的《兵部左侍郎节寰袁公行状》、倪元璐的《袁节寰大司马像赞》，以及钱谦益的《袁可立诰命五道》皆因此而作。王铎与袁可立年龄、资历相差甚远，王铎在其生前一直没有机会与之交往，不过在袁可立去世后，王铎特地为他和他的夫人作神道碑和行状。行文之间不难看出王铎对这位明朝忠臣、英雄、前辈的无限敬仰之情。

崇祯十一年（1638），清兵入关，一路直奔京城，京师戒严。王铎因不得崇祯皇帝喜爱，又受到朝中奸臣的排挤，被派去负责守卫大明门。王铎所作《铜雀瓦砚铭》记录了这次守门的经历："胡以瓦也而跻之栋，沈之渊。胡以吾也而授之几，升之筵。水之汇而胡以浴云飞烟。又何知此后之千百年，谁为主也为谁妍。物之遇合也且然。孟津王铎铭。崇祯十一年，绣衣使者二东张肯仲贶余，余再拜而受，识于北都之大明门，时虏警，时晨于是门三十日矣。十月二十一日午时，铎之附记。"虽说这是为守卫京师出力，但对于王铎这样一介文人来说，守卫城门的工作并不合适。不久，王铎的两个女儿因病相继亡故，这对于王铎本就郁闷的心情来说可以算是雪上加霜。这一年，王铎四十七岁，因为一连串的变故和打击，他的内心由此发生了重大的变化，这从他悼念自己女儿的两首诗中可以感受到。

《哭第三女诗》："携汝游吴会，今朝心独悲。十年闻笑语，千里自支离。暮雨灵惟黯，晨星占路移。可堪花绕墓，不尽共兴衰。"《思二女》："宁知昔日梦，今乃有所底。汝病亦寻常，竟尔以病死。一年同一日，此心矢经纪。不知意何来，强排不遑已。预言诸迎从，车骑皆珠履。吟诗留为别，曾不爽时咎。旧衣不欲归，旧言犹在耳。入庭似汝在，呼之则误矣。眷属相欢悦，言及皆不语。不语共相看，拭泪未能止。始知亲爱中，结此悲凄憎。一气如不聚，无成复何毁？对妻为解慰，允是命屯否。虽然能作解，隐默实难处。汝埋孟津原，汝魂安所倚。寒食梨花开，芳草蝴蝶矗。二女明月游，春游或者喜。"

之后，王铎将女儿归葬孟津东邙山之祖茔西南。

战事在进一步恶化，李自成领导的义军攻陷洛阳，杀死福王朱常洵、尚书吕维祺等人，王铎

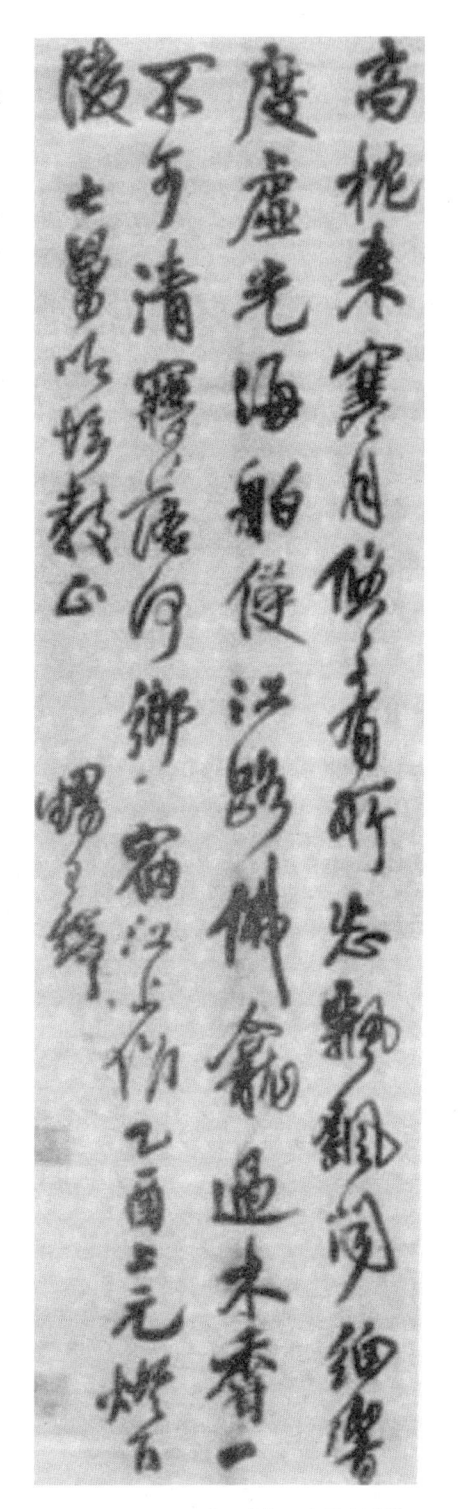

王铎《宿江上作诗轴》

家乡同样被义军占领，有家不能归。其父恰在此时病故，王铎在服丧期间不得不带家人背井离乡，逃亡江南避乱。可祸不单行，四个月后，王铎的母亲也因颠沛流离而病发身亡，其妻马氏、幼子无争、四子无技先后死于逃难之中。一连串事件的打击之下，王铎的落魄和悲痛是可想而知的。崇祯十七年（1644），王铎常常临习王羲之的《阔别帖》："羲之顿首：阔别稍久，眷与时长。寒严，足下何如？想清豫耳，披怀之暇，复何致乐。诸贤从就，理当不

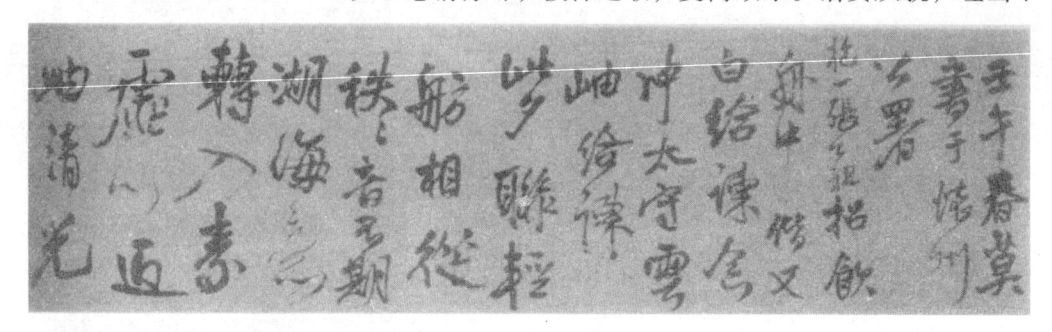

王铎《赠张抱一行书诗卷》（局部）之一

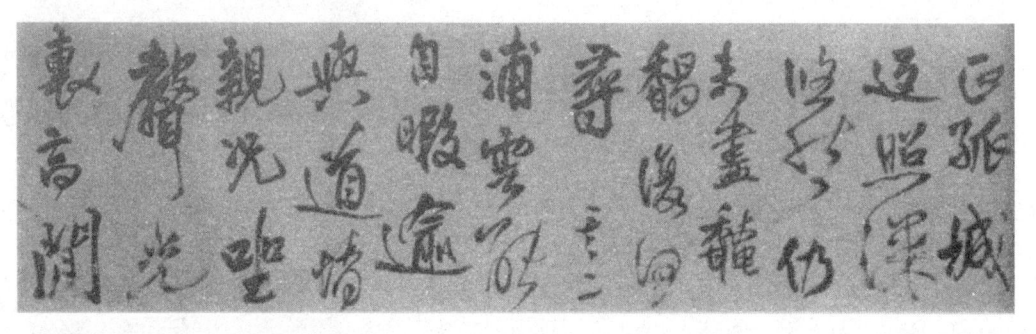

王铎《赠张抱一行书诗卷》（局部）之二

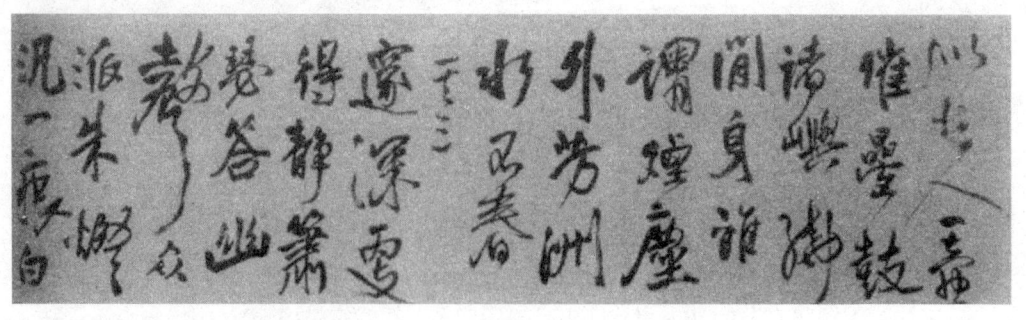

王铎《赠张抱一行书诗卷》（局部）之三

疏。吾之朽疾日就羸顿，加复风劳，诸无意赖。促膝未近。东望慨然。所冀日月易得，还期非远耳。深、敬宜音问在数，遇信怠遽，万不一陈。"从其字里行间不难体会王铎当时的心情。就在王铎为家人的接连离世悲伤万分之时，明王朝亦奄奄一息。

据《明季北略》卷二十一记载："崇祯十七年甲申三月十九日丁未，李自成陷北京，烈皇帝崩于煤山。"明崇祯帝朱由检以"君死社稷"，自缢于煤山，身边以"臣死君"者仅太监王承恩一人而已。闻此国变讯息，王铎捶胸

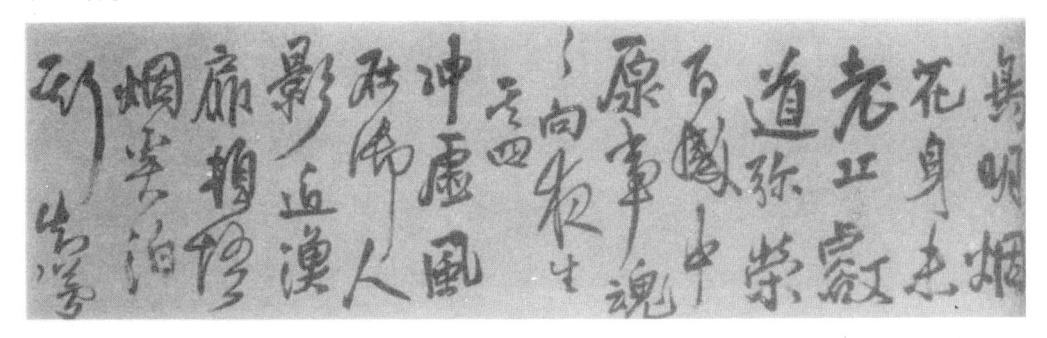

王铎《赠张抱一行书诗卷》（局部）之四

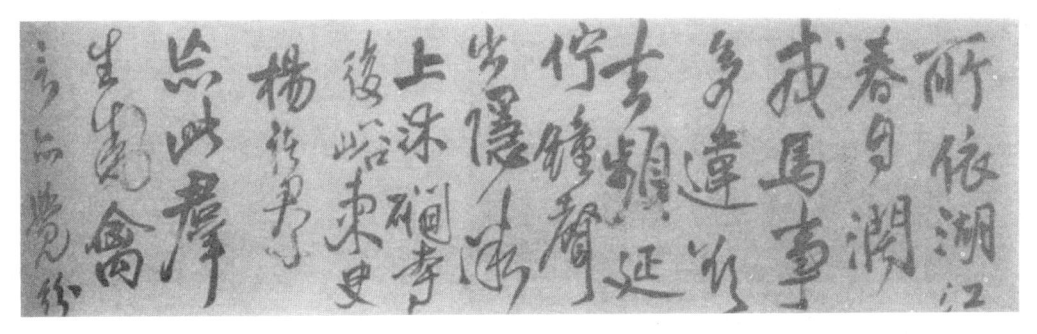

王铎《赠张抱一行书诗卷》（局部）之五

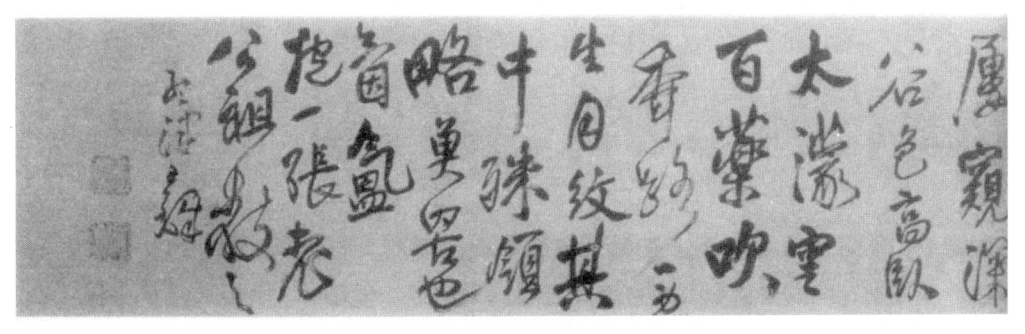

王铎《赠张抱一行书诗卷》（局部）之六

顿足而作《甲申旅处哭》曰："准拟拭啼痕，何图日象缙。向人寻善策，无药返英魂。""诸陵十二代，板荡变沧桑。徒有官僚在，空令社稷亡。漏沉燕阜暗，花发雉门香。丰镐瞻依后，龙歌意未忘。"

四月，吴三桂联合清军进攻李自成。李自成败走，清军攻入北京。明清两代政权就此易手。王铎曾为之奉献、为之无奈、为之失望、为之绝望的明王朝在享国二百七十余年后灭亡，确属悲凉。

王铎亲身经历了明王朝灭亡的全过程，此间他多次谏言而未得理睬，这使得他内心仅存的些许效忠王朝、为国

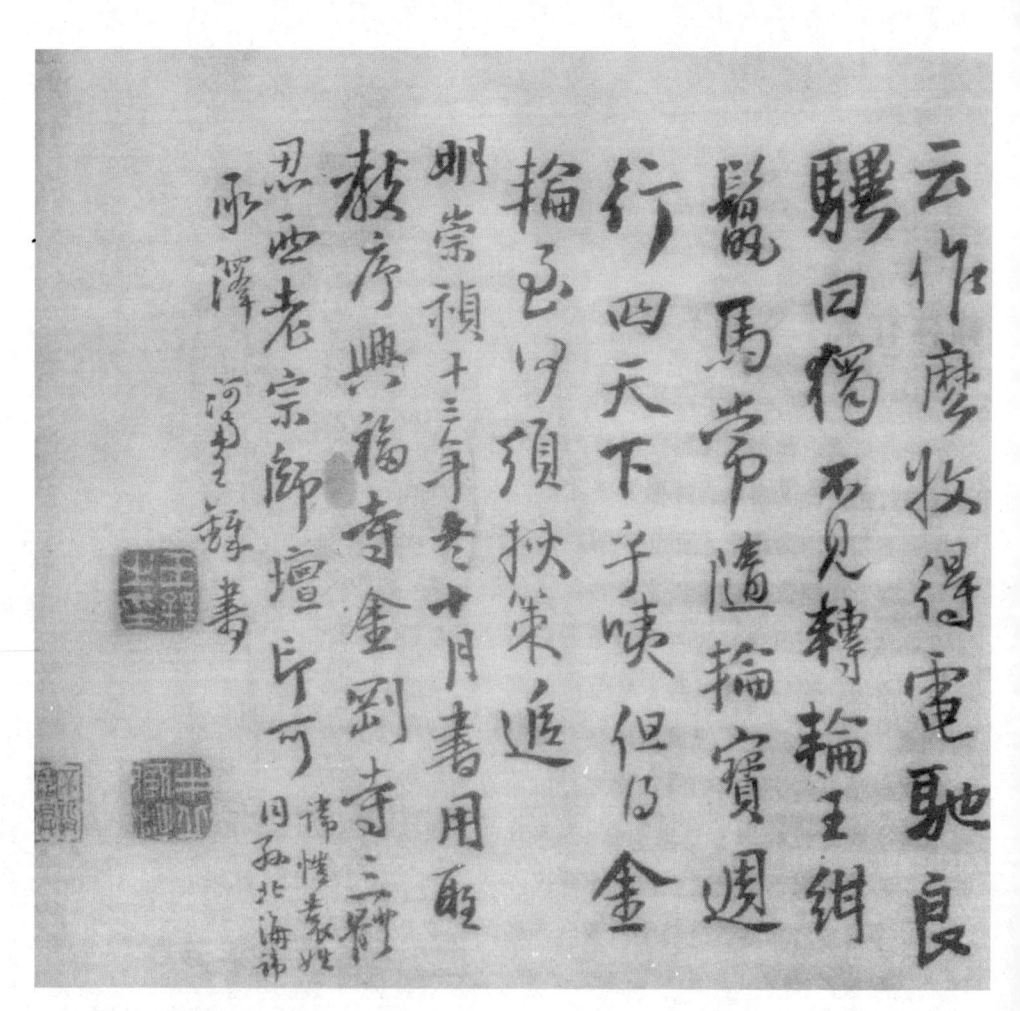

王铎行书（局部）

捐躯的希望也毁灭殆尽。王铎将自己失落、无奈、愤恨的情绪全部以文字表达了出来，这一阶段也是王铎诗文、书法创作的高峰期。即使是在心情极度低落的情况下，他仍然挥毫泼墨、笔耕不辍，书法已经成了他生命的一个组成部分，也许只有在书法的世界中，王铎才能忘记所有的不快，使自己的心情平复下来。但可惜的是这些书作流传下来的并不多，从部分传世作品可以看出，王铎学习唐宋诸家，却保持着批判的姿态，甚至不屑与之相提并论，他曾傲气十足地说："吾书学之四十年，颇有所从来，必有深于爱吾书者。不知者则谓为高闲、张旭、怀素野道。吾不服，不服，不服！"[1] 这句话表现出了王铎不甘于"如灯取影，不失毫发"的书奴地位，他要在"不规规摹拟"中寻找一个新我。流传千古的"神笔"书风在悄然之间已经初露端倪。如书于明崇祯十四年（1641）左右的《为啬道兄书诗卷》，全卷纵放有度，气力完足，大处铿锵激昂，细部灵动飞扬，章法变动如鬼使神差。卷后王铎跋曰："每书，当于谈兵说剑，时或不平感慨，十指下发。出意气，辄有椎晋鄙之状。"王铎是在叙述创作中的心中感受，他不再亦步亦趋地模仿古人，手中之笔被情感所驱使，奔腾舒卷，不能自已。崇祯十五年（1642），王铎流落怀州时，受到地方官张抱一的照顾，为其所书二件自书诗卷，先有《赠张抱一行书卷》，有诗作五律五首。其书骨骼刚健奇伟，体魄险绝，笔力沉实，时出渴笔，是一种雄强之力的充分展示。此卷笔势放而能敛，不同于仿米之作，甚至有早年临习《圣教序》的痕迹，似在探索与回归中找到了契合点。观其点画布局，笔墨已入自由自在的境界。随后的《赠张抱一草书卷》，成为王铎书法艺术中的登峰造极之作。刘正成先生将其之产生描述得极为精彩并富于奇幻的想象力："几乎与此同时，一件更为伟大的杰作——《赠

---

[1] 〔明〕王铎：《草书杜诗跋》。

张抱一草书诗卷》诞生了。前一件行书于'壬午春暮于怀州公署',是在'抱一张公祖招饮舟中'的当天,所写诗非当日之作。这件狂草王铎记书于'崇祯十五年三月夜',所书诗即是前书所记招饮舟中事,第一首是《张抱一公祖招集湖亭》,想是王铎即事作诗之后,于某夜兴来挥毫。王铎云:'文当如寂寥深山,独坐无人,老猿忽叫,陡然一惊。'夜则静,静极而动;夜属阴,阴极而生阳。于是,蓦然间,真正的'海中神鳌'出现了,如狮、如象、如龙之力聚集起来了,'戴八弦,吸十日,侮是宿,嬉九垓,撞三山,踢四海',墨象、墨迹一泄于纸。"

第四章　翰林有余　宰相不足

明朝都城北京被李自成占领后，明朝宗室逃亡江南地区避难，许多文臣武将以南京为都城，以恢复明王朝统治为目的，拥立朱明后裔藩王。但具体拥立什么人则发生争议。史可法主张拥立桂王朱常瀛；而钱谦益等东林党人则以立贤为名拥潞王朱常涝；卢九德则拥护福王朱由崧。先后建立了若干小范围的政权，与清朝政府相对抗。这些政权互不统属，控制范围又小，实质上就是一些游离于清朝中央政权之外的地方割据势力。历史上将这些政权统称为"南明"，主要有弘光政权、隆武政权、鲁王监国、绍武政权及永历政权。对于清政府和南明这两个政权，王铎的态度是截然不同的。据顾炎武《日知录》记载："有亡国，有亡天下。亡国与亡天下奚辨？曰：易姓改号，谓之亡国；仁义充塞，而至于率兽食人，人将相食，谓之亡天下。……保国者，其君其臣，肉食者谋之；保天下者，匹夫之贱与有责焉耳矣！"顾炎武的这段话是以王铎为代表的汉族士大夫阶层在面临亡国的情况下共同的选择。即使是在李自成率领的农民起义军攻陷北京，推翻明王朝统治的时候，许多百姓也没有因此而合力抵抗农民义军，多数人选择的是避难、逃亡。其原因顾炎武说得很清楚，"易姓改号"乃亡国之行为，保国的重任应当由那些庙堂之高的君王和朝臣承担，与普通百姓关系并不是那样的密切。可是清朝入主中原后，情况就不同了。反抗清政府统治的势力在全国范围内此起彼伏数十年，这在一定程度上援助了南明政权的苟延残喘。

福王朱由崧在南京建立政权后，年号为弘光，以"联房平寇"为基本政策,谋求与清军联合,一起消灭以李自成、张献忠为代表的农民军。马士英是弘光朝廷的首辅大臣。马士英于万历四十四年(1616)中会试。后三年,授南京户部主事。天启时,迁郎中,历知严州、河南、大同三府。崇祯三年(1630),迁山西阳和道副使。崇祯五年(1632),擢右佥都御史,巡抚宣府。到官甫一月,檄取公帑数千金,馈遗朝贵,为镇守太监王坤所发,坐遣戍。然而此乃官场惯例,故而当时颇有东林复社集团之人上书称此为阉党构陷。据《明史》记载,谓马士英"为人贪鄙无远略,复引用大铖,日事报复,招权罔利,以迄于亡"。

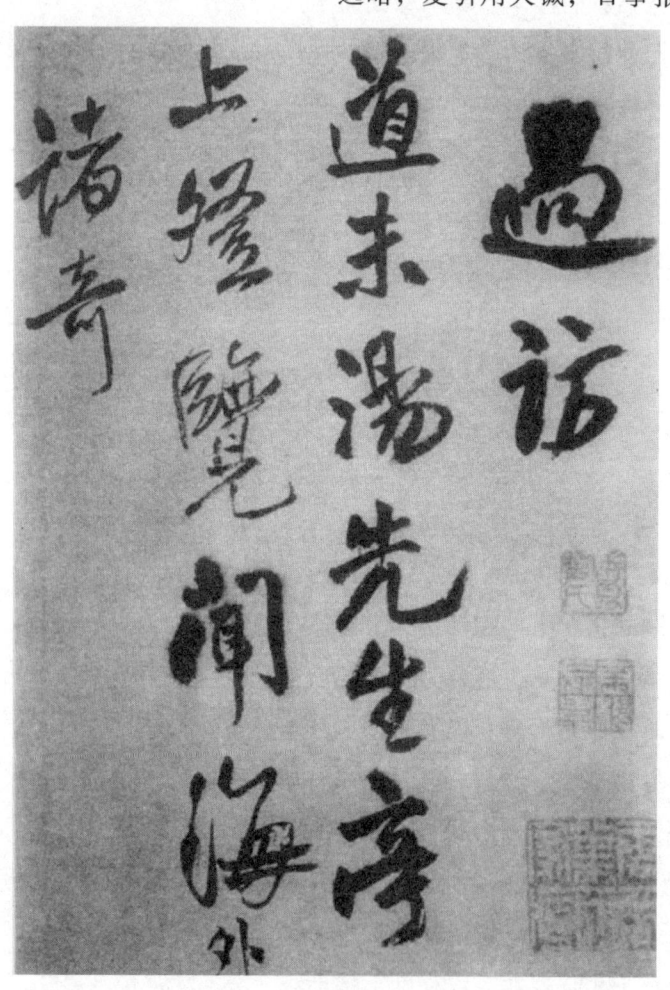

由此便可以预测到南明王朝的命运。王铎虽然并不认同马士英的为人和行事作风,但为了恢复明朝政权,也接受了弘光朝廷的册封,任东阁大学士、辅政大臣,在朝廷中的地位仅次于马士英。

王铎之所以能够成为弘光朝廷的重臣,主要有两方面的原因。其一,王铎曾经在朱由崧遭难之际全力救助;其二,王铎为人正直、为官清廉的作风有助于弘光朝廷招揽有志报国的才能之士。崇祯十七年(1644)七月,王铎拟旨削夺已故大学士温体仁、薛国观、周延儒等人的赠谥和官荫,以此震慑朝中奸佞之臣,达到整治纲纪的作用。此举使得王铎与首辅大臣马士英之间的矛盾显

王铎《赠汤若望诗翰》(局部)之一

现，马士英认为王铎此举会威胁到自己的首辅大臣地位，于是便联合阮大铖，与以王铎为代表的清廉之臣在政治上相对抗。王铎虽然为官多年，但主要做一些草拟诏书、编修国史的工作，政治斗争的经验少得可怜。因此，王铎因"顺案""逆案"的斗争而受到牵连，以至于失去弘光皇帝的信任。关于"顺案"和"逆案"，要从马士英入执弘光朝廷说起。

马士英入朝后的第一件事，便是起用他的好友阮大铖。阮大铖字集之，号圆海、石巢、百子山樵。安徽桐城（今安庆市枞阳藕山）人，于万历四十四年（1616）中进士。天启初，由行人擢升给事中，不久因丁忧还里。阮大铖曾为东林党人，为高攀龙弟子。同乡左光斗是东林在宪司的领袖人物，也是大铖倚以自重的朋友。他在打倒方从哲引入的非东林阁元老史继偕等人的"争斗"中立下头功，因此名列东林骨干，在"点将录"中绰号"没遮拦"。天启四年（1624）春甲子，吏科都给事中出缺，左光斗通知大铖来京递补。而赵南星、高攀龙、杨涟等因为与左光斗发生内讧，认为"以察典近，大铖不可用"，而准备改用高的另一名弟子——同为东林闯将的魏大中。经过一番内部交易，等到大铖至北京时，赵南星等人使之补工科。明代吏

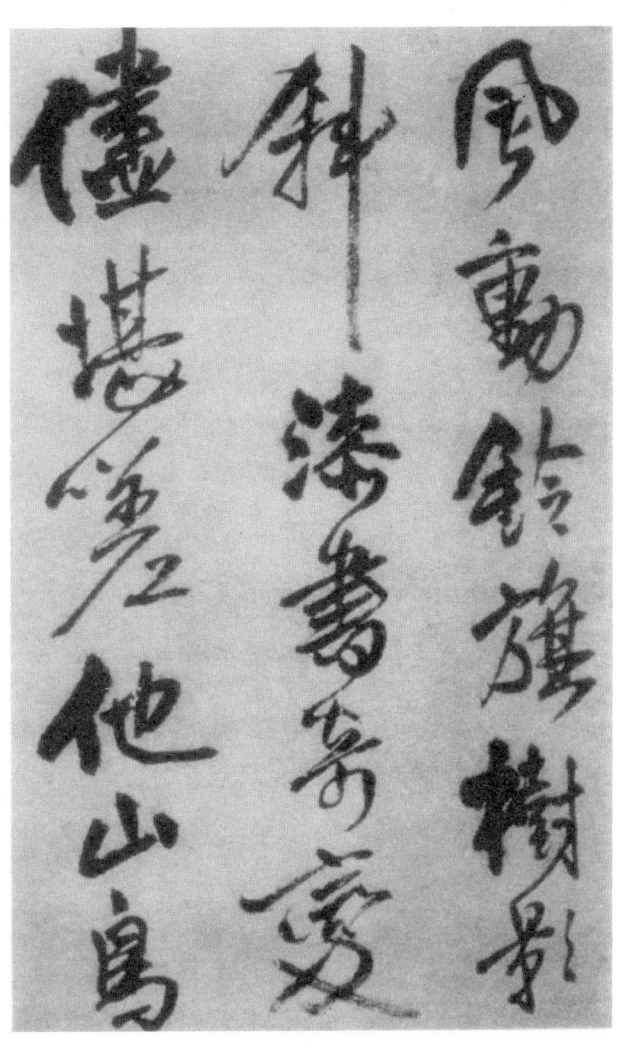

王铎《赠汤若望诗翰》（局部）之二

科居第一，而工科居最末。本来按资历递补应该轮到吏科的阮大铖非常气愤，从此阮大铖与东林决裂。魏忠贤当权时，他被召至京城，为太常少卿。他深知自己是东林出身，现在又当上了反东林楷模，估计是难以两面讨好，因此行事十分小心。一段时间后，他又归乡里，打算观望形势。崇祯二年（1629），魏党事败，他上书指出东林与阉党都"党附宦官"，应该一起罢去。大铖准备了两本不同的奏章，一起送至北京的朋友杨维垣处。其一专劾崔、魏之阉党；其二"以七年合算为言，谓天启四年以后，乱政者忠贤，而翼以呈秀，四年以前，乱政者王安，而翼以东林"。但杨维垣因为正和东林敌对，因此没有按照他的嘱托"见机行事"，而只是上了第二本。结果他名列逆案被罢官，避居安庆、南京，招纳游侠，谈兵说剑，结成文社。中途他想与复社和东林讲和，因此在复社领袖张溥为其师周延儒复相而奔走活动时慷慨解囊相助，表示愿意重归东林，但没能如愿，因此崇祯一朝终未得仕。不过他举荐的马士英由此登上高位。崇祯八年（1635），农民起义军进入安徽。大铖避居南京，广召勇士，当时复社中名士顾杲、杨廷枢、黄宗羲等憎恶其为人，作《留都防乱公揭》驱之，曰："其恶愈甚，其焰愈张，歌儿舞女充溢后庭，广厦高轩照耀街衢，日与南北在案诸逆交通

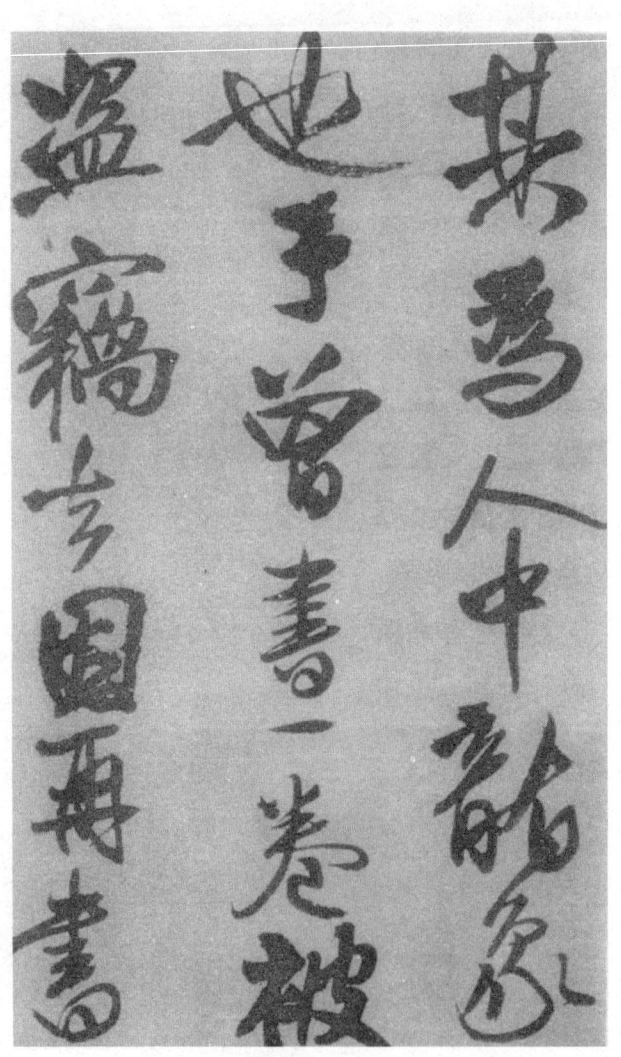

王铎《赠汤若望诗翰》（局部）之三

不绝，恐吓多端。"

其实早在崇祯十六年（1643）五月二日，朱由崧还未监国时，勋臣刘孔昭就推荐阮大铖入阁办事，但被史可法否决。史可法指出阮大铖为先帝钦定的"逆案"中人物，不能起用，且训斥刘孔昭道："毋庸再言。"刘孔昭虽然讨了个没趣，但这只是马士英为了起用阮大铖而进行的一次试探而已。二十二日，刘孔昭再次提议起用阮大铖，吏部尚书张慎言再次拒绝，理由还是"逆党不得轻议"。刘孔昭两次失败，并不甘心，他找来灵璧侯汤国祚、忻城伯赵之龙商议办法。忻城伯赵之龙建议，要起用阮大铖，必须赶走张慎言，而要赶走张慎言，必须抓住他的"小辫子"，即所谓的"顺案"。什么是"顺案"？原来，张慎言向弘光帝推荐使用原督师大学士吴甡和原吏部尚书郑三俊二人，这二人在北京陷落时都曾经投降过李自成，后见李自成兵败退往陕西，他们又纷纷南下，投奔弘光朝。张慎言在举荐二人时说："北来诸臣，虽曾屈膝，事或胁从，情非委顺。如能自拔南来，酌定用之之法。"弘光闻奏之后，感觉问题严重，因为此事并非只关系到此二人，而是关系到大批"北来诸臣"，必须谨慎对待，因此发下圣旨，赦吴甡之罪，并令其上朝陛见，郑三

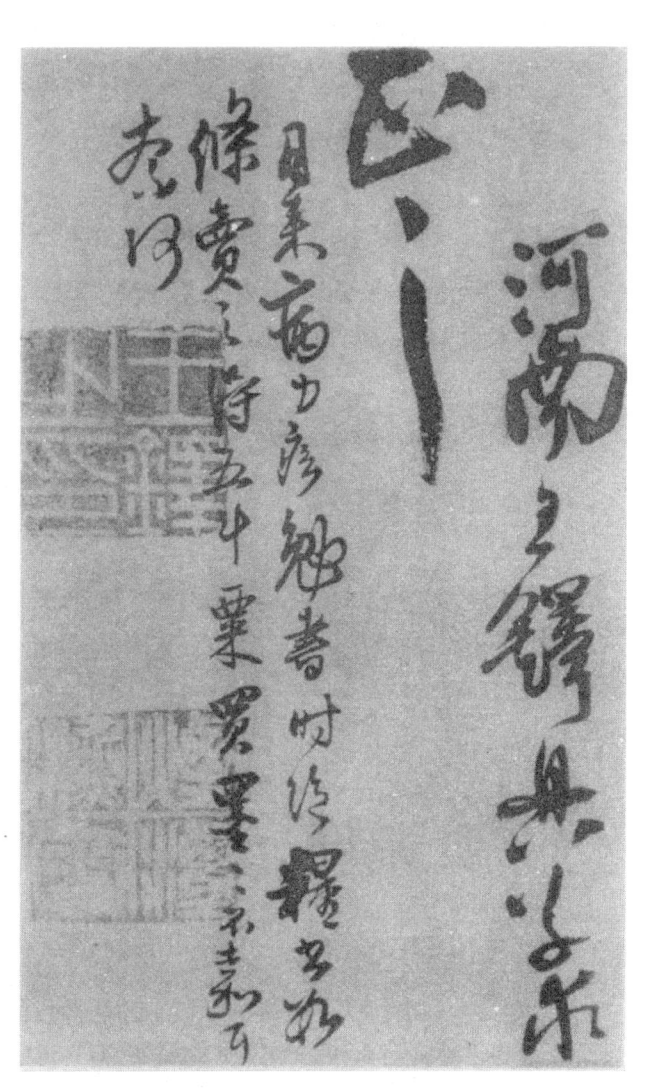

王铎《赠汤若望诗翰》（局部）之四

俊等候再议。

二十三日早朝,快要散朝时,众大臣刚要离去,突然刘孔昭蹿出来大吼一声:"众官不要动!"刚从皇位上站起来的弘光帝也被吓了一大跳,不由自主地又坐下了。这时灵璧侯汤国祚、忻城伯赵之龙也挡在了众大臣面前,大声呼喊,声援刘孔昭。正当众大臣惊讶之时,刘孔昭冲到张慎言面前,大骂:"雪耻除凶,防江防河,举朝臣子全副精神宜注于此。乃今日讲推官,明日讲升官。排忽武臣,专选文臣,结党营私。所荐吴甡,有悖成宪,真奸臣也。"年近七十的老翁张慎言突然被骂,没了主意,傻傻地站在朝堂之上,不能发一言。此时大学士高弘图厉声责问刘孔昭:"大臣处理朝政自有根据,何故突然发难于天子前?"被惊呆了的弘光帝此时才回过神来,说:"文武官员要和衷共济,有事自应协商,不要偏激才是。"刘孔昭见弘光帝责难自己,反而暴跳起来,他发疯般地从衣袖中取出一把小刀,声言要刺死奸臣张慎言,为国除害。张慎言见状连忙躲藏,刘孔昭紧追不舍。别看张慎言年近七旬,却是身轻体健,刘孔昭追刺不到,便又哭又骂,声言不刺死张慎言决不罢休。正在朝廷里乱作一团的时候,大太监韩赞周大喝一声:"从古无此朝规,不可无礼。"刘孔昭这才停止追刺张慎言。司礼太监见弘光帝一副无可奈何的样子,再闹下去无益,马上再次宣布退朝。

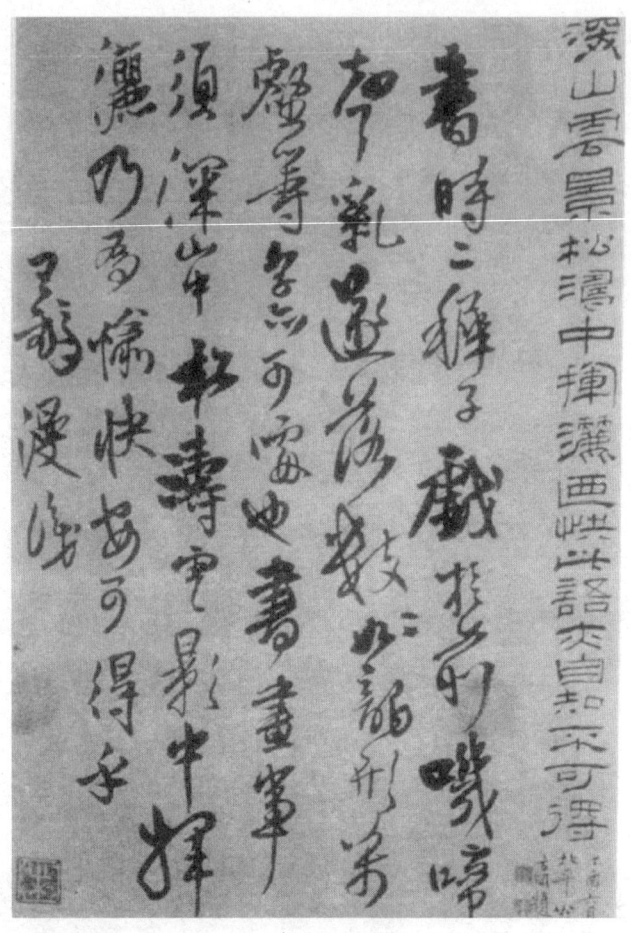

王铎《赠汤若望诗翰》(局部)之五

望着渐渐散去的大臣，弘光帝这才长出了一口气。

弘光帝退朝之后，即见到两个奏本：一是张慎言"引疾乞休"；二是刘孔昭的奏本。刘孔昭奏本里说："慎言原有二心，告庙定策，阻难奸辩，不可不诛。乞大奋乾断，收回吴姓陛见之命，重处慎言，为欺君误国者鉴。"弘光帝刚刚监朝，心里是希望上下一心、同仇敌忾的，所以他既不想处理张慎言，也希望能给刘孔昭一个说法。正犹豫时，他又收到阁臣礼部尚书高弘图的奏章，高弘图首先是替张慎言辩解，他说任免官员乃是吏部的本职工作，刘孔昭却强行插手，硬来干预，凡用人不合其意便一口咬定是奸，如果皇帝不重处刘孔昭，那吏部的工作就没法儿再干。其次是说刘孔昭恃宠跋扈，他说汉朝初创之时多无章法，不辨上下尊卑，赖博士叔孙通立朝仪，定典礼，使臣民有所尊依，始知礼节，肃然敬仰天子之尊贵。本阁臣坐视庄严的朝堂如纷争不已的讼堂而不能制止，真是愧对皇帝，请求罢免。接下来阁臣姜日广也上奏折要辞病回

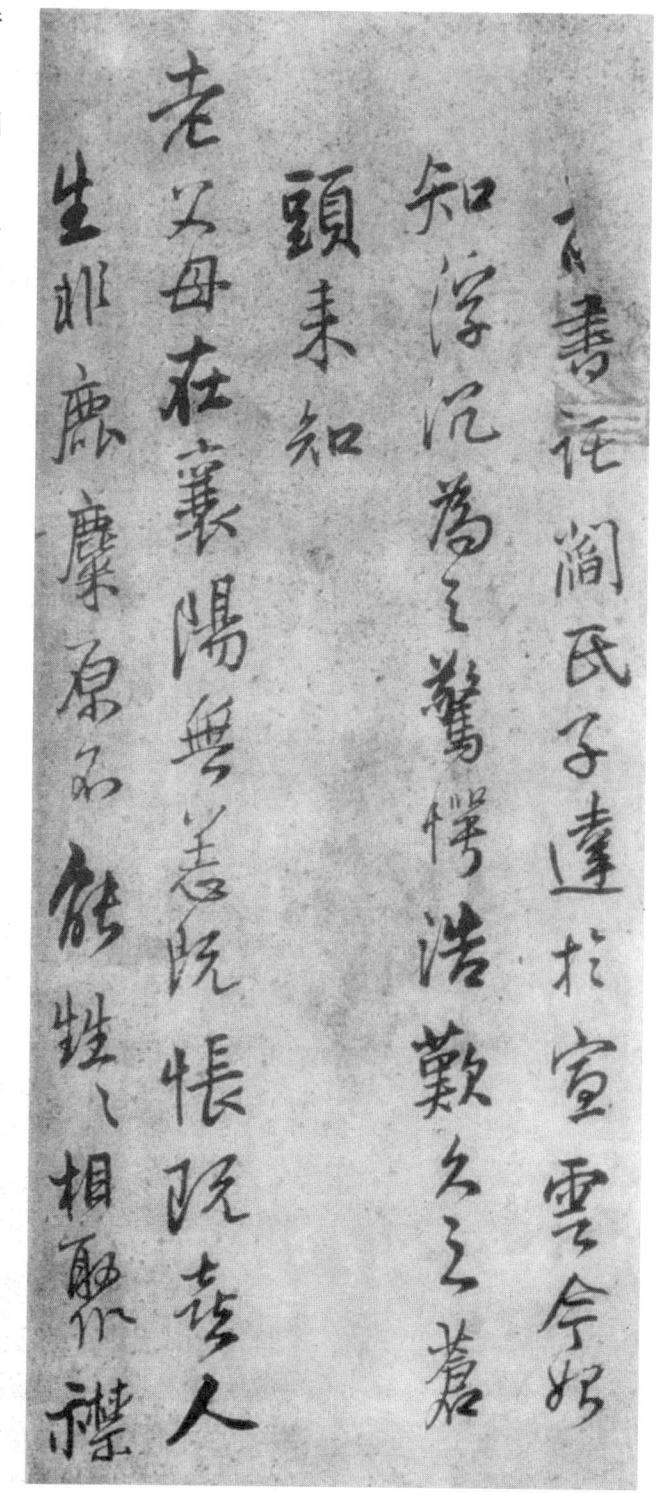

王铎《书札》（局部）

家。很明显，随着小朝廷的建立，大臣中已经形成了以史可法和马士英为首的两派敌对势力。弘光帝已经意识到，如要维护朝廷的正常运转，自己必须尽快做出取舍。

二十五日，弘光帝临朝，加恩羽戴诸臣共十人，其中名列榜首的是徐弘基，其次就是刘孔昭。很明显，弘光帝已经完全倒向了马士英派。

二十八日早朝，张慎言再次上奏，要求回家养病，并呈上一份奏折："今待罪铨曹二十日，遂为孔昭所指，止有一去而已。"接下来他又述说自己不亚于弘光帝的悲惨遭遇："伪官至阳城，臣子履旋投崖而死，孤孙尚幼，国难家变，恸无生理，臣当与缁黄为侣矣。"意思是说儿子殉国，孙子幼小，国难家变，已经让我心如死灰，我要去当和尚老道了。史可法听说张慎言要回家养病，立即上奏弘光帝请求挽留张慎言，他说："先帝用人原无成见，傅宗龙、孙传庭起自狱囚，张凤翔、袁继咸、马士英起自戍籍。吴甡本奉命南征，等唐通兵不至，贻误战机而获罪，情有可原。国难之时，勋臣有几人殉国？孔昭何不思之？"但弘光帝还是在六月十日批准张慎言致仕。

就在掀翻张慎言的同时，阮大铖入阁之事也加紧进行。六月六日马士英向弘光帝进言："原任光禄寺卿阮大铖居山林而不忘君父，未任边疆而实娴韬略。"他又说阮大铖坚持拥立弘光帝之事："臣至浦口与诸臣面商定策，大铖从山中至手书于臣及操臣刘孔昭，戒以力扫邪谋，坚持伦序，臣甚韪之。"最后马士英提出要求陛见阮大铖："须遣官立召，暂假冠带，来京陛见，面问其方略。如其不当，臣甘同罪。若堪实用，则臣部见缺右侍郎，当赦其往罪，敕部起补。"

六月八日，阮大铖入朝陛见弘光帝。进宫后阮大铖趋至御座之前，跪下叩头，三呼万岁，泪如雨下。他先是向弘光帝哭诉了自己被冤枉之事，又表达了自己对大明朝的忠心之后，献上"定朝四策"，即联络、控扼、进取、接

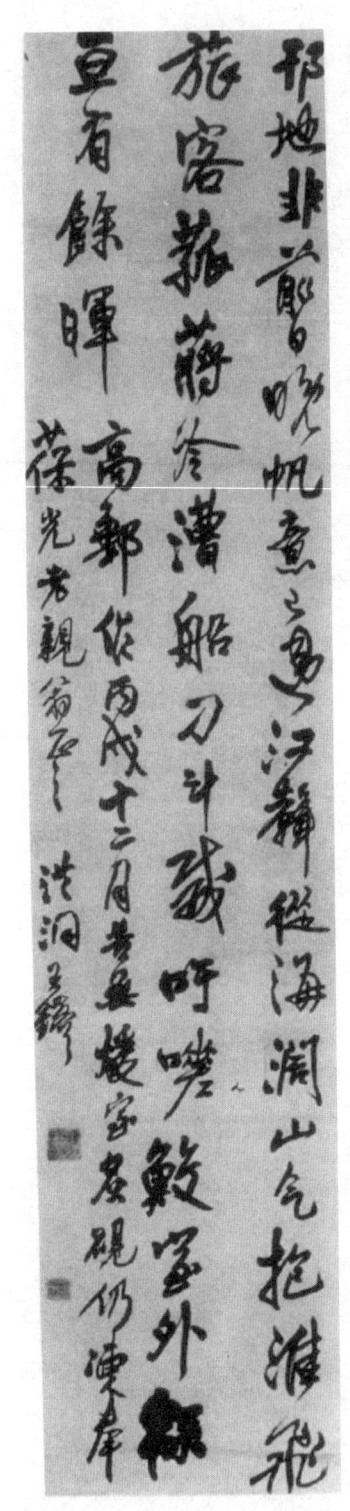

王铎《五律夜高邮作书诗轴》

应，又陈述"江防三策"，即两合、三要、十四隙。弘光帝闻奏后大喜，连连称好。但弘光帝慑于史可法等大臣，仍然没有立即起用阮大铖。

果然，弘光帝陛见阮大铖之举立即招来南京旧臣的一片反对之声。

御史詹兆恒上奏："国仇未报而忽召大铖，还以冠带，岂不上伤先帝在天之灵，下短忠义之气。"吕大器上奏说："先帝血肉未寒，钦定逆案如星月般庄严存在。马士英竟不顾，而请用阉党人物阮大铖，不仅视吏部如刍狗，更视陛下为无用之物。"户科右给事中熊汝霖上奏说："先帝既已弃之，举国又非复之，即使阁臣实见得是，亦当舍己从人。"怀远侯常延龄说："大铖者，一出戏之流，为阉人干子。魏逆既诛而仅禁锢终身，已高厚包容矣。"御史陈良弼、米寿图、周元泰联合上奏曰："恐从此诸邪悉出，逆案尽翻，使久定之典紊于一日，何以昭天下而垂后世也。"兵部郎中尹民兴、御史左光先、御史王孙蕃、太仆寺少卿万元吉等都纷纷上奏，各言逆案不可推翻，阮大铖绝不可用。

面对如此强大的反对之声，弘光帝也无可奈何，只好采取拖延战术，一面切责科道，一面寻机起用阮大铖。八月二十日，在马士英的授意下，安远侯柳昌祚上奏催补阮大铖官。于是弘光帝下令阮大铖添注兵部右侍郎，同时下令"朝臣不得把持谏阻"。次年二月一日，阮大铖升任南京兵部尚书兼都察院右副都御史，巡阅江防。而礼部左侍郎姜曰广于九月九日愤然辞职；左都御史刘宗周于九月十日离任；东阁大学士、礼部尚书高弘图于十月六日离朝；接替张慎言任吏部尚书的徐石麟也于十月一日离朝；右金都御史祁彪佳也于十一月十三日罢职而去。

王铎在这次事件中虽然并没有被免职，但却充分地认识到，以自己在朝中的地位、威望，要想重振纲纪、复兴明朝是不可能的。眼见弘光帝朱由崧终日沉迷于酒色之

王铎《香山寺作五律诗轴》

中，光复大明江山根本不是他的愿望。心灰意冷的王铎曾数次上疏请求辞官还乡，但都被拒绝。历史总是惊人的相似，它一次次给王铎以希望，又一次次将这希望碾得粉碎，救国家于危难的重任对于王铎来说似乎太过沉重。

南明弘光朝廷内部党派斗争愈演愈烈之时，又爆发了"真假太子案"。一个名叫王之明的少年自称亡明之太子，这对弘光帝朱由崧来说构成了很大的威胁。如果王之明的身份是真的，那么支持弘光朝廷的复明势力就会转而投靠名正言顺的明皇室嫡系后裔，朱由崧势力也会因此受到威胁。马士英等人为了保住自己地位，严刑拷打，逼迫王之明供认自己的冒牌身份。王铎曾经在东宫任侍读三年，对太子的情况了若指掌，他明白所谓太子的身份纯属捏造，因此出面做证其伪，以至于朝野内外人士对王铎都极为不满。本来事件到此已经结束，但由于弘光皇帝朱由崧的昏庸以及辅臣马士英的暴政，许多百姓对弘光朝廷极度不满。一部分人就以"假太子"被迫害为由，指责王铎为了附和马士英等人而做假证陷害太子，并开始进一步集结势力反对弘光政权。驻守武昌的左良玉不愿与李自成正面交战，趁机以"清君侧"为名，顺长江东下争夺弘光政权。马士英被迫急调江北四镇迎击左军，致使面对清军的江淮防线陷入空虚。史可法当时虽然在扬州有督师之名，实际却无法调动四镇之兵。一月之中，清军破徐州，渡淮河，占扬州，克镇江，一路势如破竹。

弘光皇帝看到大兵压境便仓皇出逃至芜湖，朝中许多贪生怕死的大臣也四处出逃。王铎虽然对南明朝廷已经失去信心，但终究不能对政权的灭亡置之不理，于是领命守卫都城，并誓死坚持到底。兵临城下之际，城中百姓把所有的不满情绪都发泄在了留守官员的身

王铎《喜与友人联艇之作立轴》

上，王铎因此遭到百姓的辱骂和毒打，后在长期镇守南京的官员赵之龙的保护下才幸免于难。顺治二年（1645）五月十五日，豫亲王多铎率清军占领南京，弘光朝臣降清，受伤未愈的王铎也随众大臣献降书贺表。在弘光朝期间，王铎已经多次请求辞官，弘光朝廷的灭亡让王铎再一次经历了亡国的痛楚，虽然南京失陷之后又有杭州的潞王朱常淓、应天的王之明、抚州的益王朱慈炲、福州的唐王朱聿键、绍兴的鲁王朱以海、桂林的靖江王朱亨嘉等政权先后建立，但他对明朝的前途和对政治仕途彻底失去了信心，降清从某种程度上说是王铎无奈中的选择。难怪清代史学家在评论王铎之时称"为翰林学士则有余，为宰相则不足"。

第五章　清朝治世　贰臣之名

崇德八年（1643）八月，清太宗皇太极无疾而终，其第九子福临继位，改元顺治，并于顺治元年（1644）九月由沈阳进京，在太和门举行了登基大典。顺治是清朝入关后的第一位皇帝，也是王铎降清之后辅佐的唯一一位清帝。

如果将顺治皇帝在位的近十八年进行前后两个阶段的划分，可以发现两个阶段的政策是截然不同的。从顺治皇帝六岁登上王位至顺治八年（1651）亲政之前为前一阶段。此时顺治皇帝尚年幼，由其叔父多尔衮与母亲孝庄皇后辅佐其处理朝政，而主要由多尔衮摄政，时间长达七年。在此期间，清王朝以武力统一全国，发兵追剿李自成、张献忠的农民起义军和南明抗清势力，推行剃发、易服、圈地、占房、投充、捕逃等民族高压政策。从多尔衮病逝、顺治帝亲政到顺治十八年（1661）为第二阶段。在顺治皇帝亲政的十年中，他首先对多尔衮实行了削除封号爵位、罢撤庙享谥号、籍没家财等身后惩处。之后，为了加强皇权，他废除了诸王贝勒管理各部事务的旧例，又采取了停止圈地，放宽逃人法，废除三饷、兴利除弊，亲善蒙古、治理西藏、惩治贪官、整顿吏治，崇文兴教、倾心汉化等一系列缓和民族矛盾的宽松措施。

顺治帝在政治上积极推行宽松和招抚政策以缓和矛盾，对各地出现的反抗斗争他不主张一概坚决镇压。他亲政的第二个月谕兵部："朕思各处土寇本皆吾民，或为饥寒所迫，或为贪酷官吏所驱，年来屡经扑剿，荡平无期。皆因管兵将领纵令所部杀良冒功，真贼未必剿杀，良民先受荼毒，朕甚痛之。"因而下令"不得轻动大兵，使玉石俱焚"。三月谕户部，允许原清兵入关时俘获而隶旗下为奴的汉人回乡探亲："其父母兄弟妻子有愿投入旗下同归一处者准其完聚。以示朕满汉一视之仁。"七月又谕户部："数年以来投充汉人生事害民，民不能堪，甚至有为盗、窝盗者，朕闻之不胜痛恨。"他下令："今后各该地方官如遇投充之人犯罪，与属民一体从公究治。"这对当时造成社会极度恐慌混乱的逃人法、投充法来说，虽然不能根本改变，但多少起了一定的缓和作用。对各地的抗清势力和抗清活动他坚持剿抚并施的方针，并突出招抚一手。顺治十年（1653）四月，当偏沅巡抚奏报，查获明福清王嫡子朱由杞并伪刘知府所遣文卷一箱，有故明宗族废绅往来书札一事时，顺治下令："朱由杞著即就彼正法，文书即行焚毁。若翻阅穷究必致扰害地方，所首文书内有干连者，即行释放。"他又颁敕江南等处，公开声明改变多尔衮在世时凡因抗拒后来降者多被诛戮的做法，而"大开生路，许其自新"。顺治十五年（1658）八月下令："即事急来降者亦皆当收养。纵有逃亡听其自去，始足彰我恩育之仁。"他还感慨地说："夫以威服人，何如以德服人之为愈也！"这种思想在对待郑成功与孙可望的问题上表现得最为充分。

顺治九年（1652）十月，顺治指示浙闽总督刘清泰招抚郑成功。他故意开脱郑成功的"罪过"，把郑之所以抗清的原因归结为"必地方官不体朕意，行事乖张"和多尔衮对降清后的郑芝龙"看守防范"而使"成功等疑惧"所致。顺治保证如郑成功听抚"归顺"，"许以赦罪授官，听驻扎原地方，不必赴京"。顺治十年（1653）五月，顺

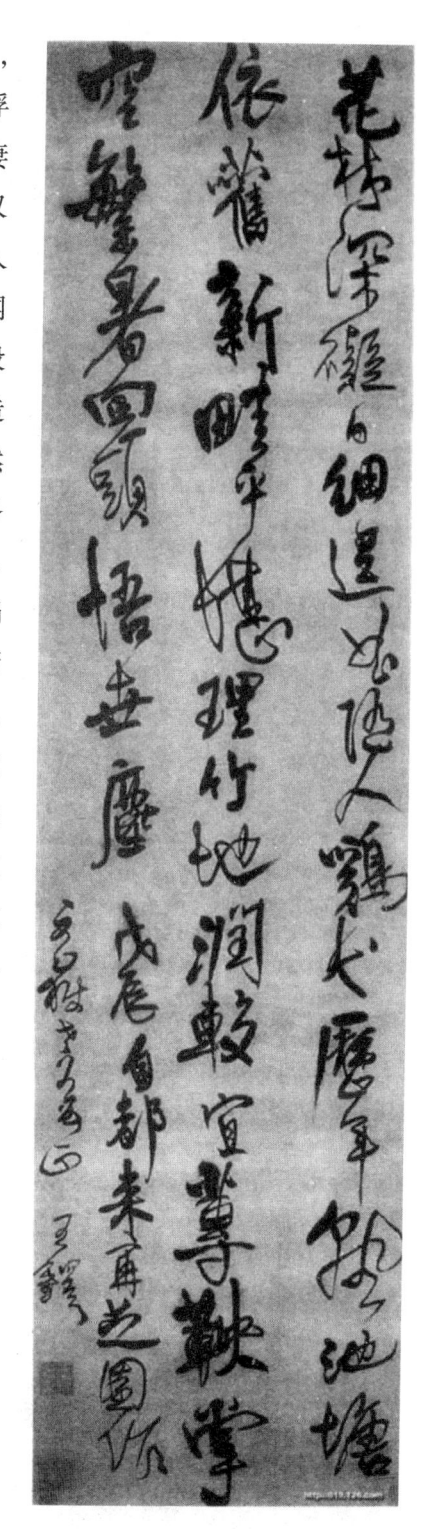

第五章 清朝治世 贰臣之名

王铎《戊辰自都来再芝园作》

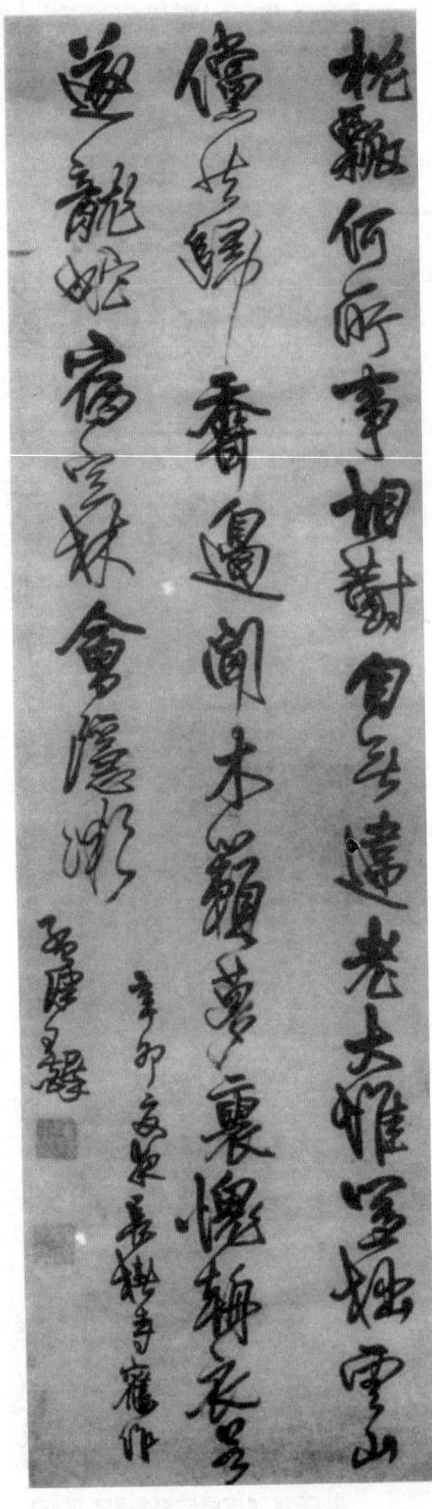

王铎《行草书长椿寺旧作立轴》

治又特颁敕谕对郑氏家族大加封爵,再次赞扬郑芝龙降清大功,指责多尔衮与地方官吏之咎,造成郑成功"前有功而不能自明,后有心而不能上达"的局面,并恳切地对郑成功说:"朕亲政以来,知百姓疮痍未起,不欲穷兵,尔等保众自全亦非悖逆。"对郑成功的抗清活动表示谅解。于是将"首倡归顺赏未酬功"而软禁了七年之久的郑芝龙特封为同安侯,封郑成功为海澄公,郑氏家族中其他要人也有封爵,"各食禄俸如例"。这是破格厚封重赏。顺治还特地差官专程往闽海"赍赐郑成功海澄公印一颗、敕谕一道",敕谕中同意郑成功归顺后仍驻泉漳。顺治帝为稳坐天下,极力寻求长治久安之策,一再向臣下求言。顺治十年(1653)正月特召大学士陈名夏"问天下何以治,何以乱,且恒何以使国祚长久"以及"得人如何"。顺治十二年(1655)正月谕吏部,令在京七品以上满汉文武官员,"凡职掌所属,向来积弊之处,见今整顿之方,详切敷陈",并令地方官员亦"直陈无隐"。同时又谕吏部、都察院及科道官员"各据所见极言无隐"。尽管他一直未能找到治国良策,但确实进行了不懈努力,采取了不少的措施。

顺治帝推行甄别之法,擢优汰劣,要求各地督抚对所属官员"严加甄别,有德有才,兼通文义者著保奏","不堪为民牧者立行参劾,不得姑留地方害民……不行纠参即为溺职,事发一并治罪"。他认为:"知府乃吏民之本,若尽得其人,天下何患不治?"并认为全国百余府中有三十府最为重要。为选好知府,他于顺治十二年正月下令:"在京各衙门满汉堂官三品以上及在外督抚,各举才行兼优堪任知府者一人,详开履历事迹具奏，吏部再加察议，奏请定夺，以备前三十处知府之用。"为得到真才，顺治亲自动手选拔官员。顺治十年（1653）三月，他谕内三院，翰林院官员"必品行端方、文章卓越方为称职"。为此他要"亲加考试，先阅其文，后观其品，再考其存心持己之实据，务求真才"。显见，他把才放在第一位。次月，他便将经过考试的各官"御笔亲定去留"。他还会将随时发现的人才越级提升。一日他微行入翰林院，见庶常胡兆龙独自学习清书（满文），他当即传旨"超升学士三级为侍读"。

王铎《临淳化阁帖无名氏法帖扇面》

顺治十年（1653）三月，他采纳吏科给事中魏象枢的建议，实行京察"大计"，即对各地官员进行普遍考核。这次大计中共有九百六十九名官员受到了革职、降调、致仕的处理。从此三年一大计，定为制度。同年四月，他谕吏部："京官殿最亦当察核。"这是考核在京官员的京察，从此也按期举行，成为制度。

他加强对内外官员的监督，尤为重视都察院和御史的作用。他以"都察院为朝廷耳目官"，一再申饬"上自诸王下至诸臣，孰为忠勤，孰为不忠勤，及内外官员之勤惰，各衙门政事之修废，皆令尽言"，"分别参奏"。与此同时，他还向各地派出大量御史，作为皇帝的"耳目"以"简任巡方"，"察吏安民"。他还下令满汉官员互参，即

王铎《京北玄中庙作》

互相监督，"如汉官玩误，满官据实奏闻；如满官执延，汉官亦据实奏闻"。

顺治加强对官员的控制，不许结党结社，不许太监干政。但终顺治一朝，也未能解决好这些问题。

顺治在稳定社会经济方面进行了一系列的努力。清朝入关之初，虽然仍以明朝会计录征收赋税，但战乱之后，地荒丁逃，赋无所出。再加上连年用兵，国库耗支巨大，已入不敷出。顺治亲政时各直省钱粮缺额已至四百余万两，"赋亏饷绌"，出现了严重的财政困难。顺治认识到"兵饥则叛，民穷则盗"的道理，为稳定社会经济，他采取了一些措施，比较突出的有鼓励垦荒等政策。

顺治接受大学士范文程等人建议，于顺治十年（1653）推行屯田垦荒。重点地区是受战争破坏严重的四川及北方各省，由政府发给农具籽种，招民开垦，实行三年起科。在辽东一带更实行招民垦荒授官令，鼓励人们赴辽东开荒。顺治十三年（1656）秋下令鼓励富人垦荒："如有殷实人户，能开至两千亩以上者，照辽阳招民事例，量为录用。"顺治十四（1657）年夏公布督垦荒地劝惩则例。则例中规定督抚按及道府、州县、卫所等各级官员在一年内，按垦荒数量给予记录或加升一级的奖励，同时还规定了文武乡绅等垦荒的奖励办法，并规定"若开垦不实及开过复荒，新旧官员俱分别治罪"。顺治十五年（1658）冬，又实行捐资开垦法："州县士民暨见任文武各官，并闲废缙绅有能捐资开垦者请敕部，分别授职升用。"垦荒政策的推行取得了一些成效，对困弊不堪的社会经济起了一定的复苏作用，但因当时全国战火未熄，社会仍在动荡之中，总的说来收效不大。

当时由于战乱，不仅出现地荒丁逃的现象，还有隐匿土地及占垦明代藩王勋戚地产不报的情形，以致官府所掌握控制土地的数量很少，严重影响了国家赋税收入。顺治亲政后对隐匿土地者实行了宽大政策："直省报荒地方有隐漏田粮以熟作荒者，许自行出首，尽行免罪。其出首地亩，即以当年起课，以前隐漏钱粮概不追究。"这一政策公布后，出首报垦者开始大量增加。对"为豪强侵占，以熟作荒"散在各地的原明代王田，顺治令地方官彻底清查后，实行"房屋应行变价，地土照旧招佃"的办法，因而做到"粮租兼收"。

顺治注意到人民负担过重的问题。他亲政伊始就曾宣布多尔衮为戍边筑城避暑搞的九省加派"著即停止"，以纾民困，但人民其他的负担则有增无减。顺治看到了"比年以来军兴未息，催征繁急"，"民间充解物料，款项繁多，以致佥点解户，赔累难堪"的赋役繁重的情形。这是制度不健全所致。他认为明代的一条鞭法，"总收分解，责成有司，小民便于输纳，不受扰害，国家亦收实课不致缺用，立法良善"，因此命令户部"详议具奏，以便永远通行"。以后由政府向税户颁发"易知田单"，作为纳税凭证，起到了防止地方官吏加征私派等弊病的作用。为使国家向民间征赋役制度化，顺治时制定了《赋役全书》。早在顺治三年（1646），清政府已命户部郎中王弘祚主持修订《赋役全书》，但最终没有完成。顺治亲政之后十分重视此项工作，顺治十四年（1657）十月命已升为户部左侍郎的王弘祚再次重修，将明末的剿饷、练饷等尽行蠲免，赋税征收以万历年间原额为准，书成之后颁行天下。

此外，顺治为不"苦累小民"，多次免除一些省份的土特产贡品，并一再赦免受灾地区的钱粮，以休养生息。同时为解决燃眉之急，他还准许富绅捐官，甚至一再批准在某些地区征收练饷、辽饷。这类互相矛盾的现象，曾不断出现。

王铎降清后，在清廷为官的时间恰好是顺治帝在位的前期。清廷的高压政策激起了很多百姓和亡明大臣的不满。王铎的许多同僚和好友都誓死不降清，他们或归

王铎《小楷跋张复画山水扇面》

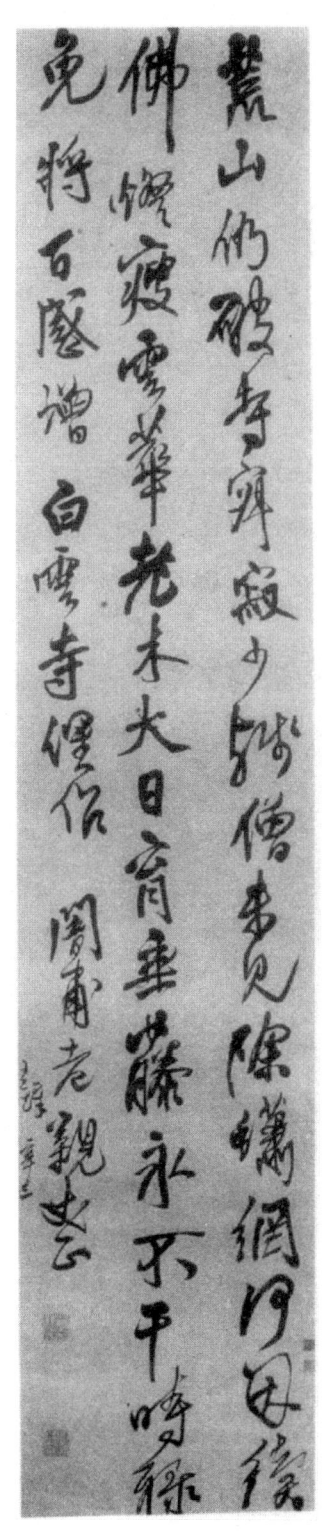

隐不仕，或自杀殉国。与王铎同年的黄道周、倪元璐都选择以死殉国。王夫之、黄宗羲、顾炎武等著名的思想家则先后归隐。顾炎武在明朝灭亡之后，先后六次拜谒明孝陵，以寄故国之思。顺治十六年（1659），至山海关，凭吊古战场，此后二十多年间，炎武孑然一身，游踪不定，足迹遍及山东、河北、山西、河南。康熙十七年（1678），康熙帝开博学鸿儒科，招致明朝遗民，顾炎武三度致书叶方蔼，表示"耿耿此心，终始不变"，以死坚拒推荐。此后至死不肯效力清朝。此外，方以智、孙承宗等人也是誓死效忠明朝的代表人物。方以智，字密之，又号浮山愚

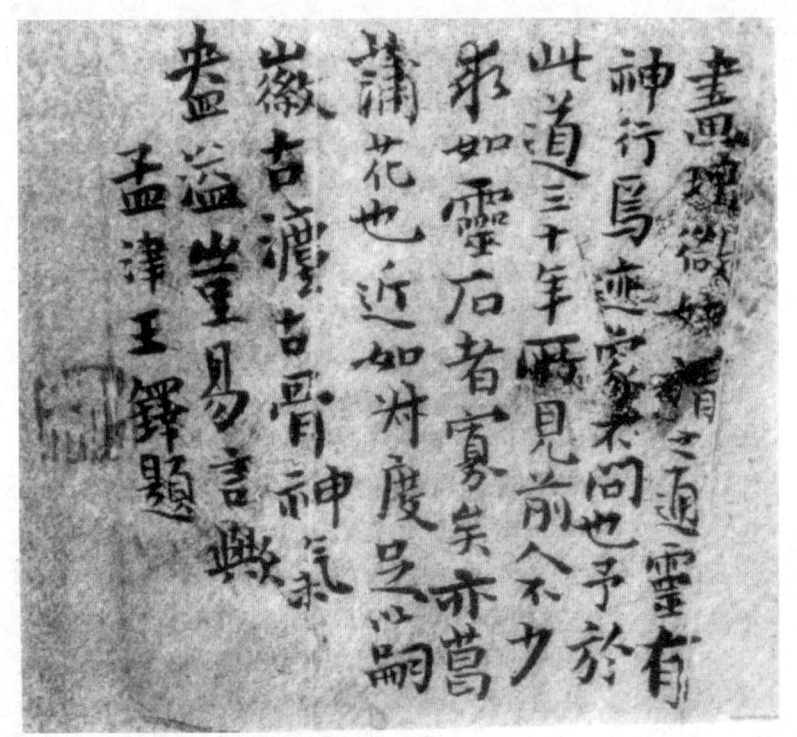

王铎《小楷跋张富画山水扇面》

者，又有鹿起、行远、五老、墨历、木立、极丸、浮庐等别号，安徽桐城人。少年好诗文，崇祯十三年（1640）进士。明亡后，方以智南赴广东。桂王于肇庆称帝，方以智任詹事府左中允，充经筵讲官，后因太监王坤专权而辞职，浪游桂林。清兵入广东后，方氏遭通缉被捕，许于梧州出家为僧，易名弘智，字无可，号药地。孙承宗，字稚

绳,号恺阳,北直隶保定高阳人。崇祯十一年(1638)十月,多尔衮进兵高阳,孙承宗以七十六岁的高龄,率领全城民众奋起抵抗,由于兵力相差过于悬殊,高阳城很快就被攻破了,孙承宗被清兵抓获。多尔衮听说抓到了孙承宗,非常高兴,亲自来劝降,孙承宗严词拒绝,自杀而亡。

无论是以死殉国还是归隐不仕,都是深受儒家"忠君"思想影响的集中表现。"忠君"思想在中国古代文人心中占有十分重要的位置,是多数人始终都未曾怀疑过的信念。王铎在经历了崇祯亡国和南明灭亡两次重大事件之后,原本根深蒂固的"忠君"思想开始发生动摇,他开始思考孔子所提出的"忠"究竟应当如何理解。王铎博览群书,深知孔子以及后代受到儒家思想影响的文人大臣,一直以"修身、齐家、治国、平天下"作为自己人生的终极目标,强调"迩之事父,远之事君","事君尽礼","君使臣以礼,臣事君以忠","事父母能竭其力,事君能致其身","君君臣臣","学而优

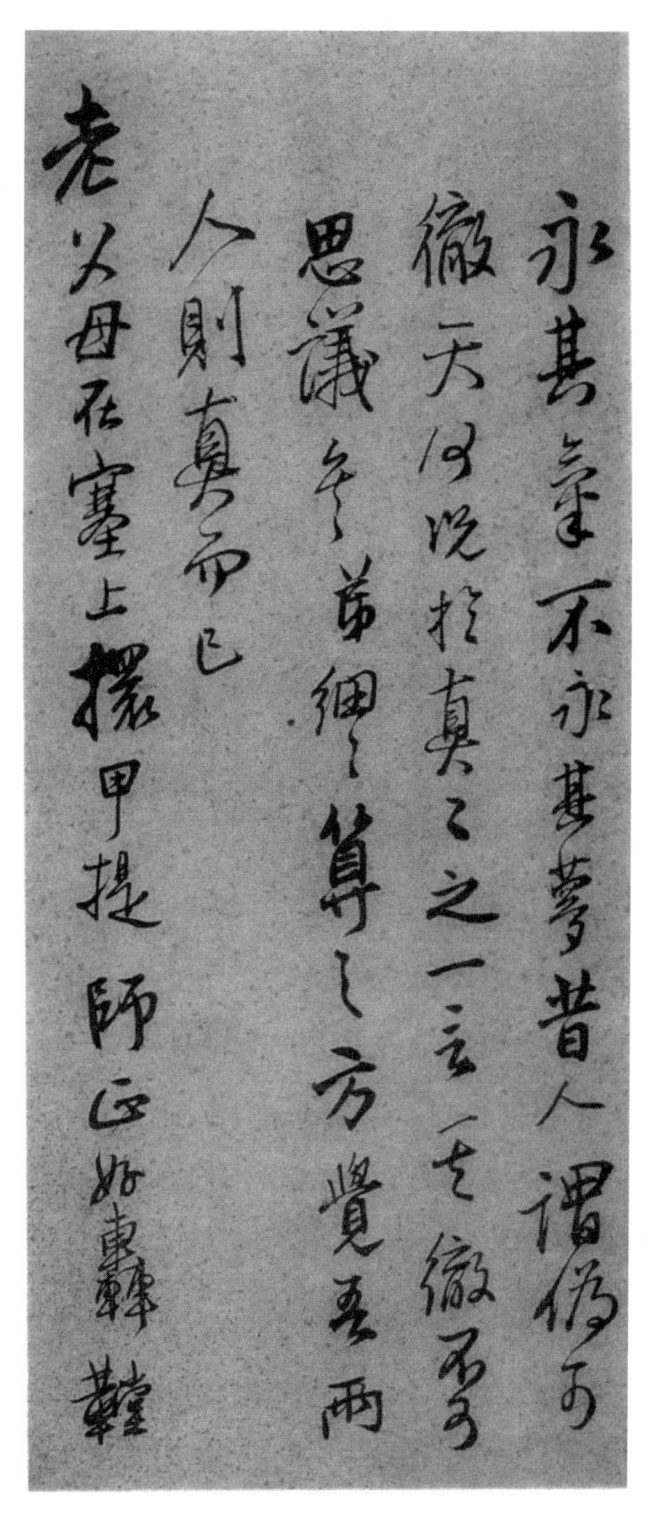

王铎书札(局部)之一

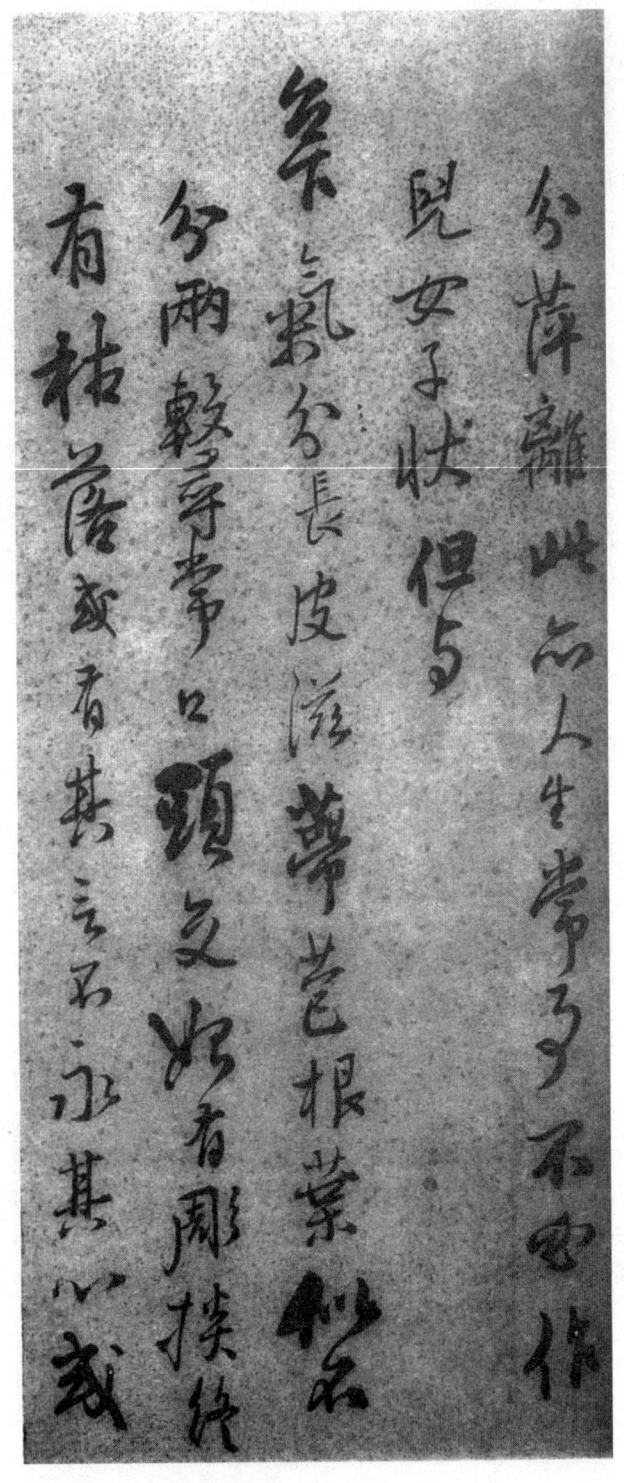

王铎书札(局部)之二

则仕"。"事君""忠君"的思想是孔子及其代表的儒家学派反复陈述的观点。不过,王铎也看到,孔子在自己的治国思想不被鲁国国君接受的情况下,开始周游列国,游说诸侯。这说明在孔子的思想中,"忠"是有选择、有对象的。"忠君"的前提条件是有"明君"可忠。回想数十年仕宦生涯,自己的人生理想和政治抱负无法实现,屡次谏言都因君王昏庸无道不被采纳,这样的君主不值得为其愚忠。在想通这一点之后,王铎并没有如黄道周、倪元璐等人那样选择死路。但是,王铎自幼深受儒家思想熏陶,总无法跳出封建士大夫阶层之外去看待"忠君"的问题,因此,他虽然选择降清,但对于明朝却不能完全忘怀。王铎此刻的思想斗争由其《顺逆》诗可见一斑。"顺逆凭玄造,何须着性灵。游吴踪踽踽,返洛发星星。魍魉吹天火,猿猱窃窀硼。此生饥不死,狱色眼长青。"再加上看到清朝初期一系列的高压政策激起了百姓的不满,王铎对清朝统治者也没有多少好感。种种原因之下,王铎虽然在清朝为官数年,但未有一策一谏涉及政事。

顺治二年(1645)底,王铎

随豫亲王多铎同返北京。故国楼台，旧朝往事，功名理想全都烟消云散，余下的只有剃发称臣为新朝的文治武功做一个装饰物。不过，王铎获得了更加自如的创作条件，他不在政治舞台的中心扮演角色，当官只为"稻粱谋"，诗文书画成了他晚年唯一的精神寄托。而且，物质条件的改善，让他再不必感叹无好墨好纸，也不必因孩童啼哭，而在书写时衍字脱字。降清七年间，王铎作品传世量最多，风格与水平的差距也较大。一种是在形式上几近完美的书作，如《行书文语录》。匀称的布局，舒展飘逸的线条，行笔充实，转笔畅达，参差起伏，跌宕自如，表现出纯熟的技巧风格。一种是荒率且零落的作品，如《赠葆老乡翁诗轴》《为宿松书诗轴》。气韵不畅，笔势凌乱，线条呆滞生硬，透露出一种凄凉惨淡、寂寞空虚的情绪。中年时期纵横豪放的气概全然没有了痕迹。王铎晚年爱作草书，亦颇多得意之

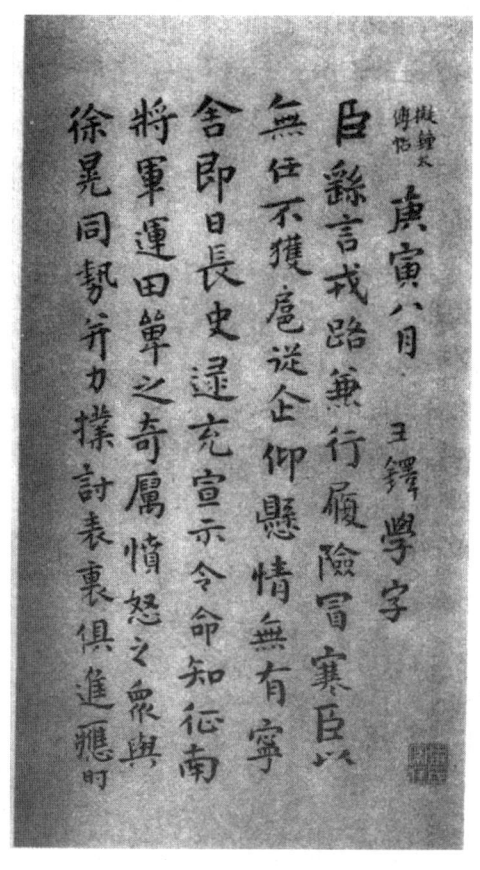

王铎《拟钟太傅帖》（局部）之一

作，其中《赠二弟仲和诗卷》《草书杜甫诗卷》等具有代表意义。第一件作品是与老友戴明说等欣赏所藏《大观帖》后书写的杜甫诗，同《赠张抱一草书诗》相比较，作品给人的不再是振奋激昂的刺激，而是凝重自然的情调，其情感的表达是含蓄内省的，一切怨艾、悲苦、彷徨、孤零都裹挟在苍劲飞腾的线条里，如江河行于崇山峻岭之间，随势宛转，冲撞逆回，浩浩荡荡，倾泻奔流。其技巧绝伦，才情独具，体现出王铎书法精品之作中的又一番气象。

对于王铎晚年书法的评价，郭尚先《芳坚馆题跋》说："京居数载，频见孟津相国书，此卷为合作佳作。苍劲雄畅，兼有双井、天中（皆天下奇观）之胜，亦所遇之时，有以发之，晚岁雍容，转作缠绕掩抑之状，无此风力

矣。"《丁亥临柳公权帖轴》和《书画虽遣怀文语轴》等可以视为此类作品。但从风格的角度观察,晚年王铎的作品笔墨纯熟,技法精良,无论是盈尺简册或是丈二立轴尽成竹在胸,更有"一笔书"之美誉。不单纯是笔势的"意"联,而且有线条的多字组合,《刘孝卓等书启》里有五字、六字的连属,更有整行"龙故使屏翳收风"等七个字一笔呵成,艺术手法之独特为古今书家所鲜见。可见,对王铎晚年之作的评价,仁者见仁,智者见智。

顺治三年(1646),他被任命为礼部尚书兼弘文院学士,充明史副总裁官。王铎入仕清朝之后就得到从一品的官阶,一方面是因为朝廷看重王铎的才能,另一方面也是拉拢明朝大臣的策略。

顺治二年(1645)五月,王铎在南京降清之时,清政府就已经组织人员着手编修《明史》。大学士冯铨、李建泰、范文程、刚林、祁充格为总裁,操办此事。由总裁提名副总裁和纂修官,并设收掌官七员,满字誊录十员,汉字誊录三十六员。清朝刚刚入关,百废待兴,却急于编修《明史》,主要原因是想通过此书的编纂宣告明亡而清立,并以此举笼络明朝遗臣,使汉族官员自愿入朝为官,达到招纳人才、稳定人心的多重目的。王铎任明史副总裁官之后,专心于此书的编纂工作,可惜的是此书未能在他有生之年完成。与王铎同为明史副总裁官的还有在当时颇有影响的钱谦益,两人同病相怜,来往甚多,关系密切。因此在王铎去世后,钱谦益曾为王铎作墓志铭以示悼念。

王铎刚刚适应由明入清的生活,其弟王镆就因病去

王铎《拟钟太傅帖》(局部)之二

世。王铎在悲恸之中作七言律诗悼念亡弟，诗序曰："四弟镆为苏州太守。大兵入城，诤当事，救苏州人十六七，不杀。士人祠之。守太平劳政。丙戌三月十五，竟不起，为位哭恸，以殒五兄弟伤二焉。道之阻修，泉门潜昧，忆兵戈倾危，予命在刻漏，不能不碎心于镆之急难我也，诗写情，诗有尽，情绵亘无尽，诗安能写也。"顺治三年（1646）三月，清政府在政权相对稳定的基础上举行了会试和殿试，王铎的次子王无咎考中进士，这使得王铎心里有所慰藉。科举考试是隋唐之后主要的选拔官吏方式。不过，自唐代就有"三十老明经，五十少进士"的说法。也就是说，进士科的考试是很难中举的。清代科举制度虽然沿袭明代，但在此基础上有所改变。清代允许大量的宗室成员不通过考试就直接进入官僚体系，这不管是在宋朝还是明朝，都是不可能的事情。虽然宋、明的宗室们也可以从一出生就获得一份相当高的收入来保证基本生活，但是按照规定，绝大多数人是没有机会进入官僚体系的。而清朝改变的恰恰是这里，大量的宗室成员通过继承获得进入官僚体系的资格，等于挤占了原本应该由进士们垄断的官僚体系，实际上进士们的地位是已经下降了。到了清朝中期以后，在翰林院供职的进士收入，几乎无法保证基本生活。到了晚期，他们甚至到了只能依靠地方实力派才能过活的

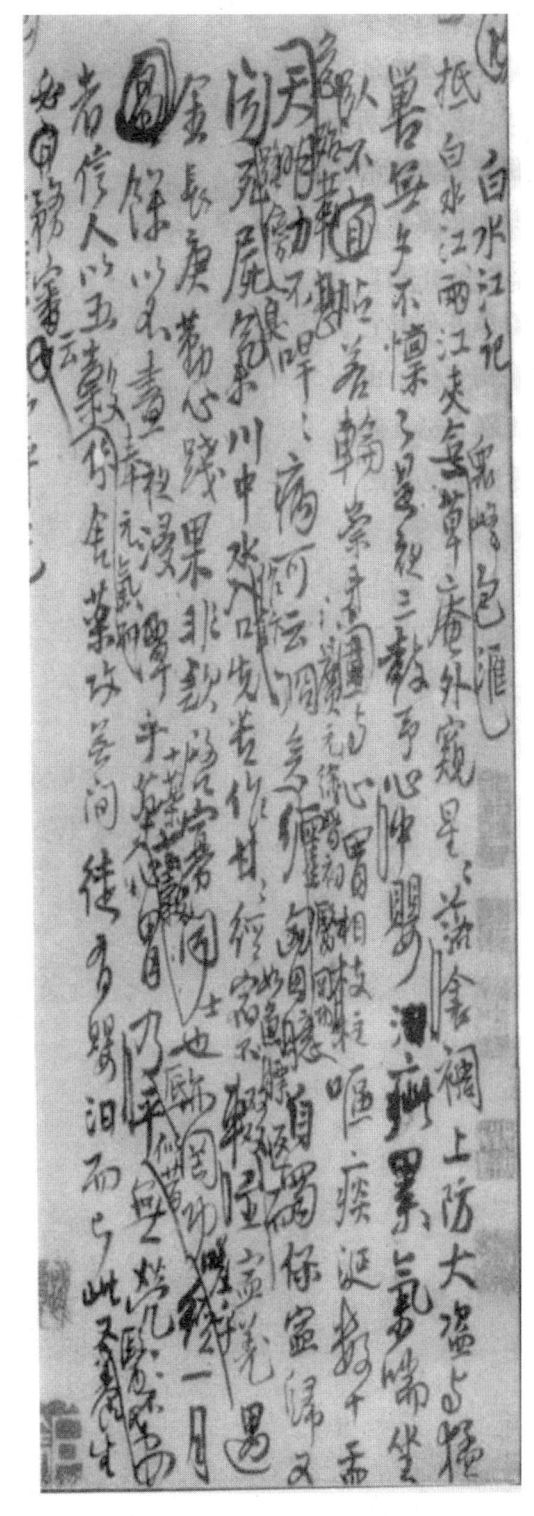

王铎《行草诗稿》（局部）

第五章　清朝治世　贰臣之名

107

地步，进士的意义已经名存实亡了。也就是说，即使朝廷不取消科举制，也必须开创其他的制度来对进士们进行二次淘汰，来选任合适的官员。由此可见，清代科举制比前代更加难以考中。王铎自己在明代科举考试中都屡试不中，因此，在其子得进士高第之时，王铎是异常兴奋的。他喜极而泣，教育儿子说："吾自幼读书任世事，幽柯三十年，志未行，今老矣。汝曹其竭力报国。吾自知寿命不长，不能为世用也。"从王铎这段话中不难看出，王铎年事已高，又经历了多次政治变故，已无心从政。但是，作为亡明遗臣，王铎并没有因此禁止其子辅佐清朝。在王铎看来，明朝已经成为历史，年轻人的政治抱负应以当世为重。

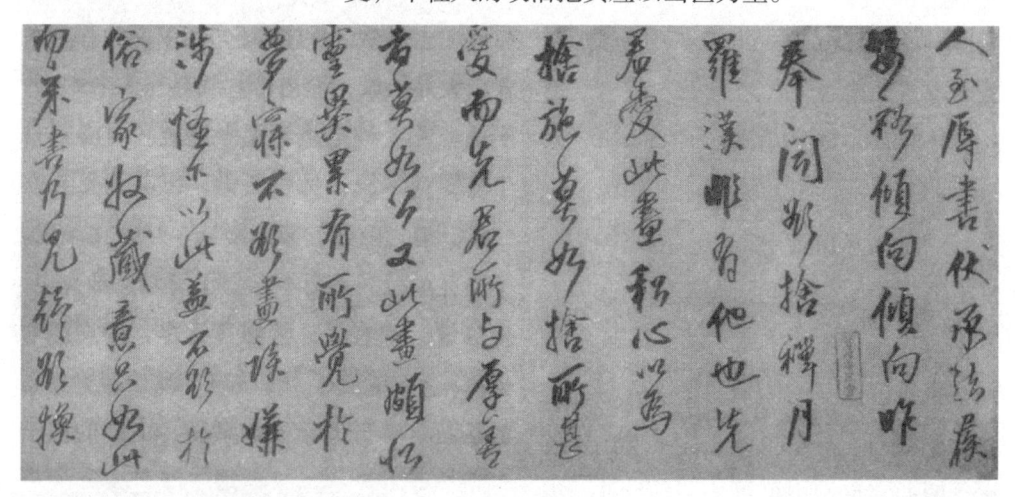

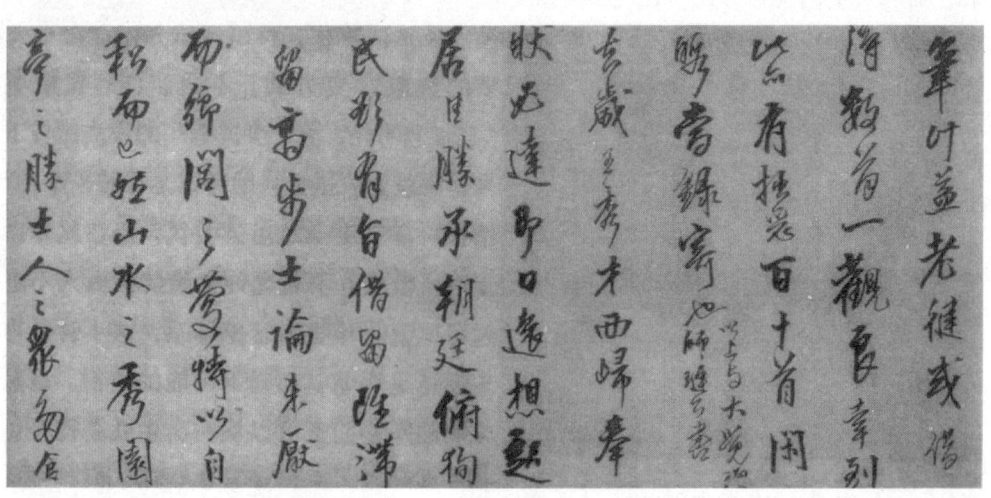

王铎《与大觉禅师书札》（局部）

王铎在编修明史之余，曾先后临习王羲之、褚遂良、柳公权、米芾等人的作品，并创作了《行书文语轴》《杜甫凤林戈未息诗卷》《赠二弟仲和诗卷》《完老临书轴》《高邮作诗轴》《为宿松书诗轴》等书法作品以及《渔舟消闲图》《溪山紫翠图》和《西山卧游图》等画作。

顺治六年（1649），王铎官从二品礼部侍郎。礼部主要负责考吉、嘉、军、宾、凶五礼之用，管理全国学校事务、科举考试以及藩属和外国之往来事。侍郎为礼部副长官，从流传下来的关于王铎在清代做官的零星记载可以推知，王铎任礼部侍郎期间主要管理仪制清吏司，负责学务及科举考试的相关事务。与此同时，王铎领太宗文皇帝实录副总裁之职，负责编修太宗实录。

实录是我国古代编年体史书的一种，负责记录某一皇帝统治时期的大事。各朝皇帝的政务大事编年，按年月日记述当朝政治、经济、军事、文化、灾祥等，并依次插入亡殁臣僚的传记。据《隋书·经籍志》，最早的实录是南朝梁周兴嗣撰《梁皇帝实录》和谢昊（吴）撰《梁皇帝实录》，前者记梁武帝事，后者记梁元帝事。唐朝以后，继嗣之君让史官据前朝皇帝起居注、时政记、日历等编撰实录，历代相传，沿为定制。实录所记载的内容，虽然并不像其书名那样，都是历史的真实记录，往往有一些不实之处，但它毕竟是依据档册及起居注等原始资料修撰而成，所记载的许多重大历史事件，在时间、地点、人物姓名及主要情节等方面，大都有史实根据。因此，我国历代编纂正史的过程中都要参考实录资料。清代每朝实录都会缮抄五部：以黄绫为封面呈送皇帝的送审本一部，俗称小黄绫本。以满、蒙、汉三种文字缮抄，以红绫为封面的大、小红绫本各二部。大红绫本为尊藏本，一存皇宫，一存盛京（今沈阳）崇谟阁；小红绫本一为御览本，一为阁本（内阁

王铎《家中南涧作》

第五章 清朝治世 贰臣之名

收藏)。王铎能够参与清太宗皇太极实录的编纂工作，一方面因为王铎较为年长，有一定的亲身经历，另一方面则因为王铎在明朝就曾任史官之职，在编纂史书方面有较为丰富的经验。但是，选择王铎担任实录编纂工作，也可以看出清朝统治者对于他的信任以及对他才能的赏识。

顺治八年（1651）四月，王铎以太子太保衔领命祭告西岳华山，前后长达两月之久。在此期间，王铎曾作《容易语》一诗："长安容易老，厌去理鸦径。爵禄催邮舍，交亲少聚星。烧痕遮道黑，官柳向人青。羡汝孤飞鹤，高天响雪翎。"这首诗表达了王铎自降清之后不愿留在京城那种压抑氛围之中的情绪。这次领命祭告华山使王铎终于能够享受向往已久的闲散自由生活。

离开华山之后，王铎由三原经子午道入陕南、四川，先后游历沔县（今勉县）、宁羌（今宁强县）、阆中、邛州、峨眉、郫县等地，并作有《旅蜀文稿》。这是目前所见他书写时间最晚的作品，因为是手稿，信手写出，巧夺天然之趣，体现出"雨夹雪"的特征。王铎带着轻松的心情离开华山，本想借此机会放松精神，却因"闻路旁死尸臭气"，见各地皆为"诸寇嚼啗之乡"而情绪再度低落。之后，王铎无心游览山水，取道湖北返回家乡河南。抑郁的情绪再加上沿途舟车劳顿，王铎在回到孟津之时就已经身染疾病。此时的王铎已是花甲之年，染病之后身体健康每况愈下，旧历年过后，寒冬尚未过去，王铎就在自己的故乡离开了人世。

临终前，王铎似乎已经知道自己时日无多，他回顾自己坎坷的人生，略有所悟，写下了流传至今的《千字箴》①

王铎《行书五律京中春日留苏州友人作立轴》

---

① 此碑文藏于陕西历史博物馆，文后有赵曲李宏柱题跋曰："千字箴，觉斯先生暮年满意笔也。词旨醇正，书法苍古。诚为稀世之弘宝。余虽拙于临池也，而心切嗜之，日拂拭不倦，以是行箧秘。由滇而楚，于兹十有八载矣。乙未暮秋，余以牧干来秦，命运多蹇，五月而一官被论。戊戌夏六月，待罪长安。将鬻之，以为旅食计，匠氏联而乞假摹勒，以备碑洞之缺，乃授之。因跋其后，以老余珍之鬻之之概云。"

一文作为对自己人生的慨叹和总结。

如王铎在《千字箴》中所言，他选择入仕清朝，是因为他已经认识到"时者天道，不可违之"。不过王铎没有想到的是，在晚清一位不知姓名之人编撰的八十卷本《清史列传》一书中，竟然将他列入"贰臣传"之中。王铎也因此背负了"贰臣"之名，故后人常将王铎与赵孟頫相提并论，其实不妥。虽然赵孟頫与王铎的个人经历略有相似之处，又同为书坛名宿，但细致对比，同样背负"贰臣"之名的两人有着很大的不同。

从家境方面看，赵孟頫出身于宋代皇室，是宋太祖赵匡胤十一世孙，秦王赵德芳之后。他的父亲赵与訔官至户部侍郎兼知临安府浙西安抚使，精通诗文，收藏颇丰。这样的家境使得赵孟頫的幼年生活比较宽裕，并在此阶段受到了很好的文化熏陶。王铎虽然出身于诗书之家，但家境并不富裕，童年生活异常艰辛。不同的家庭状况使得王铎与赵孟頫的性格差别很大。

从政治经历来看，赵孟頫出生于南宋时期，而此时的南宋仅仅控制南方地区，处于辽、金、西夏等少数民族政权的包围之中，国家并未实现真正的统一。南宋在对少数民族政权的战争中一直处于劣势。赵孟頫十七岁时，南宋王朝就已经灭亡，年轻的他还没有来得及通过科举考试步入仕途。赵孟頫真正意义的为官，已经是进入元朝之后的事情。王铎生于明朝中期，明王朝政治混乱，国力每况愈下。尽管如此，明王朝仍然统一全国，在与关外满族势力斗争的前期略占优势。王铎于而立之年中进士、入仕途，历天启、崇祯及南明弘光朝廷，以知天命的年纪降清，再历顺治一朝，仕途波折坎坷。

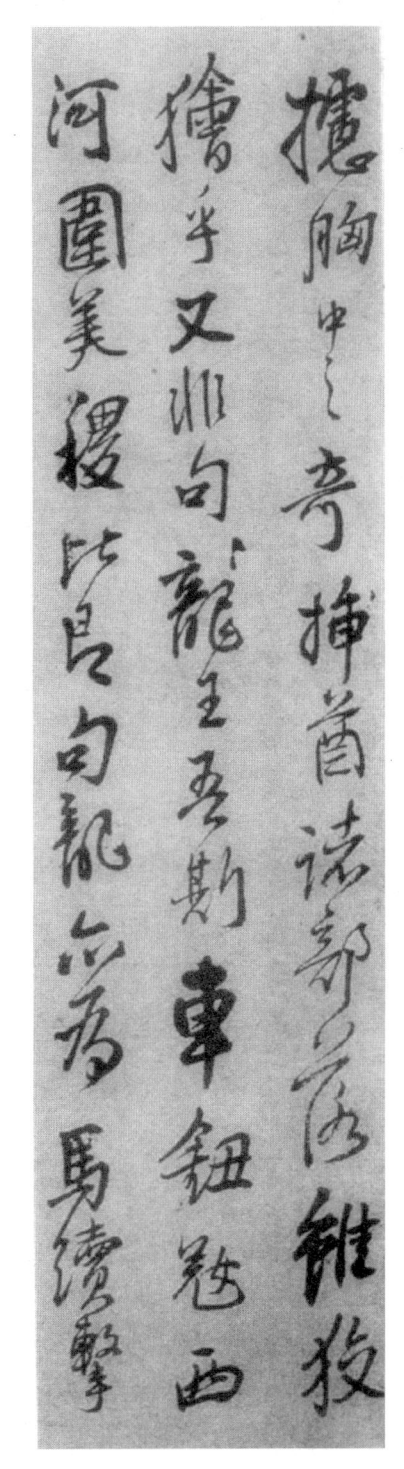

王铎行书（局部）

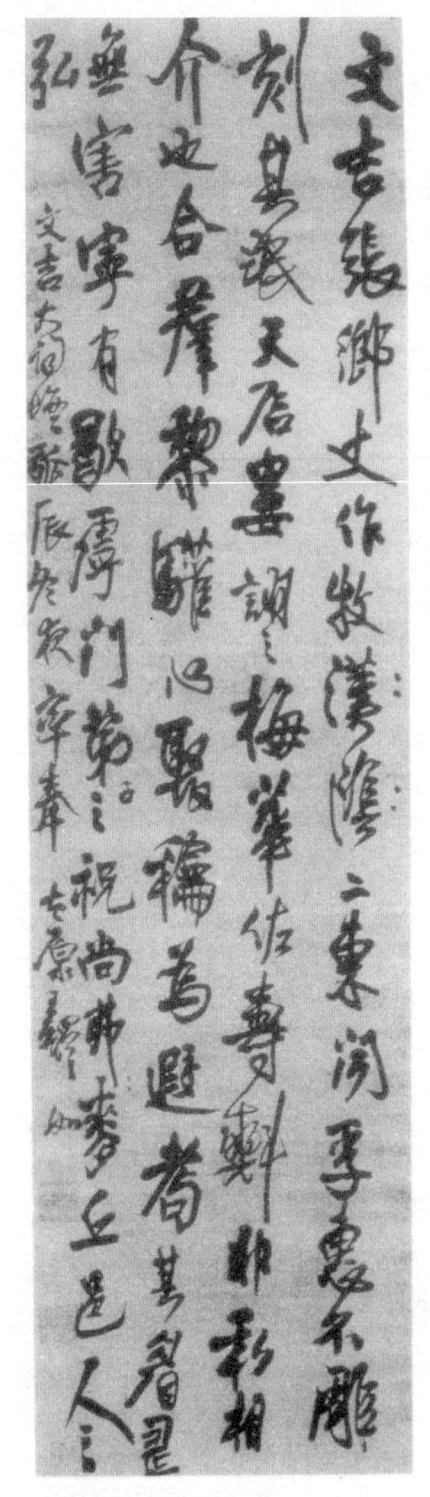

王铎《赠文吉大祠坛轴》

从对新王朝的态度来看。元至元二十三年（1286）行台侍御史程钜夫"奉诏搜访遗逸于江南"，赵孟頫等十余人，被推荐给元世祖忽必烈。初至京城，赵孟頫立即受到元世祖的接见，元世祖赞赏其才貌，惊呼为"神仙中人"，给予种种礼遇，被任命为从五品官阶的兵部郎中。赵孟頫进入元朝做官时正值壮年，胸怀壮志，满以为可以有一番作为。但不久，他就不堪朝廷中互相倾轧，回到江南，闲居德清。至大三年（1310），皇太子在儒师太子副詹事王约的影响下对赵孟頫发生了兴趣，拜其翰林侍读学士，知制诰同修国史。皇庆元年（1312），五月，皇太子即位，是为仁宗。他登基后不久，立即将赵孟頫升为从二品的集贤侍讲学士、中奉大夫，负责编修《世祖实录》。延祐三年（1316），元仁宗又将赵孟頫晋升为翰林学士承旨、荣禄大夫，官居从一品。至此，赵氏政治地位达到了一生中的顶峰。由于仁宗的青睐和赵氏艺术的出类拔萃，赵孟頫晚年名声显赫，夏文彦《图绘宝鉴》盛赞他"荣际王朝，名满四海"。元朝帝王对赵孟頫的重视使得他虽然不能够认可朝廷的所有作为，却并不消极地对待朝廷。与此相反，王铎历经明清两代，官阶最高至从一品，其字为时人推崇，却从未达到赵孟頫那样显赫的地位。王铎在明朝为忠直之臣，到了清代，则以诗书字画的研究为主，很少谈及政事。对于清朝的统治，王铎表现出较为消极的政治态度。

按照某些守旧文人的观点，南宋已亡，赵孟頫就应该殉国，因为他不仅是南宋的百姓，更重要的是他身为宋朝皇室成员，当忠贞不贰。他没有这样做，就成了贰臣；明朝灭亡，王铎同样可以像黄道周、倪元璐一般以死相随，效忠帝王于地下。王铎没有做出这样的选择，因此他也被侮辱性地称为贰臣。

稍晚于王铎的另一位明代书法家傅山曾提出过反对奴性书风的思想。一方面是延续传统"书为心画""书如其人"，坚持以志节人品观书法的思想；另一方面是针对清前期顺治、康熙、雍正等推崇赵孟頫、董其昌书法，书坛之风随皇室喜好为转移，无法自振的不良现象。傅山提出："作字先作人，人奇字自古。纲常叛周孔，笔墨不可补。诚悬有至论，笔力不专主。一臂加五指，乾卦六爻睹。谁为用九者，心与腕是取。永真溯羲文，不易柳公语。未习鲁公书，先观鲁公诂。平原气在中，毛颖足吞虏。"宋代欧阳修有言："余谓颜公书如忠臣烈士，道德君子，其端严尊重，人初见而畏之，然愈久愈可爱。"①《集古录》亦有类似语言："鲁公忠义之节，明若日月，而坚若金石，自可以光后世传无穷。不待其书而后不朽。"由此可知，多数书法家认为一个人的人格与书法有不可分割的联系，知其人，论其世，观其书是体悟书法的重要内容。傅山算是颜真卿的隔代知交，对颜真卿的人格与书法有深深的感悟。就书法创作而言，傅山也深受颜体的影响。他在《即事戏题》中说："汉隶中郎想，唐真鲁国刻。"即是说，他写汉隶以蔡邕为法，真书以颜真卿为范本，追求的是刚健拙朴的汉唐风韵。颜真卿书法的风韵不仅在傅山的楷书中显现，也影响其他书体的创作，他的隶书"斩钉截铁"，刚健有力；

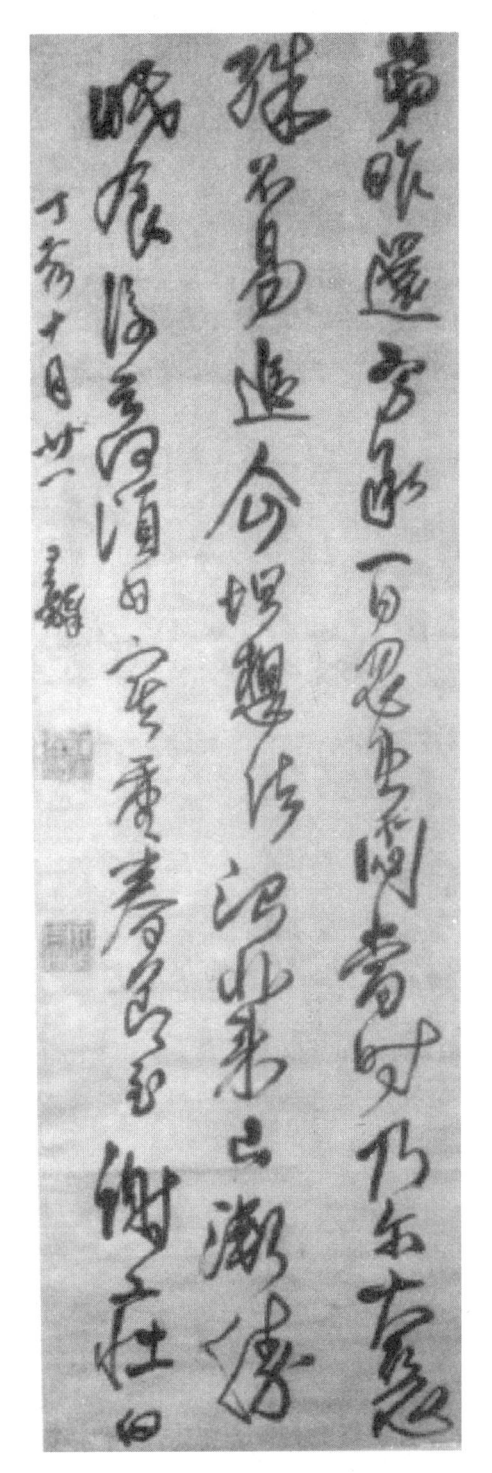

---

① 〔宋〕欧阳修：《六一题跋》。

王铎《临谢庄轴》

王铎《行书至顿庄作立轴》

行草书有的是一气呵成,有的信笔所至,有的环绕纠缠,但都不难看出其刚健超俗的一面。"未习鲁公书,先观鲁公诂。平原气在中,毛颖足吞虏",即是讲学习书法要将书者的内在之气、内在的精神融化于自己的体悟中,只有这样,笔中方能有歼灭强虏的气势与风韵。也正因为如此,傅山多次贬斥赵孟頫、董其昌等人的书法:

> 贫道二十岁左右,于先世所传晋唐楷书法,无所不临,而不能略肖,偶得赵子昂、董香光墨迹,爱其圆转流丽,遂临之不数过而遂欲乱真。此无他,即如人学正人君子,只觉舳棱难近,降而与匪人游,神情不觉其日亲日密,而无尔我者然也。行大薄其为人,痛恶其书浅俗,如徐偃王之无骨。始复宗先人四、五世所学之鲁公而苦为之。然腕难矣,不能劲瘦挺拗如先人矣。比之匪人,不亦伤乎!不知董太史何见,而遂称"孟頫为五百年中所无,贫道乃今大解",乃今大不解。写此诗仍用赵态,令儿孙辈知之勿复犯。此是作人一著。

论赵、董的书法与其人格联系在一起。赵孟頫屈身降元,董其昌恶迹斑斑,在傅山眼里二人都具有奴性。傅山的思想在当时的儒家士大夫阶层中曾产生了很大的影响。由此推知,因傅山思想的影响,很多人对于王铎的书法也持有相同的态度。然而,仔细想来,所谓"奴性""贰臣"不过是一家之言而已。对于王铎这样的历史名人而言,对其进行评价并非易事。王铎的字画并没有因其贰臣之名的影响而受到世人贬低,反而有很多人争相求购,视若珍宝。

王铎逝世后,顺治帝追赠其为太保,荫其孙之奉为中书舍人,赐葬巩县黑石关洛河北岸。顺治十二年(1655)六月,王铎之子无党为父扫墓途中不幸坠马而亡,家人将父子二人的墓葬迁至孟津旧城西北隅。不幸

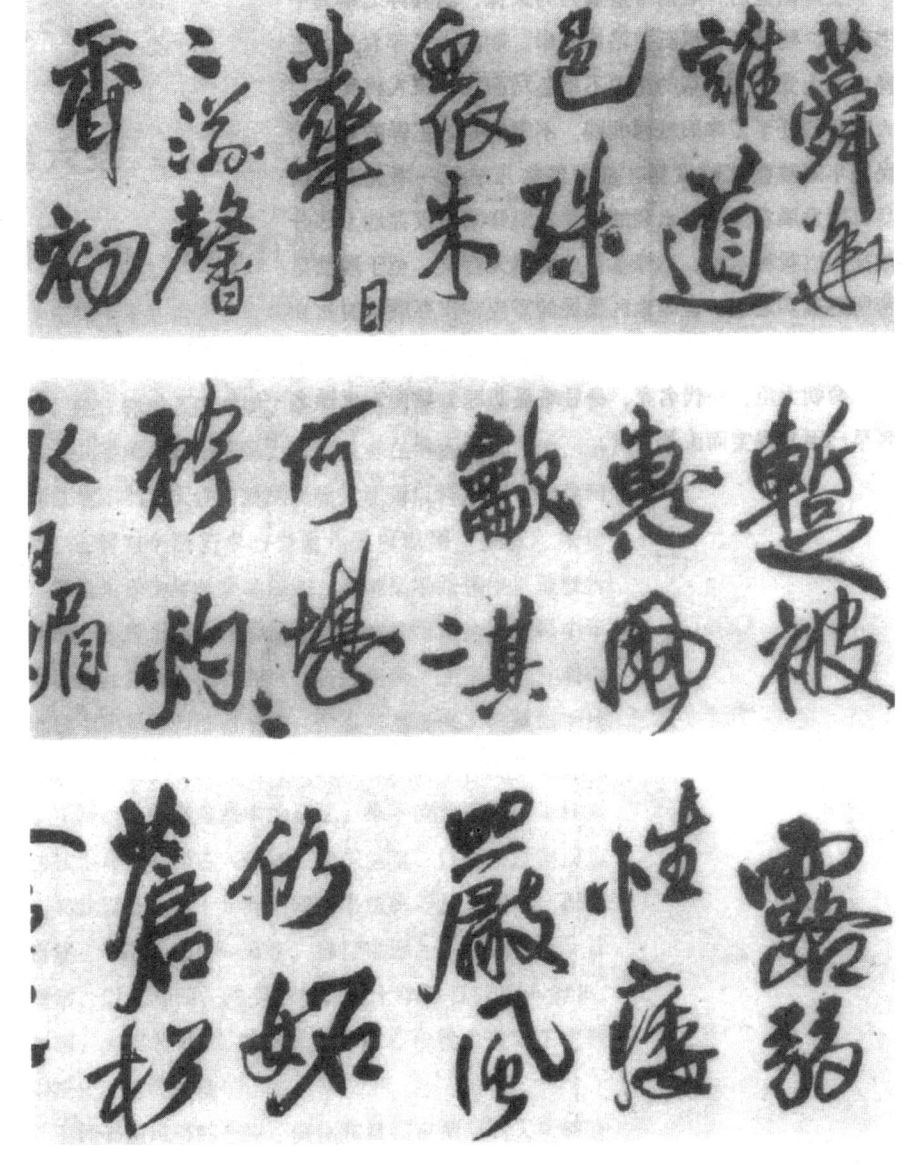

王铎《五律诗卷》（局部）

的是，王铎的墓葬于民国年间被盗墓贼破坏，墓中器物几乎无一幸免。中华人民共和国成立后，因发展农业，王铎墓之仅存地上部分被征用以栽种水稻，王铎墓自此荡然无存。至于顺治皇帝所赐墓葬之地，也因地区发展的需要，仅存顺治时所立之颜体御祭碑和神道石马、望柱而已。

两朝大臣，一代名家，身后略显悲凉。然而，王铎之名早已因其墨宝而流芳百世。

第六章　翰墨画作　流芳百世

王铎生于乱世，一生坎坷，虽有齐家、治国、平天下的儒者理想，却只能慨叹无明君可佐。幸有书画与其一生相伴，使王铎的人生充满了跃动奔放的色彩。纵观王铎的一生，几乎无一日不提笔，相信只有在书法的世界中，王铎那豪放不羁、天性自然的灵魂才能得以释放，才能找回自我。王铎对书法艺术的喜爱几乎可以用"痴狂"来形容。据说王铎少年时家境贫寒，无笔墨纸张练字，他就折下树枝，在村子河边的沙地上以树枝练习书法。王铎中年时生活颠沛流离，辗转各地，居无定所。他在如此艰难的境地中仍然坚持练习书法，没有笔墨纸张，就以手代笔，以水为墨，在桌上书写。假如在旅途中，连书桌都没有，王铎也会凭借脑海中的记忆，举手凌空书写。王铎视书法如生命，每得古人真迹，如获至宝，以至于废寝忘食。数十年间王铎的书法练习从未间断。据王铎自述："铎每日写一万字，自订字课，一日临帖，一日应请索，以此相间，终身不易，五十年终日砣而不辍止。月来病，力疾勉书。"如此惊人的恒心和毅力造就了王铎在书法史上重要的地位。

王铎书法风格的产生、演化和最终定型与其人生轨迹基本吻合，大致可以划分为三个阶段。

第一阶段，从王铎十三岁至三十一岁。从生活角度看，这一阶段的王铎过着较为窘迫的生活，深受儒家文化影响的王铎与大多数年轻的读书人一样，希望通过科举考试取得一官半职，这既可以解决现实的生计问题，还可以实现投身政治、实现人生价值的理想。为此，王铎付出了近二十年的时间，终于在数次科考失利之后金榜高中。再看王铎所钟情的书法。他从十三岁开始临习王羲之《圣教序》，由此深深地爱上了书法艺术，以王羲之所代表的东晋古法为其书法临习的楷模。但这一阶段中，王铎受到各种客观条件的限制，能够见到的古帖真迹数量很少，书法阅历有限，所以王铎只是在临习王羲之的书帖，模仿其书法风格，但无法深入地思考王羲之书法特点的形成原因，也不能自觉地探索属于自己的书法风格。因此，虽然王铎的书法在其青年时代就已经颇有名气，并得到了很多当朝书法名家的夸赞，但仍不能称其为书法家。王铎早期的作品虽然已经可以看出王羲之书法的影子，但终归是形似而神不似。

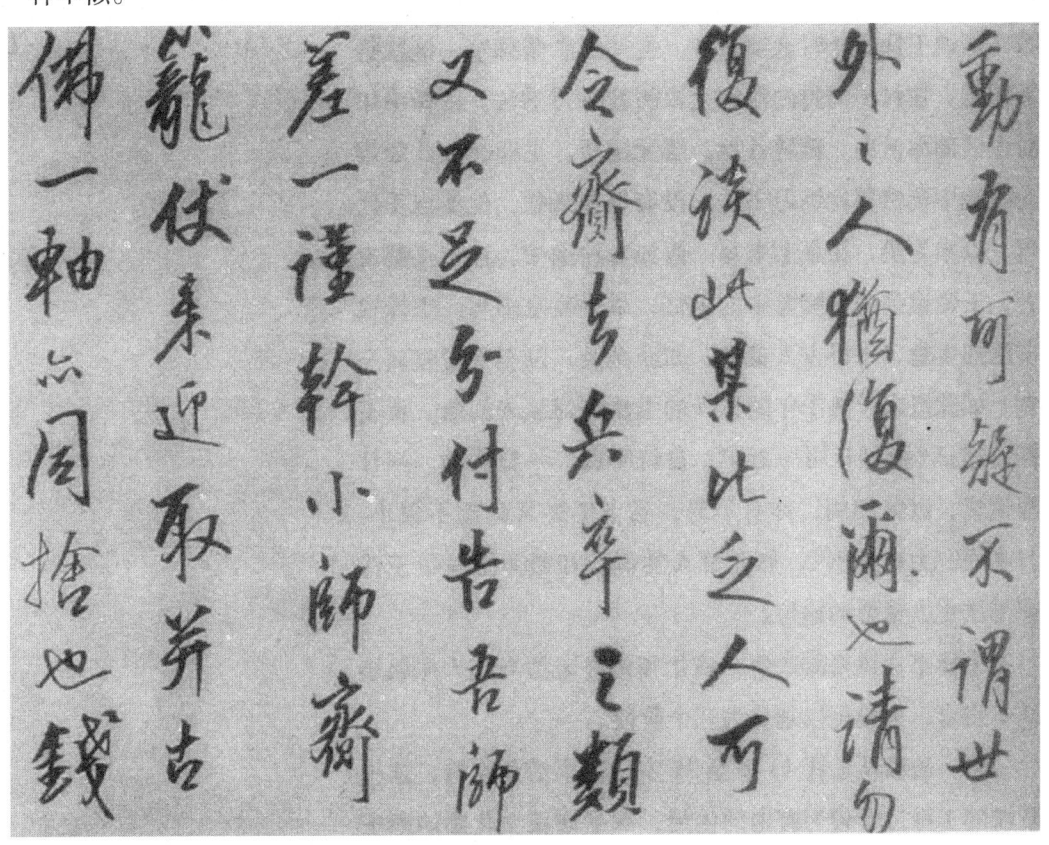

王铎行书（局部）

王铎45岁之前书作		
万历四十七年	28岁	《吴养充墓表》
天启五年	34岁	《临王羲之修载帖轴》《为景圭先生临圣教序册》《临兰亭序并律诗帖》
天启六年	35岁	《丙寅宁远捷》七律
天启七年	36岁	《临王羲之参朝帖轴》《南皮道上等七律诗帖》
崇祯元年	37岁	《再芝园诗轴》《与大觉禅师草书启》
崇祯二年	38岁	《南山登高同友苗家村夜归漫兴》
崇祯三年	39岁	《太仆与嵩焦公祠碑》《直隶凤阳府知府载富张公墓碑》《王觉斯太史初集》《山西右参政夏衢董公合葬墓志铭》《金门山记》《中岳神祝祠》《袁宜人合葬墓志铭》《龙洞雪游记》
崇祯四年	40岁	《为泰器大祠宗书诗轴》
崇祯五年	41岁	《宜人杨氏墓志铭》
崇祯六年	42岁	《为公嫩书诗轴》《赠袁枢诗册》
崇祯七年	43岁	《赠今础先生扇面八帧》《甲戌都下秋日》《题青阳山庄五律十首册》《为天心书诗轴》《光禄寺少卿珍吾王公合葬墓志铭》
崇祯八年	44岁	《临王羲之月半念足下帖轴》《太子少保兵部尚书节寰袁公神道碑》《丁君两台墓志铭》《贺顾母太夫人七十寿序》《临徐峤之帖轴》《临王献之省前书帖轴》《永城道中漫兴诗轴》
崇祯九年	45岁	《为芝老先生书献之帖轴》《临兰亭序卷》《吴还澹传》

第二阶段，三十二岁至四十五岁。步入仕途的王铎曾经有远大的政治抱负，他希望能通过自己的努力得到朝廷的赏识。不过当时的明朝官场结党营私日益猖獗，皇帝昏庸，终日不理朝政，大权掌握在宦官手中。在这样的情况之下，对于一个年轻人来说，要想凭借自己的才华受到重用是不可能的。王铎被掌权者放在了初级的文书职位上，根本没有机会涉及政治。但这对于王铎来说，未尝不是一件好事。因为入值翰林院之后，王铎有机会见到内府所藏的历代书法绘画珍品以及前代书法名家的相关评论，这对于酷爱书法的王铎来说意义十分重大。正是这些精品法帖引导王铎在苦习王羲之、王献之书法之后，进入了开创属于自己的书法风格的新时期。在这一阶段，王铎虽然仍以二王书风为尊，但他开始大胆地以二王饱满柔美、中和有

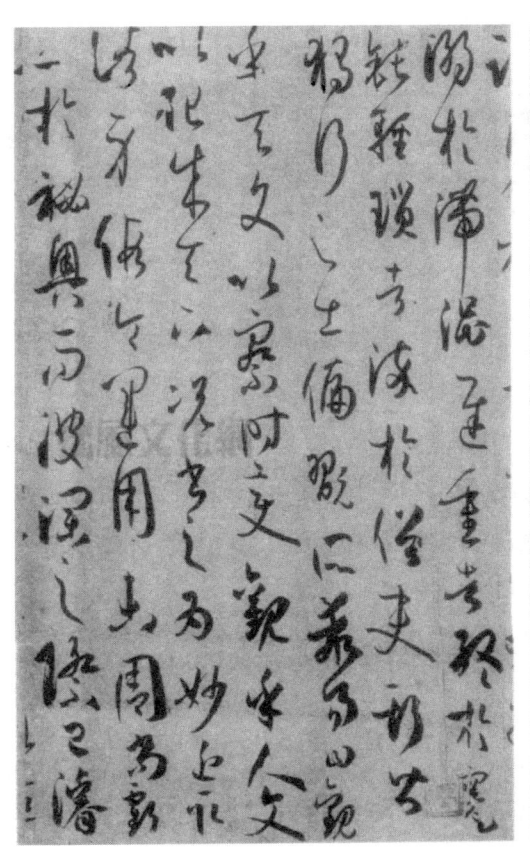

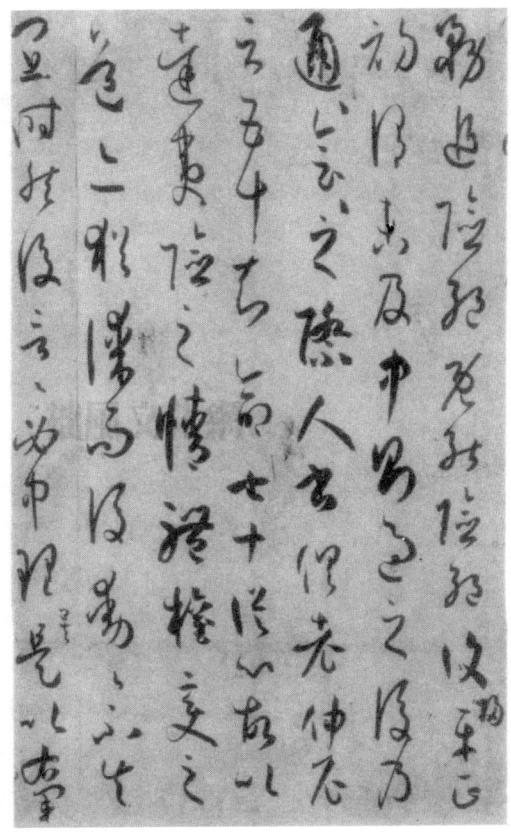

孙过庭《书谱》（局部）

度的行书为根基,融入唐楷之法度,集合宋人之意趣。在王铎心中,数百位书法家的风格激荡冲突。在王铎的笔下,这种冲突表现为每一笔的极强韧性和跳跃感。世人皆称王铎的用笔以"韧性"见长,皆因王铎所说的"吾临帖善于使转,虽无他长,能转则不落野道矣"。王铎谦逊地称自己多年临帖而无任何长处,其崇敬古人的心情和谦逊的态度值得每个临帖之人细细品味。如王铎所说,多年临帖,最大的收获其实是他四十岁以后才悟得的,所谓"善于使转",即以腕力带动行笔曲折变换,形成"韧性"之感。在王铎看来,只有这种笔随心动,兴之所至,转承启合无丝毫停滞之感的笔法才"不落野道"。后人观王铎不惑之年的书作,不禁感叹,王铎又岂止"不落野道",其时其书,已有"王道"之意。唐代草书名家孙过庭云"草以点画为性情,使转为形质"。陈子昂曾在《祭率府孙录事文》中评价孙过庭之草书为:"元常既殁,墨妙不传,君之遗翰,旷代同仙。"陈子昂把孙过庭的书作比作魏晋之钟繇,虽有吹捧之意,但也可说明孙过庭在草书领域内的造诣。王铎与孙过庭同样师法"二王",以草书见长。与孙过庭的"工于用笔,俊拔刚断"①"丹崖绝壑,笔势坚劲"② 相比,王铎的用笔更加丰富,对手腕的应用更加灵活,因此其草书活力十足,似乎每一笔线条都有着无限的张力。为了达到这样的境界,王铎苦心孤诣,在书法的世界中探寻数十载,在其不惑之年,所有的困惑全部迎刃而解,以行书、草书著称的王铎书法风格已露端倪。

王铎《同子功、子肃观诗》

---

① 〔唐〕张怀瑾:《书断》。
② 〔唐〕韦续:《续书品》。

		王铎46岁至53岁书作
崇祯十年	46岁	题孙谋书《华严经》《青嵊山房与诸亲友登其峰等诗文手稿》《肃府本淳化阁帖》《王氏子弟诫》《铜雀瓦砚铭》《为芳老先生临王羲之帖卷》
崇祯十二年	48岁	《为心翁书诗轴》《忆过中条语轴》《京北玄真庙诗轴》《为仲玉书诗轴》《临王羲之小园子帖轴》《万骑争歌杨柳春诗轴》
崇祯十三年	49岁	《洛州香山诗轴》《吾闻朱君文语诗轴》《临王羲之丘令帖轴》《香山寺诗轴》
崇祯十四年	50岁	跋《琼蕊庐帖》《奉景翁诗轴》《赠子房公草书卷》《临王涣之等阁帖卷》《琅华馆帖册》《望白雁潭作诗轴》《飞人诗轴》《月山寺录》
崇祯十五年	51岁	《壬午临柳公权帖轴》《赠张抱一草书诗卷》《赠张抱一行书诗卷》《为彻庵书五律诗轴》
崇祯十六年	52岁	《层峦丛树图跋》《临王献之、王羲之帖轴》《赠郑公度草书诗册》《为长正贤契临阁帖卷》
崇祯十七年	53岁	《隶书三潭诗卷》《隶书五律诗册》《寄金陵天目僧诗轴》《怀州作诗轴》《为无知大禅宗书诗轴》

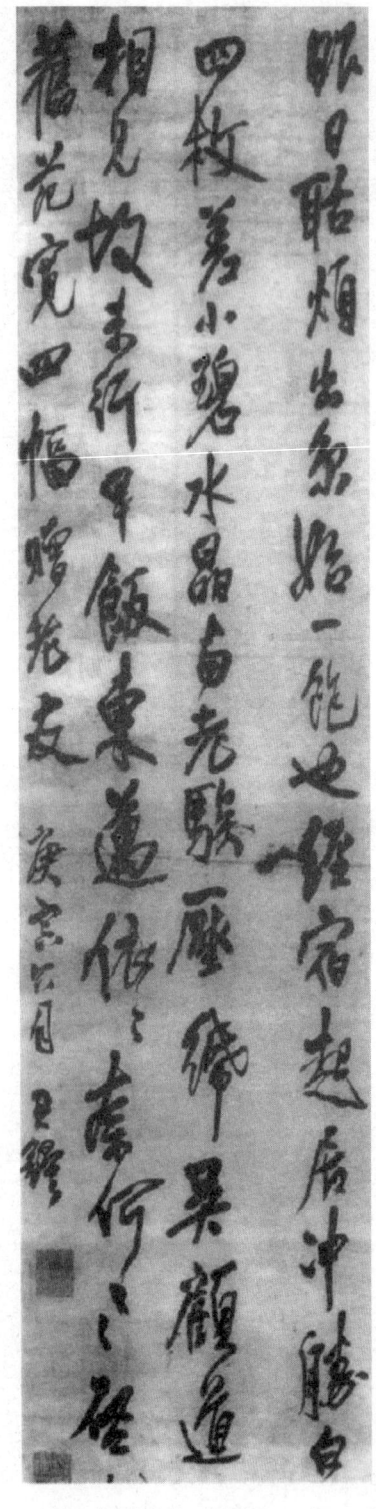

王铎《行书轴》(局部)

第三阶段，四十六岁至六十岁。这一阶段是王铎书法风格逐步演进并最终定型的阶段，从其传世作品来看，也是王铎书法创作频率最高的阶段。当然，在此过程中，发生了对于王铎及许多明代儒家士大夫都极为重要的历史事件，即明朝的灭亡。明亡后，王铎以垂暮之年降清，受到了世人的轻视及唾弃。然而，也正是在降清的七年之中，王铎的书法造诣精进之速度惊人。清代吴德旋《初月楼论书随笔》云："王觉斯人品颓丧，而作字居然有北宋大家之风。"清人尚且如此评价，可见王铎在书法艺术方面所取得的成就是极高的。政治上的无所事事与物质生活条件的大为改善，使王铎得以有充裕的时间集中精力投入他所酷爱的书法艺术中。在此过程中，王铎书写最多的是诗文长卷、立轴，其中行、草居多，楷、隶之作间或有之，足见王铎已经达到众体兼修、信手拈来的境界。如行书作品《书画虽遣怀文语轴》《题画三首之一轴》《为宿松书诗轴》等；草书作品《临王羲之蔡家宾帖》《临王献之省前书帖》《陆阁帖》《临王昙首昨服散帖》等。长卷的形式出现较早，但早期多以画作装裱为主。将长卷真正应用于书法作品之上，唐已有之，但书法长卷的兴盛，则要迟至明代末年。长卷书法作品的形式兴起于明末有两方面的客观原因。

其一，造纸术的演进和成熟。根据相关史料和实物证据，我国四大发明之一的造纸术应当最早出现于西汉时期。到东汉时，经过蔡伦对造纸技术的一系列改进和革新，纸张开始应用于较为广泛的领域。但是，由于技术上的局限，至少到唐代之前，造纸的原料仍受到很大的限制，主要为麻类、树皮和草类等较为容易加工的材料。自唐代开始出现并广泛使用一种专门用于书画作品的纸张，人们称之为"宣纸"。对宣纸的记载最早见于唐代书画评论家张彦远所著《历代名画记》。其书云:"好事家宜置宣纸百幅,用法蜡之,以备摹写。"此外,新、旧《唐书》中都有关于宣纸的相关资料。据《旧唐书》记载,天宝二年(743),江西、四川、皖南、浙东都产纸进贡,而宣城郡纸尤为精美。可见宣纸在当时已冠于各地。南唐后主李煜,曾亲自监制的"澄心堂"纸,就是宣纸中的珍品,它"肤如卵膜,坚洁如玉,细薄光润,冠于一时"。由此可知,宣纸起于唐代,历代相沿。因原产于宣州府(今安徽宣城)而得名,现主要产于安徽泾县。此外,泾县附近的宣城、太平等地也生产这种纸。到宋代,徽州、池州、宣州等地的造纸业逐渐转移集中于泾县。当时这些地区均属宣州府管辖,所以这里生产的纸被统称为"宣纸",也有人称泾县纸。

王铎《枯兰复花图卷》(局部)

王铎降清后书作			
顺治二年	54 岁	《宿江上作诗轴》《为更生武老亲翁书诗轴》《临王献之帖轴》《临古法帖轴》《为太峰老亲丈书诗轴》
顺治三年	55 岁	《行书文语轴》《送凤丸等五律诗卷》《杜甫凤林戈未息诗卷》《赠二弟仲和诗卷》《临褚遂良帖卷》《临阁帖卷》《自书石湖等五首诗卷》《仿柳公权字轴》《贺相国玄乎宋公寿序》《为完老临书轴》《高邮作诗轴》《临王筠帖轴》《为匡一词丈书五律诗轴》
顺治四年	56 岁	《为鲁斋义兄临阁帖卷》《春过长春寺诗》《宋母丁太夫人七十寿序》《临王献之忽动帖轴》《金鱼池亭燕集序》《杜甫晚出左掖等五律诗卷》《临张芝帖轴》《李贺诗册页》《阴阁然序思集序》《张母丘夫人墓志铭》《为麐生老词坛临献之帖轴》《丁亥临柳公权帖轴》《临王羲之省前书帖轴》《临王羲之蔡家宾等三帖轴》《明刑部右侍郎交河肖形孟公墓志铭》《临谢庄帖轴》
顺治五年	57 岁	《为宿松书诗轴》《段姬墓碣》
顺治六年	58 岁	《临王羲之伏想、清和等三帖轴》《孟太保宗伯丛蓧园集录》《为段西美书诗轴》《临阁帖与山水画合卷》《临王僧虔帖轴》《无咎制义序》
顺治七年	59 岁	《北方作诗轴》《书画虽遣怀文语轴》《送郭一章诗卷》《三弟拟寻梦曲序》《庚寅临王献之帖轴》《王献之敬祖鄱阳帖轴》《临王羲之敬豫帖轴》《赠沈石友草书卷》《题素漱三首之一诗轴》
顺治八年	60 岁	《赠静观长老二首轴》《玉庵张公赞卷》《临王昙首昨服散帖轴》《容易语诗轴》《赠敫五文语轴》《登华山绝顶诗轴》《临谢安帖轴》《临褚遂良帖轴》

民间传说，东汉安帝建光元年（121），造纸术的改进者蔡伦死后，他的弟子孔丹在皖南以造纸为业，很想造出一种世上最好的纸，为老师画像修谱，以表怀念之情。但年复一年难以如愿。一天，孔丹偶见一棵古老的青檀树倒在溪边。由于终年日晒水洗，树皮已腐烂变白，露出一缕缕修长洁净的纤维，孔丹取之造纸，经过反复试验，终于造出一种质地绝妙的纸来，这便是后来有名的宣纸。宣纸中有一种名叫"四尺丹"的，就是为了纪念孔丹，一直流传至今。

熟宣纸

据史料记载："宋末争攘之际，烽燧四起，避乱忙忙。曹氏钟公八世孙曹大三，由虬川迁泾，来到小岭，分从十三宅，此系山陬，田地稀少，无法耕种，因贻蔡伦术为业，以维生计。"① 曹大三继承了前人的造纸技术，经过实践，逐步提高，终于造出了洁白纯净的好纸，即宣纸。

宣纸的制作工艺对原料的要求十分严格，有极强的地域性要求，一定要选择宣州本地树种青檀树。初期所用原料并无稻草，后在皮料加工过程中，以稻草填衬堆脚，发现其亦能成为洁白的纸浆，以后稻草亦就成了宣纸的主要原料之一。而稻草中则以泾县优质沙田长秆籼稻草为最佳，这是因为此稻草比一般的稻草纤维性强，不易腐烂，容易自然漂白，所以自古便有这样的说法："宁要泾县的草，不要铜陵的皮。"至宋、元之后，原料中又添加了楮、桑、竹、麻，以后扩大到十余种。经过浸泡、灰掩、蒸煮、漂白、制浆、水捞、加胶、贴烘等十八道工序，历经一年方可制成。另外在制浆过程

宣纸

---

① 清乾隆间《小岭曹氏族谱》。

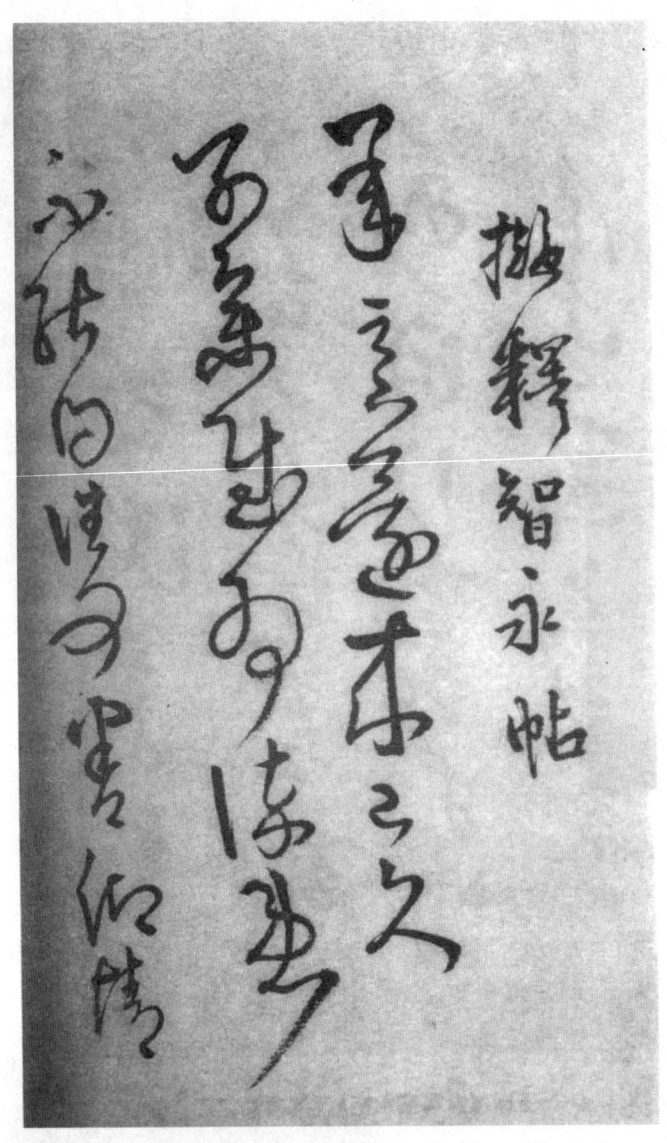

王铎《拟释智永帖》（局部）之一

中，还要在纸浆里加入羊桃（猕猴桃）藤汁，因为其含有胶质，可使浆液更为均匀，捞出的湿纸便于叠放，提高出纸率，于是羊桃藤也成了不可缺少的原料。正是这样近乎苛刻的严格选材，才使得宣纸具有"韧而能润、光而不滑、洁白稠密、纹理纯净、搓折无损、润墨性强"等特点，并有独特的渗透、润滑性能。写字则骨神兼备，作画则神采飞扬，因此，它成为最能体现中国艺术风格的书画纸。所谓"墨分五色"，即一笔落成，深浅浓淡，纹理可见，墨韵清晰，层次分明。这是书画家利用宣纸的润墨性，控制了水墨比例，运笔疾徐有致而达到的一种艺术效果。再加上耐老化、不变色、少虫蛀，寿命长的特点，故有"纸中之王、千年寿纸"的称誉。我国流传至今的大量古籍珍本、名家书画墨迹，大都用宣纸，至今依然如初。

宋元以来，宣纸的加工工艺在不断改进，到了明代中期，伴随着材料的更新和纸张粘连技术的进一步改善，生产者已经可以生产出宽而长的大幅宣纸，这为长卷的书写提供了极其便利的条件，书法、绘画大师也开始钟情于这种便于绵绵不绝抒写胸臆的纸张。

其二，明代中期以后，伴随着社会经济的快速发展，建筑样式和风格都发生了较大的变化。明朝的建立使中国历史上又一次出现了强大、统一的多民族国家。明初，经过约半个世纪的整顿吏治、发展农业、兴修水利等一系列措施，经济得到恢复和发展。经济的繁荣促进了各类建筑的发展。首先是两京（南京、北京）的大规模宫殿、坛庙、陵墓和寺观的建成，如两京宫殿、十三陵、天坛、南京大报恩寺、武当山道教宫观等，都是明朝有代表性的建筑群。曲阜孔庙也在明朝中期进行了大规模的扩建。通过这些建筑，不难发现，木构架技术基础上的简化性，砖瓦琉璃技术结合的装饰性以及建筑规模的宏大特征。明人对美学与书法艺术结合的追求使得巨幅长卷作品有了用武之地。在广厦

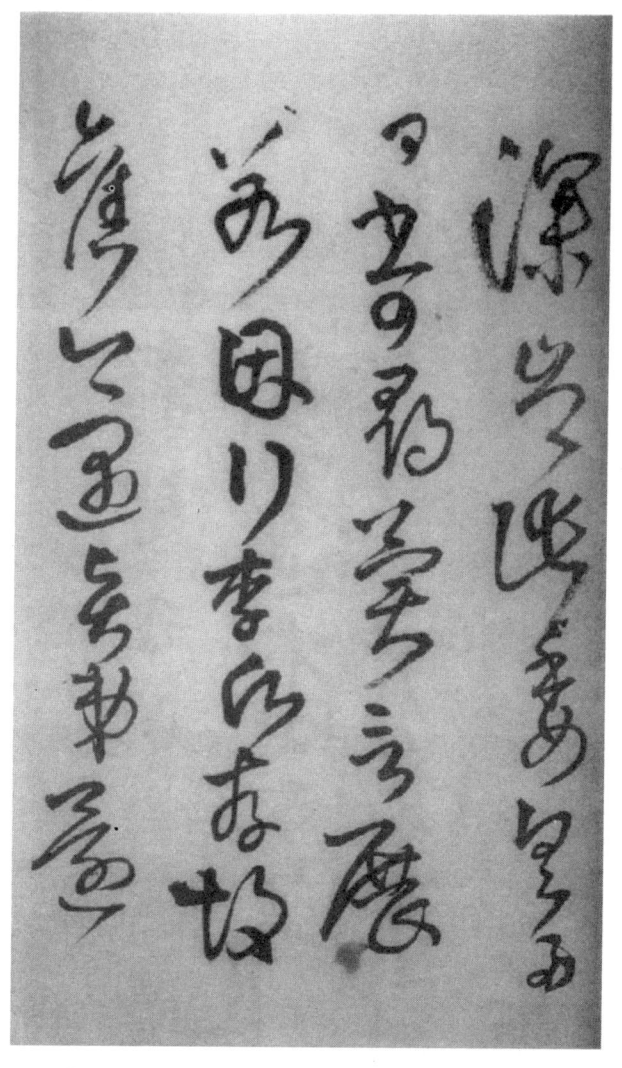

王铎《拟释智永帖》（局部）之二

阔厅之中，长卷由上而下自然垂落，既遮挡了原有的空白墙面，起到了美观的作用，又与建筑的宏伟风格相互映衬、相得益彰。

长卷兴起之后，明末清初之书法家多有所作，其代表人物有董其昌、张瑞图、黄道周、倪元璐、王铎、傅山、朱耷等。在众人之中，王铎的长卷书作个性最为明显，内容也最为丰富，因此受到后代推崇。长卷的书写对于王铎来说，是其以行草书法抒发胸中情怀的最好形式。心情抑郁苦闷之时，则以长卷为宣泄之作，他将仕宦浮沉的经

历、亡国丧子的悲痛都融于笔下，其笔势蓬勃而下、不滞于物；内心恬静优雅之余，则以长卷为抒情之作，其行笔静中有动、一气呵成。虽然王铎的长卷书法作品有很多应人之作，但仍不失为值得称赞的佳作。

世人喜爱王铎书作，首推其行草书。王铎的行草书作品在日本颇受欢迎，甚至有"后王（铎）胜先王（羲之）"的美誉，王铎也由此得以与"书圣"齐名。中国草书艺术经历了不断发展变化的两千多年。行草书的发展至明清之际，各种创作表现技法均得到了充分的发挥，王铎正是这种具有创造性的古典草书的集大成人物。在明代中后叶浪漫主义书风的影响下，王铎以自己的胸臆化古法于笔端，线条遒劲苍老，艺术风格具有个性特征。如将其行草线条与明代另两位草书家徐渭、祝枝山做比，则他的遒劲既有异于徐渭的粗放，也有别于祝枝山的生辣。明末清初的草书，大都纵笔以取势，可是王铎运笔，却是纵而能敛。因此，王铎的行草以沉雄顿挫为主体，以飞动变化为用，达到较高的艺术境界。汤大民总结过王铎的行草书作和其内涵，指出他的行草书无论是手卷还是六尺长条，都是飞腾跳掷，纵横捭阖，大气磅礴，以雄强的笔力，奇诡怪异的体势，酣畅淋漓的墨彩，表达了大起大落、汹涌激荡的情绪和心境。在他的作品中可以感到狰狞、怪诞、狠鸷、险幻的粗犷美、阳刚美，感到一种掀天揭地、踏倒古今的欲望，一个充满焦灼、苦闷、颓

王铎《拟释智永帖》（局部）之三

唐、狂逸乃至绝望的不安灵魂。他的书法是忽正忽斜、忽雅忽野、大整大乱、既丑且美的多元矛盾统一的审美组合，是乱世之象，末世之征，当哭的长歌，绝哀的欢叫。

　　行草之外，王铎众体兼修。王铎的楷书以魏晋笔法为根基，取法唐人又自抒胸臆。主要吸收了颜柳风骨，表现出古拙的风格，用笔劲健而利落，显现出大方、洒脱、铁骨铮铮的气度，把自我的个性融会于其书作之中，形成自家的风貌。可惜的是，王铎所书楷书作品不多，传世者皆为稀世珍品。如王铎大楷《善建城碑》，雄强宽博，丰筋多骨，出自颜真卿、柳公权之法。清张庚评其楷书："觉斯为袁石愚写大楷一卷，法兼篆隶，笔笔可喜，险劲沉着，有锥沙、印泥之妙，文敏当逊一筹。"王铎书《李成小寒林图楷书跋》，凡五行，字迹稍大，楷法与运笔出自于唐颜鲁公之法。其势雄浑，如巨石当空，大气磅礴，刚毅之气照人。此题跋作于清顺治三年（1646），王铎时年五十五岁，当是其晚期楷书少见之佳作。再如王铎小楷《跋宋拓淳化》，清劲秀润，古朴典雅，大巧若拙，具有篆隶笔意，实出自钟太傅的《贺捷》诸表。小楷《题画诗》作品，给人一种苍郁雄畅的韵趣。此为顺治七年（1650），王铎五十九岁时跋自作山水册页。凡十二行，共一百六十字。此作运笔不求其温润、精粹，整篇多为楷书结构，又间以行书笔，顿挫分明，结体严整，时而杂以欹侧；字形以瘦长为主，又偶以扁平参与其风，其用墨不类于明人小楷那种润泽，而是偏于浓墨枯笔，但行笔涩而不滞，表现出一种苍劲老辣的墨韵来。又如《王维五言诗楷书卷》，此诗卷无论是字形的大小、结构、字画、字距，皆给人一种奇特的感受。字迹看似生涩笨拙，然细观却又觉涉笔成趣。结体多险劲奇古，既有颜体的浑厚，又有汉碑和篆书的刚健古朴，这正是王铎大胆创新的体

王铎行书《忆过中条山语轴》

现。王铎的书法是全面的，他的楷书小者高古纯朴，大者苍劲大度。小楷以阁帖中钟繇为家法，《书画合璧册》里所临《贺捷表》，用笔淳厚、章法茂密，字形呈扁方，稍存隶书韵味，与魏晋人的形神相通。在笔画细部，刻画精

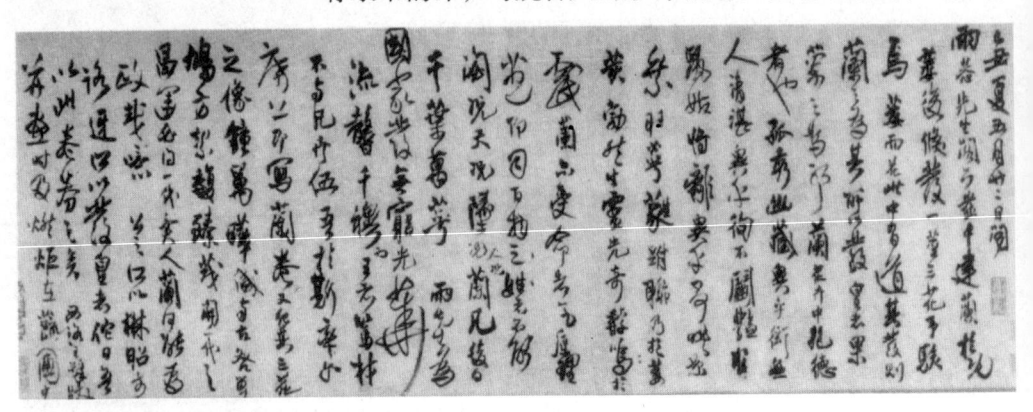

王铎《题枯兰复花图卷》（局部）

王铎《山水图》（局部）之一

微，而且一波一磔，劲健圆浑，融汇唐人法度，更见新意。

　　王铎曾云："书未宗晋，终入野道。怀素、高闲、游酢、高宗一派，必又参之篆籀、隶法，正其讹画，乃可议也。慎之！慎之！"由此可见，王铎对于篆隶书作也持肯定态度。王铎对于篆、隶两种书体进行细致的研究是在其晚年。广义的篆书更是包括隶书以前的所有书体，如甲骨文、金文、石鼓文、六国古文、小篆、缪篆、叠篆等。狭义的篆书则专指秦统一之前诸侯列国异体文字的"大篆"和秦统一后的"小篆"。隶书又称汉隶，字体略呈宽扁，横画长而直画短，呈长方形，讲究"蚕头燕尾""一波三

王铎《山水图》之二

王铎律诗（局部）

折"。隶书起源于秦朝，在东汉时期达到顶峰，书法界有"汉隶唐楷"之称。这两种书体的产生时代相对较早，王铎主要研究这两种书体间架结构和笔画特征，而很少去临习其书帖，因为王铎研究篆书和隶书的最终目的是要为其"法古"汲取营养，形成属于自己的书法风格。王铎的其他几种书体作品中，大多透出浓厚的法古气息，这种气息得益于王铎融篆隶于行楷的精妙构思和手法。王铎的隶书作品比楷书还少，得以传世的是《隶书三潭诗》[①]。此作品笔法取自汉代《鲁峻》《衡方》两碑，用笔率意，体态自如，无后世写隶书的习气。卷尾王铎自题："素予未书隶，寓苏门始学汉体。"

除了书法作品之外，王铎还精于作画，擅长山水和梅兰竹石之作，人物画则极少见，而且画法较为简略、写意。山东省济南市博物馆收藏的《雪景竹石图》是王铎为睢阳袁枢精心创作的一幅雪竹作品，也是目前传世不多的王铎画作精品。他的画主要继承了五代的荆浩和关同的风格，王铎的作品丘壑高峻，气势雄伟。同时他也吸收董源和王维的画法，主要以水墨晕染为主，皴擦不多，略施淡色，山川显得厚实雄伟，生机勃勃。他的山水画景色比较写实，山石的造型方峻，勾皴相间。王铎以元人的笔墨技法画出了宋人味道。

能书善画的王铎在我国古代书画史上占有重要的位置，令人因王铎的书法而推崇其

---

① 《隶书三潭诗》，辽宁省博物馆藏。

人，又因其人而爱其画，不过在多数情况下，王铎的身份仍然是一位伟大的书法家。王铎及其书法作品的伟大之处不仅仅在于其过人的天赋，更重要的是其学习书法数十年如一日持之以恒的精神。王铎曾说："予书何足重，但从事此道数十年，皆本古人，不敢妄为。故书古帖，瞻彼在前，瞠乎自惕。譬如登霍华，自觉力有不逮，假年苦学，或有进步耳。他日当为亲家再书，以验所造如何。"纵观王铎一生，其学习书法始终以古为尊，对以二王为代表的前代大家，王铎即使在批评其作品时，仍然怀着一种谦虚的态度。此外，王铎勤奋向学，对书法矢志不渝的精神也是其成功的关键。

正是这数十年的法古和毕生的探索，造就了"明季书坛的中兴之主"，造就了"唐怀素后第一人"，造就了中国书法史上堪与"书圣"比肩的"神笔王铎"。

第七章　师法二王　神笔扬名

将王铎尊为明代书坛的中兴之主是从书法发展史的角度来看的。明代书坛以董其昌和王铎二人的书法最具代表性，同样是学习二王，同样精通草书，两人的书法风格却有着较大的差别，这与两人的平生经历以及政治态度有着密切的联系。

董其昌出身贫寒，但他在仕途上是非常幸运的。万历十七年（1589），三十四岁的董其昌得中进士，之后便平步青云，数年之间官至南京礼部尚书、太子太保。董其昌生于明嘉靖三十四年（1555），卒于明崇祯九年（1636）。如前文所述，董其昌生活的年代，明王朝的政局已经出现了危机，但政权尚属稳固。身为大臣的他不需要为如何挽救朝廷的颓势而殚精竭虑，也不会因为眼睁睁地看着自己辅佐的皇帝退位、王朝灭亡而承受沉重的心理打击。对于他来说，为官有一个基本的原则——只要政局稍有波澜就坚决辞官归乡。在这一原则的指引下，董其昌曾先后多次辞官、复任。对于董其昌的这种从政态度，有人称赞其"精明过人"，也有一部分人指责其"奸猾而无大志"。与董其昌相比，王铎的仕宦经历可谓一波三折。王铎亲身感受了明末政治的极度黑暗和混乱，又亲历了崇祯皇帝的自缢和明王朝的覆灭，寄托其所有希望的南明朝廷被剿灭后，他在万般无奈的境地中选择了降清。王铎的内心承受着无法想象的压力，但即便是在这样的高压情况下，王铎仍然坚持着自己的政治理想。他拒绝阉党高官厚禄的引诱，冒着官职被罢免的风险直言进谏，其性格之耿直、坚毅，由此可见一斑。

董其昌像

截然不同的经历造就了王铎和董其昌不同的性格，也影响到了他们的书法风格。董书飘逸空灵、舒缓平和。笔画圆劲秀逸，平淡古朴，用笔精到，始终保持正锋，少有偃笔、拙滞之笔；在章法上，字与字、行与行之间，分行布局，疏朗匀称。在董其昌书风的影响下，明代书坛出现了柔弱靡顿的弊端，明代书法进入了一个相对停滞徘徊的阶段。在这种停滞和徘徊之中，酝酿着一股反思的潮流，最终引领这股潮流走向的便是有"神笔"之称的王铎。王铎以"尊传统，尚古风"为起点，独尊二王，但又能结合自己的书法实践进行创新，重新审视和分析二王书法的精髓所在。他所临写的王羲之草书，较王羲之更为酣畅郁勃、沉着有力。王铎推崇力之美，突破了传统的"中庸"樊篱，独树一帜。其书风狂放不羁、洒脱自逸，用笔沉着痛快，纵横跌宕，更倾向于情感的倾泻。王铎书风与董其昌相比更具创新性和冲击力。在王铎书法盘曲、缠绕的线条中，能够明显感受到其与唐代张旭、怀素癫醉痴狂笔法的相通之处，但在癫狂之余，魏晋古朴的风气扑面而来，狂放与恬淡巧妙融合于王铎的笔下。这也是王铎能够继董其昌之后成为明代书坛最具影响的又一大家的原因所在。

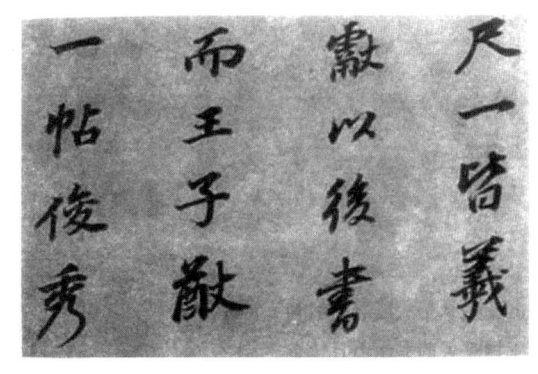

王铎曾自言："予书独宗羲、献。即唐宋诸家皆发源羲、献，人身不察耳。动曰'某学米，某学蔡'。又溯而上之曰'某虞、某柳、某欧'。予此道将五十年，轧强项不肯屈服。"[①] 王铎

董其昌《论书并书社杜甫诗》局部（之一）

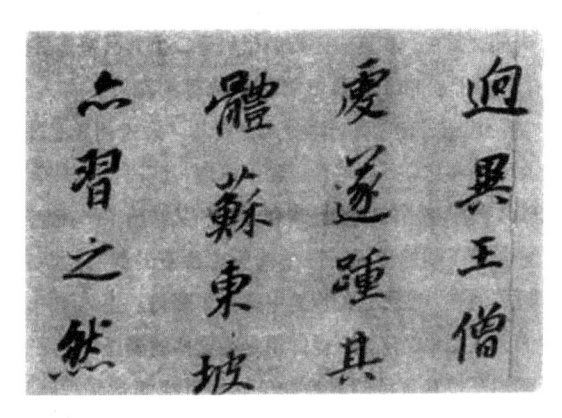

董其昌《论书并书社杜甫诗》局部（之二）

---

① 〔明〕王铎：《临淳化阁帖跋》。

多次提及自己的书法师法二王，但盲目以二王为尊，是不可能达到王铎这样的书法境界。从王铎上述这段书论不难看出，他对于历代书法大家都曾进行过细致入微的研究和对比。在此过程中，王铎对于二王的书法风格有了更加深入的理解，通过唐宋诸家所长反观二王书法精髓，这是王铎书法创作最大的成功之处。所谓"神笔"，是兼有二王之魏晋风骨及唐"法"宋"意"之精髓。

王铎书作数量惊人，逐一赏评，难免累赘拖沓。以下选择其不同创作阶段具有代表性的部分作品进行分析欣赏，一方面可以分析王铎不同阶段书法风格的特点，纵观王铎书法风格逐步形成的脉络；另一方面也可以综合分析王铎隶、楷、行、草等各种书体风格的不同及其内在联系。

1.《草书册》

《草书册》的落款为"甲子暮春"，说明此书为明天启四年（1624）所作。天启二年（1622），王铎金榜题名后一直逗留京师。天启四年正月，朝廷授王铎为翰林院检讨，并下诏命其返乡省亲。三十三岁的王铎在返乡后创作了《草书册》，这幅作品在一定程度上反映了王铎早期草书的基本风格。

通篇望去，此作气脉绵延不绝，与王献之笔法有着惊人的相似之处，说明此时的王铎对于王献之的笔法已经有了很深的理解，并将这种理解融于自己的创作之中。整幅书法的行笔快速、笔力猛劲，线条扁平与圆润相辅相成，字体大小错落有致，字迹隔行而不断，达到了"欲知后笔起，意在前笔止"的境界。因此，有人称王铎的《草书册》"实连多于意连，有大珠小珠落玉盘的趣味"。梁章钜在本册跋中说："孟津书法雄伟，足以推倒流辈，而间有习气未除。此卷则神动天随，几于化矣。吾乡张二水有其雄伟而飞舞逊此一筹，要皆为艺林绝技也。"雄伟、飞舞确实是王铎此作的两大特点，但"一气呵成"的笔意也不

第七章　师法二王　神笔扬名

王铎《草书册》（局部）之一

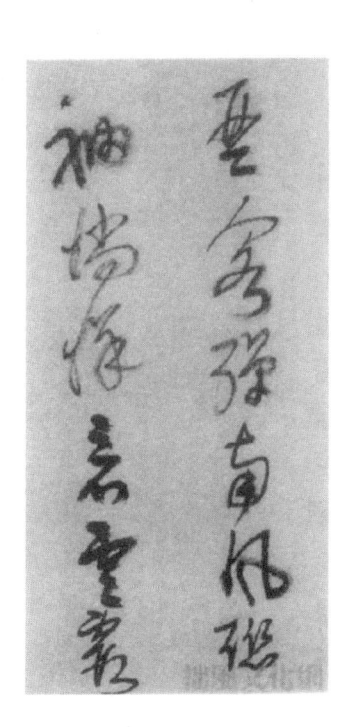

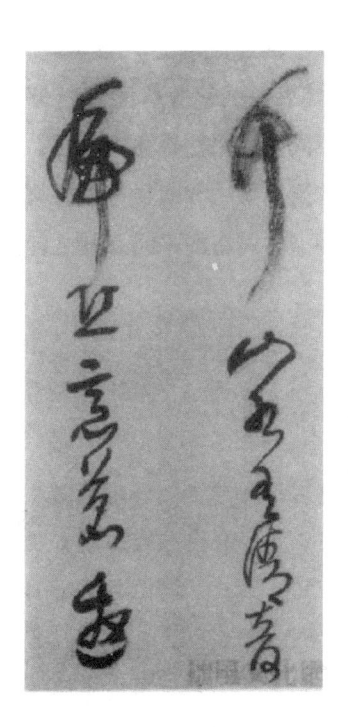

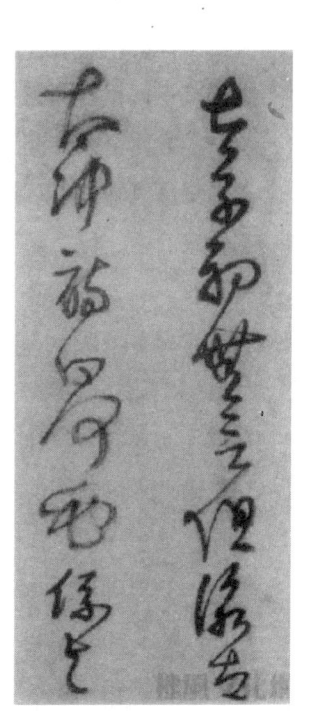

王铎《草书册》（局部）之二

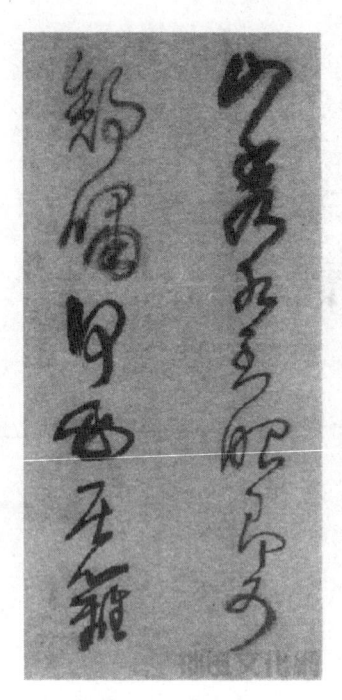

王铎《草书册》（局部）之三

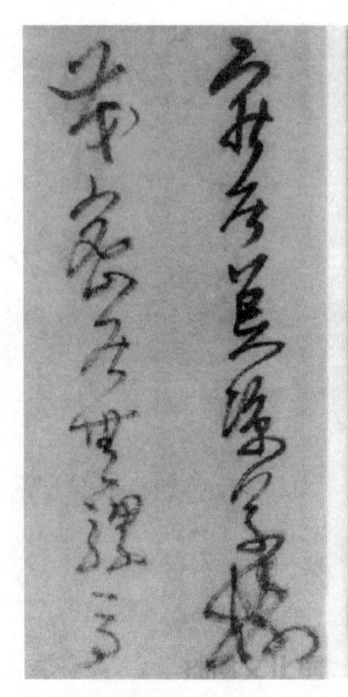

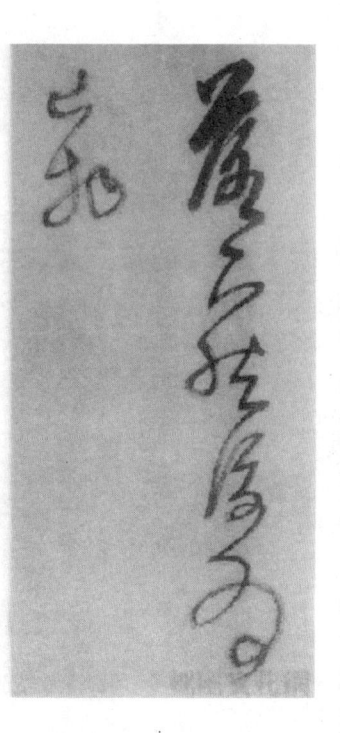

王铎《草书册》（局部）之四

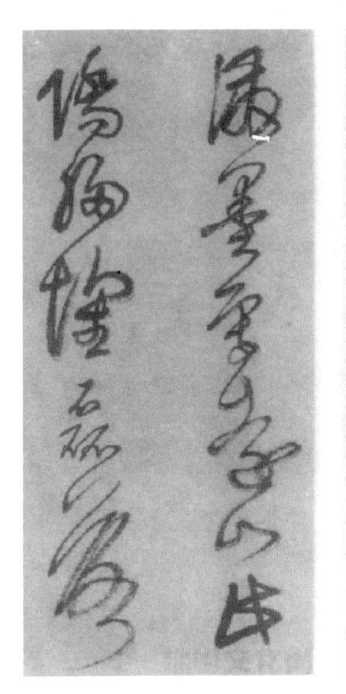

王铎《草书册》（局部）之五

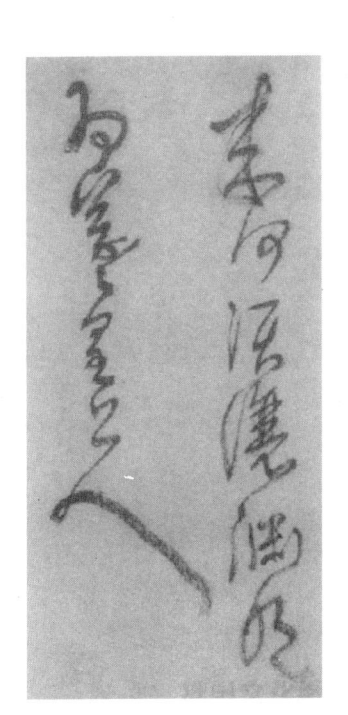

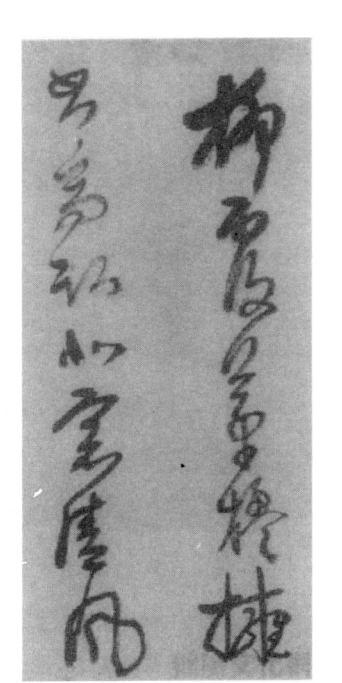

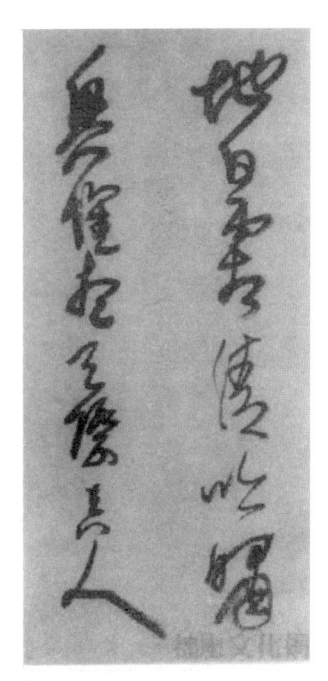

王铎《草书册》（局部）之六

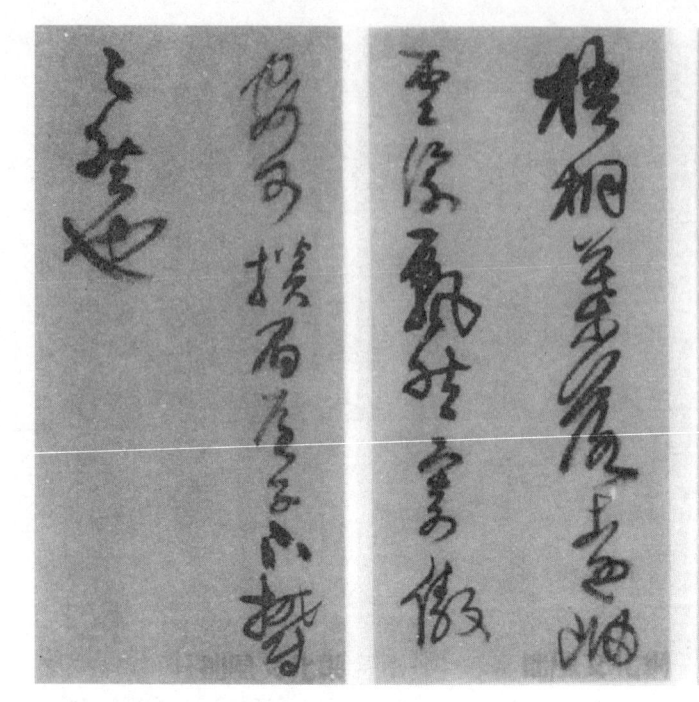

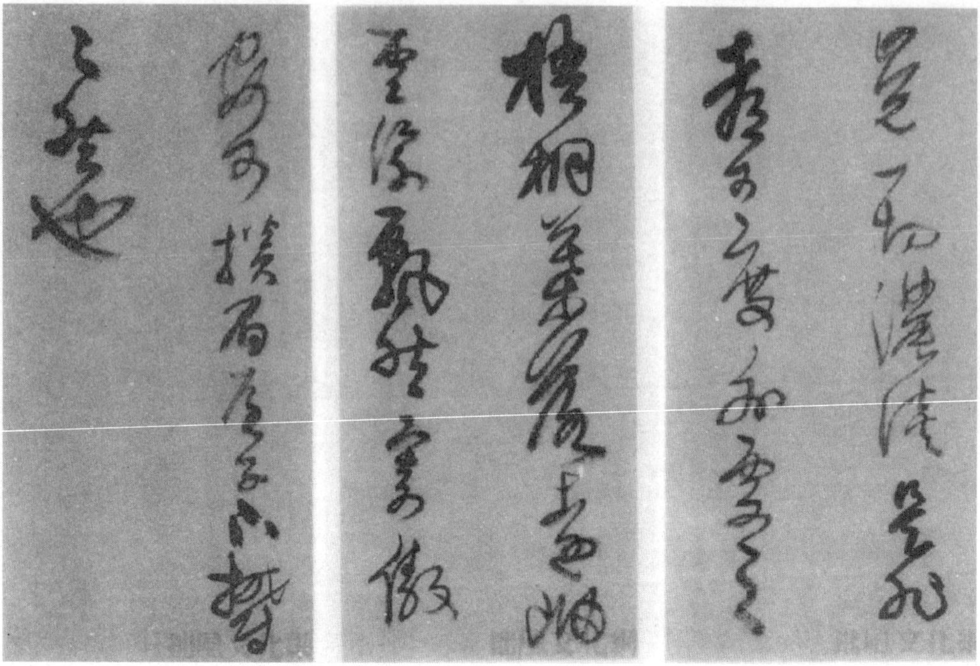

王铎《草书册》（局部）之七

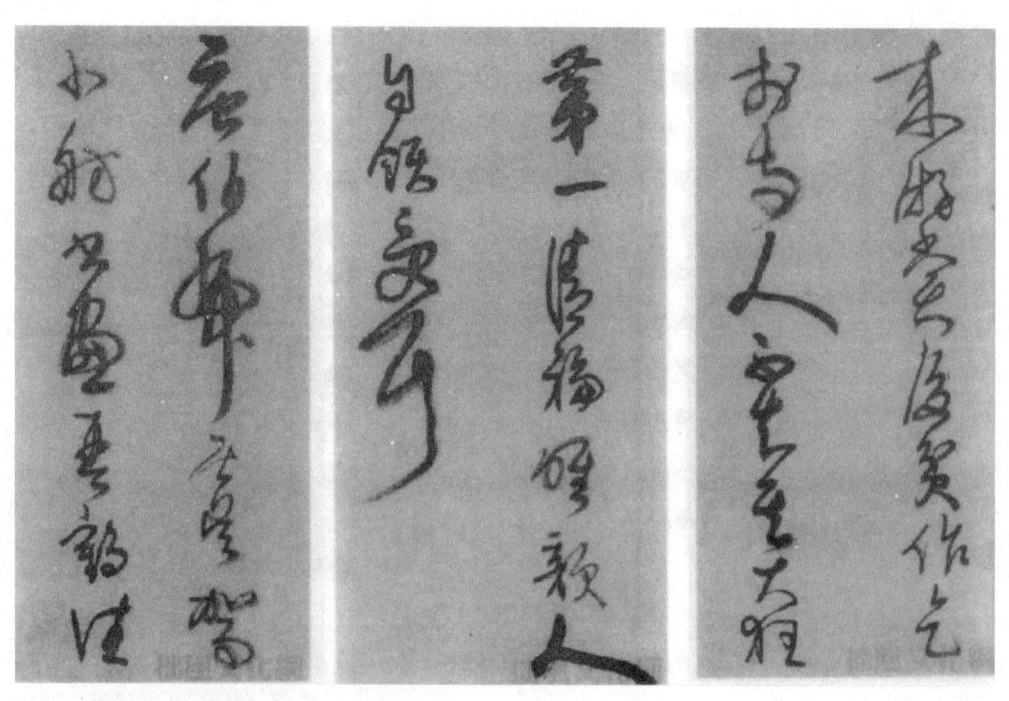

王铎《草书册》（局部）之八

王铎《草书册》(局部)之九

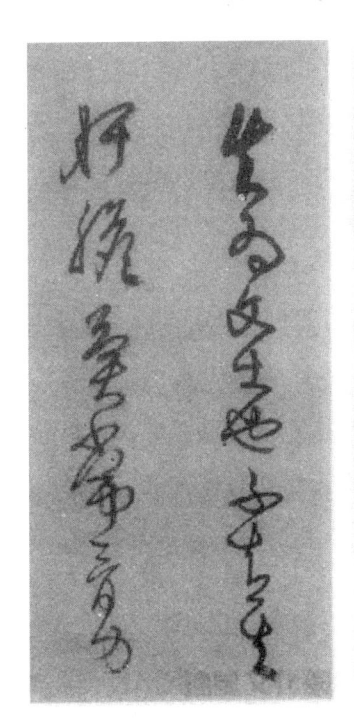

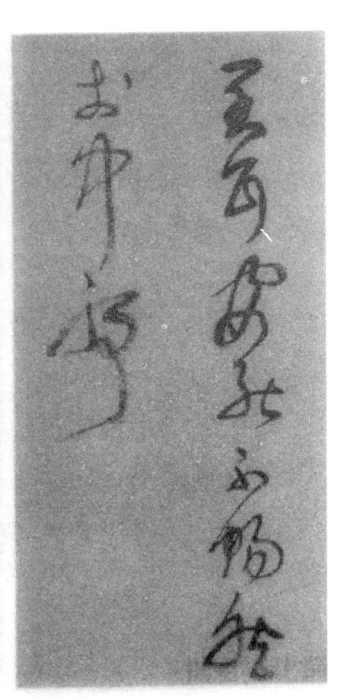

王铎《草书册》(局部)之十

第七章 师法二王 神笔扬名

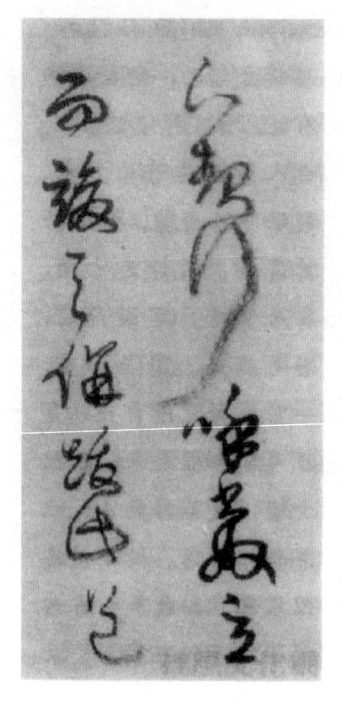

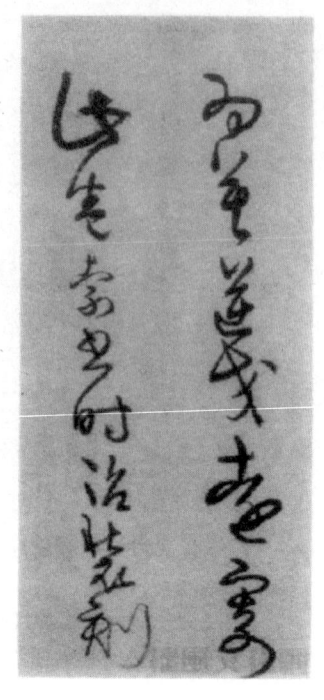

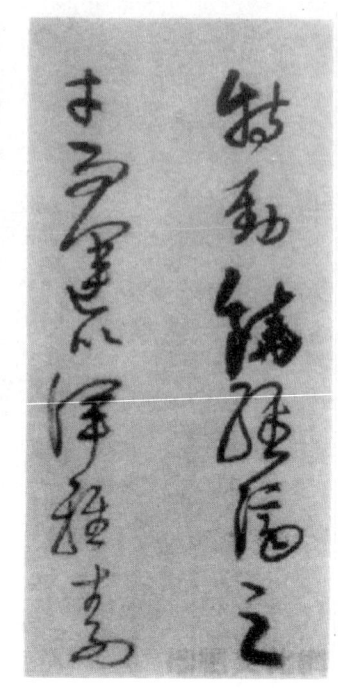

王铎《草书册》(局部)之十一

容忽视,通篇笔断而气连、迹断而势连、形断而意连的笔法巧妙运用更是此作的精髓所在。

释文:

当秋暮雨烟欲飞,鹤来高树,携榻登啸殊,开清兴眼明,游华林园,有称此中宜奏盛乐。太子初无言,但咏古今冲诗曰:"何必丝与竹,山水有清音。"虎丘烹茗,邀琴客弹南风。联袖徜徉,看云霞摇动,便自悠然有欲。当日有好怀袖手,古人诗云其青山秀水,到眼即可舒啸,何必居篱落下,然后为亡物。寂居荒凉,草树茂密,居无骡马。因与人绝,一室之内可以自娱。夏日荷发水槛香来,展玩古迹,泼墨写远山,此侨胸怀磊落。视五侯池馆笙歌,真成草头露柳覆茅檐。拥书高卧,北窗清风来,何须让渊明,为羲皇上人地。白霜清吟啸兴,怀想天际真人,觉一切浓淡是非都可度外处之，安可攒眉屋子下郁郁然也。梧桐叶落远，岫云浮飘然。寄傲第一清福，惟韵人自领受耳。唐伯虎居吴驾小舫，书画琴鹤往来游赏。后贫作乞于寺，人不知其大狂高隐为玩世逸。流得意花供数枝，好友高谈世外事，抱膝把酒，看西山爽气，听钟声至耳，安能不畅然于中耶。䌹卿年兄，冲襟雅度，文藻烟云，人知为文士也。不知其肝胆异常，骨力特劲，饶经济之才，而运以浑雅。素为莫逆交，远寄此卷索书。时治装刻下起行，呼书奴，立而竣之，并跋此，道我辈一段精神耳。

甲子暮春洛下王铎

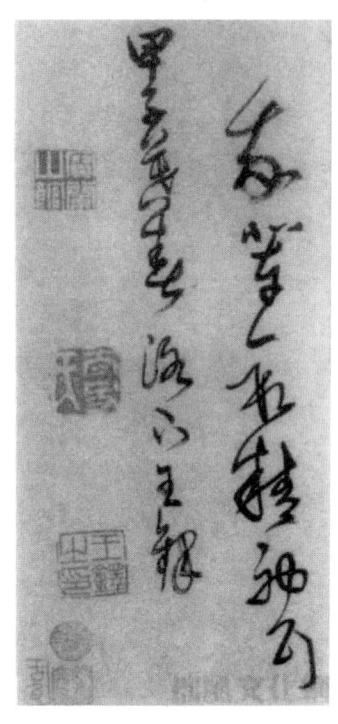

王铎《草书册》（局部）之十二

2.《草书录语》

《草书录语》是王铎书法风格初步形成时期的代表作品。落款为"庚辰夏宵奉王铎"，由此可知其为崇祯十三年（1640）的作品。此时的王铎已经四十八岁，经过多年的临帖和创作，王铎对于腕力运用的技法日趋成熟，每次提笔在手，总要思索片刻，以意布局之后方才下笔。运笔则善于转折变幻，韧力实足。

此作为行草书，整体观之，字体几乎没有大小的差别，相对规整。行笔之间以意相连，笔墨丰润，少有枯笔。变幻主要蕴于笔画的短长、肥瘦之中。如文中两次出现的"自"字，一肥一瘦，肥者墨轻而不臃，瘦者墨重而不涩，由此两字各具韵味。"合""宋""仰""景"等字的行书笔迹相对较弱，已近于楷书，但却天衣无缝地融合于通篇之中，并不显得突兀。由此可见，王铎对于笔法的运用已经达到了一定的境界。

释文：

云之为体无自心，而能□合电章，霜被天下，自彼盘古周有衰歇之贶。宋公以岱云别号，不独仰景泰翁也。嘘枯洒润，□田文明，其望熙高非棘欤。

庚辰夏宵奉　王铎

3.《王屋图诗卷》

《王屋图诗卷》是王铎降清后的作品，也是王铎草书风格成熟阶段的代表作品，现藏于天津博物馆。如前文所说，王铎穷尽毕生之力学习二王，但在"师古"的同时，王铎也在不断地寻找"立新"的途径。晚年的王铎由于书法实践经验的丰富，由前期的"初学条理，必有所事"进入了"终及通会"的境界。细观此卷，王铎在行笔上与王羲之、王献之已经有了很大的区别，得其意而忘其象，手随心动，穷变态于毫端，合情调于纸上。用墨苍润，布白参差错落，纵逸之中含有稳健，沉郁之中富有灵性，从中可以看出他集数十年的功力，熔二王、李北海、颜真卿、怀素、黄庭坚、米芾、赵孟頫于一炉的化境。如此长卷一气呵成，通篇心手相应而无学二王之态，表现出了王铎书法学二王、师于古而又胜于古的独特风格。

释文：

送自玉

六载宅频移，汝归不必悲。

笙镛俱歇处，哭泣独存时。

有鹿堪为伴，河淡不可期。

微官终代谢，村酒带品篱。

王铎《草书录语》

自玉归寄题王屋解嘲

云峰久与别，薄禄复燕都。
落日空原上，幽山似怨吾。
花林春事早，鱼浦兴情孤。
寄语西王屋，茗华举举无。
人事多遗虑，终朝独静吟。
敢言巢父逸，空负食牛心。
伊洛风尘扰，衣裳虮虱侵。
火山与瘴土，翻觉林深远。

梅公临行邀予过斋中（其一）

归心去已久，行色更如何？
徐孺曾相吊，柴桑又一过。
鼍声彭蠡静，猱路弋阳多。
料得怀思处，岩云欸乃歌。

梅公临行邀予过斋中（其二）

待到秋江日，秋江到处花。
戍旗无海盗，村庙下神鸦。
溢浦橙香熟，鹅湖月影斜。
安安垂骨健，休忘送驴车。

一任

一任愁烟举，狂夫卧小斋。
北燕回气候，数日不阴霾。
清庙为吹籥，圆丘俟集紫。
况闻勤恤口，休沐学无怀。

听南蛮语

海南多异事，远道未经传。
市易玻璃货，家携茗石弦。

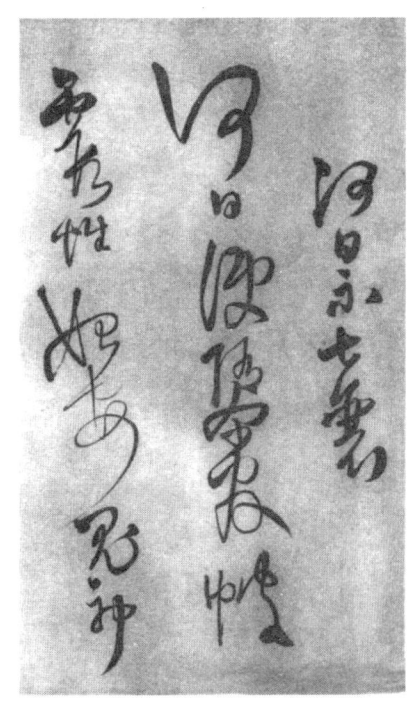

王铎《王屋图诗卷》局部之一

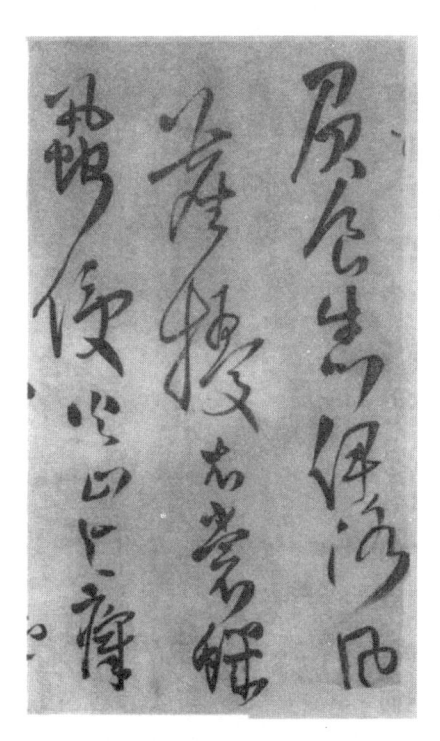

王铎《王屋图诗卷》局部之二

穴峒疏泉细，架海种高田。
雪色何曾见，獉獉只醉眠。
跣足虚房内，草香气已深。
画观诸洞相，书见至人心。
款客捎时果，善言假古琴。
逸形天步移，玄秀峭阴阴。

何日示七襄
何日便骖官，帔霞性始安。
鬼神恭受篆，星斗护加餐。
远峒逃苍兕，清晨漱白湍。
桃花容欲非，天柱亦无难。

心存
心存灵异迹，往往忆榛丘。
世事今初定，吾情外敢求。
元龟韬石础，老鹤夸沧州。
酸楚木瓜岫，悠悠复几秋？

京中昼夜不闲，自玉亲丈来，犹作一画二长卷，可谓暇且整矣。丁亥夏四月初五夜书近作博正。

孟津王铎时年五十六

4.《突兀岩峦气五律条幅》

《突兀岩峦气五律条幅》题为辛巳年，即明崇祯十四年（1641）的作品，现藏台湾何创时书法艺术馆。此条幅书体介于行草之间，且与王铎多数作品风格略有差异。王铎行书及草书的最大特点在于笔力强劲和行笔迅速之间的巧妙结合，其草书或烟收雾合，或电激流星，或如岩谷相倾于峻险，或如山水各务于高深。但是《突兀岩峦气五律条幅》给人的整体感觉

王铎《王屋图诗卷》局部之三

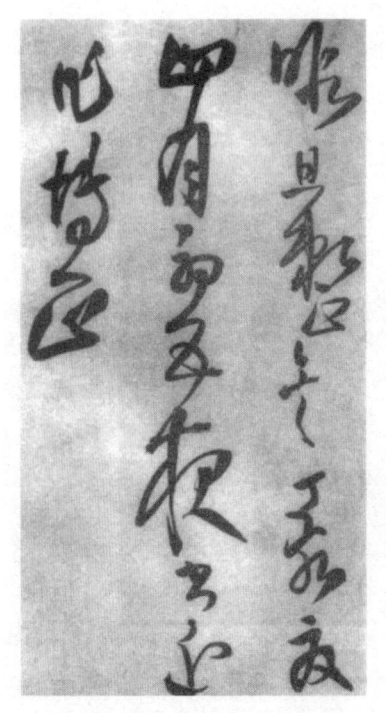

王铎《王屋图诗卷》局部之四

却没有如此强烈的跃动和节奏,其悬管聚锋与柔毫外托相结合,外拓内伏的相辅相成使得笔锋的收藏有度,在相对平淡沉稳的行笔过程中,仍然能够看出王铎笔墨浓淡与行笔缓急之间的巧妙配合。

有人称草书的结体贵在一个"偏"字,上可偏高偏低,下可偏长偏短,左右则又有偏争偏让之别。在此条幅中就很难看到大开大合、嚣张跋扈的"偏"笔,更多的是字与字之间、每个笔画之间的流通照应和笔意连绵,虽为行草书体,却似乎暗藏着"唐楷法度",气势轩昂、超于鸿蒙。

释文:

突兀岩峦气,息深无动容。自能同雪床,不欲受人封。宇宙劳蛇蝎,风雷夹烛龙。虚堂安可阙,茨怪奋石淙。观史念冲壁,上仰生画松。

　　　　荆岫老亲契教之　辛巳八月作王铎具草

5.《延寿寺碑》

《延寿寺碑》是王铎学习柳体的代表作,也是能够体现王铎楷书风格的典型作品。柳公权楷书以"骨力"见长,朱长文称:"公权正书及行楷皆妙品之最,草不失能。盖其法处于颜,而加以遒劲丰润,自名一家……尝书京兆西明寺《金刚经》,有钟、王、欧、虞、褚、陆诸家法,自谓得意。"董其昌则称:"柳诚悬书,极力变右军法,盖不欲与《禊帖》面目相似。所谓神奇化为臭腐,故离之耳。凡人学书,以姿态取媚,鲜能解此。余于虞、褚、颜、欧,皆曾仿佛十一,自学柳诚悬,方悟用笔古淡处。自今以往,不得舍柳法而趋右军也。"

历代楷书以唐代为最,唐楷之中则首推"颜筋柳骨",但颜、柳的楷书结体和运笔差别十分明显,颜书平和,柳书险劲,然而都不失端庄沉着之态。柳体法度谨严,精魄强健,或极露筋骨,或凝练温恭。其笔法与结构极精练而凝重,结体布局平稳匀整,保留了左紧右

王铎《突兀岩峦气五律条幅》

王铎楷书《延寿寺碑》(局部)之一

　　舒的传统结构。运笔方圆兼施，运用自如。笔画敦厚，沉着稳健，气势磅礴，如"如辕门列兵，森然环卫"。因此历来学习楷书之人，往往以柳为师，王铎亦是如此。

　　王铎所书《延寿寺碑》，笔笔如刀，体势劲媚，着力极深，骨力强健。《延寿寺碑》最似柳体之处在于其横细而竖粗的笔画，这种"瘦硬"的特点正是柳体书法的精髓所在。但是王铎的楷书在师法柳体的同时，也具有自己的独到之处。从《延寿寺碑》可以看出，王铎将"颜筋柳骨"糅合于自己的字体之中，做到了"骨涵于内而筋不外露"，虽不及柳公权之书工整，却表现出另一种楷书之美。

王铎楷书《延寿寺碑》（局部）之二

王铎楷书《延寿寺碑》（局部）之三

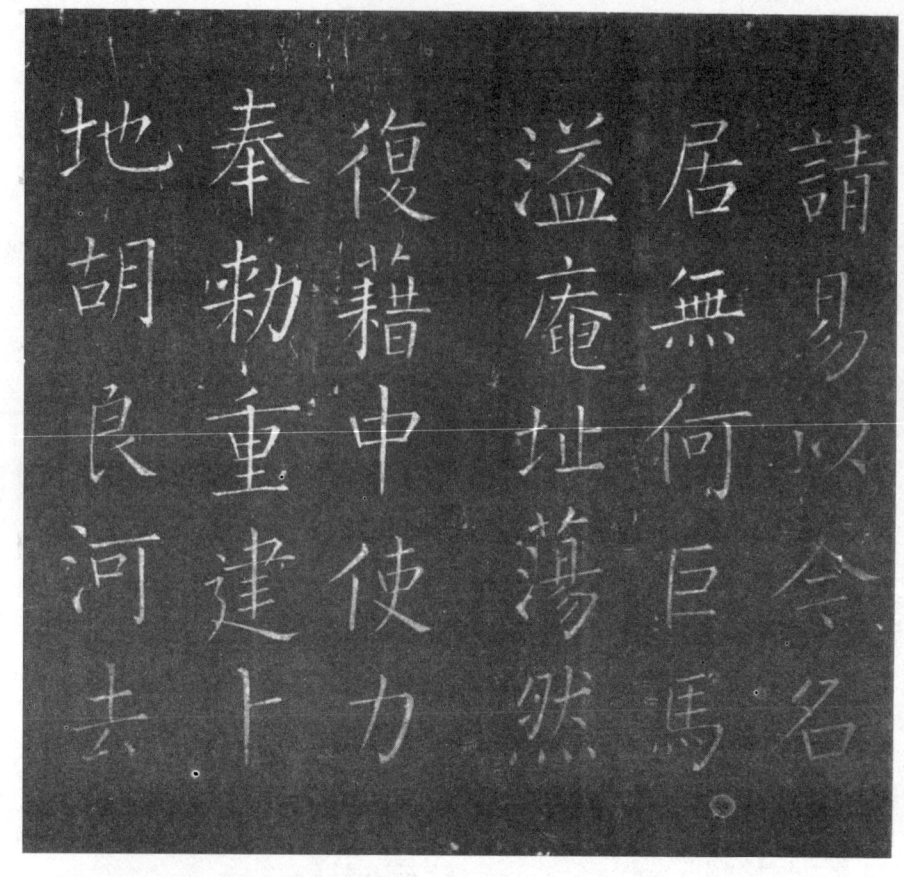

王铎楷书《延寿寺碑》（局部）之四

其实楷书和行草之间存在着密切的联系，正如唐代书法家孙过庭所说："草不兼真，殆于专谨；真不通草，殊非翰札。真以点画为形质，使转为情性；草以点画为情性，使转为形质。草乖使转，不能成字；真亏点画，犹可记文。回互虽殊，大体相涉。"王铎对草书、行书和楷书都进行了细致的研究和对比，找出了楷书与行草书之间的同一性和差异性。在此基础上，他将自己对于行草书的领悟应用于楷书的创作之中，才写出了流传至今的《延寿寺碑》。

6.《隶书三潭诗卷》

此卷题为甲申春正月所作，即明崇祯十七年（1644），是王铎隶书代表作品，现藏辽宁省博物馆。隶书是一种相对庄重的字体，书写效果略微宽扁，横画长而直画短，讲究"蚕头燕尾""一波三折"。它起源于秦朝,在东汉时期达到顶峰,书法界有"汉隶唐楷"之说。魏晋以后的书法,草书、行书、楷书迅速形成和发展,隶书虽然没有被废弃,但变化不多,出现了一个较长的沉寂期。王铎生活的年代,隶书不是书法的主流,所以学习隶书之人并不多,王铎的隶书作品相对于其他书体来说也较少。

王铎《隶书三潭诗卷》(局部)之一

王铎《隶书三潭诗卷》(局部)之二

王铎《隶书三潭诗卷》（局部）之三

王铎《隶书三潭诗卷》（局部）之四

《隶书三潭诗卷》是王铎五十三岁时的作品，此时王铎的书法已经炉火纯青、臻于化境，虽然他的隶书在明末清初书坛并没有产生很大的影响，但仍是极具特点的书法作品。从《隶书三潭诗卷》可以看出，王铎隶书的特点在于师法汉隶，糅合楷、行、草等书体于其中，其用笔变化多端，下笔力在字中，行笔提运紧收，住笔凝重顿挫。隶书素以圆笔为主，但在此诗卷中"潭""肃""地"等字则间或以方笔书之。结体虽然符合传统隶书的扁平，但又更加夸张，肥瘦大小参差欹斜，于庄严中透出率性。章法方面更是别致，一改汉隶通篇规整的风格，以字体的大小和疏密布局，如"声""灏"二字的笔画虽多，却写得相对宽泛，其间夹以笔画较少的"玄"字，主次相辅，呈现出错落有致的均衡感。王铎的隶书虽然在当时并没有产生重大影响，但清代中期之后，在碑学复兴浪潮中，隶书再度受到重视，郑燮、金农等著名书法家的隶书与王铎隶书的风格存在着一定的继承和创新关系。

释文：

《三潭》：地灵深秘势峥嵘，倚石肃然旅魄惊。雷声响砰轰霖雨蓄，神共摩荡药苗荣。即观元气同开辟，岂与寒泉共死生。怪岛休将人境说，栖真玄灏有天声。

予素未书隶，寓苏门始学汉体，恨年异壮，学之晚。虽然，羲之、高适五十可也。

王铎　甲申春正月　为顺后郝亲文书求教

王铎《隶书三潭诗卷》（局部）之五

附录一：王铎生平年表

明神宗万历二十年（1592）

1岁

王铎诞生于河南孟津邑双槐里。据《明季南略》记载，王铎"河南孟津籍，山西平阳府洪洞人"。

明万历二十二年（1594）

3岁

二月，皇太子常洛出阁讲学，时年十四岁，出阁用东宫仪，中外欣慰。

王铎三妹生于是年。

明万历三十二年（1604）

13岁

王铎始临习王羲之《圣教序》

明万历三十三年（1605）

14岁

王铎始读书，古文数篇而已。

明万历三十四年（1606）

15岁

王铎舅陈具茨缔社于乡里，王铎从之学文。

明万历三十五年（1607）

16岁

王铎入庠读书，时家境益窘迫，生计维艰。

与孟津东二十里花园村马氏之女结婚。妻马氏长王铎两岁，岳父名马从龙，字云合，河北香河知县。在经济上，王铎多得妻马氏及岳父马从龙接济。

四弟王镆生。

明万历三十七年（1609）

18 岁

王铎就学于山西蒲州河东书院。

福建、浙江、江西大水，四川、河南、陕西、山西旱，畿内、山东、徐州蝗灾。

明万历三十八年（1610）

19 岁

三月，廷试赐韩敬、马之骐、钱谦益及第。

王铎岳父马从龙辞官返里。

明万历三十九年（1611）

20 岁

王铎家田仅十三四亩，贫困时不能一日两粥。舅父陈具茨时相资给。

长子无党生。

明万历四十年（1612 年）

21 岁

八月，王铎以禀膳生员赴乡试不中，友人吕维祺举于乡。

明万历四十一年（1613）

22 岁

嵩山之内有王铎书屋，当时或就读于此，有诗作《嵩山》五律两首。

友人吕维祺中进士。

明万历四十四年（1616）

25 岁

春，畿内、山东、河南大饥，河南农民义军起。

王铎肄业于西烟寺，得大司寇乔鹤皋器重，令弟子受学于王铎，赖之资给，得以度过荒年。

家中园田产两棵灵芝，因名曰"再芝园"。

明万历四十七年（1619）

28 岁

是秋，王铎读书于邑西谷献山之陈荩吾山庄。

舅父陈具茨中进士。

明万历四十八年（1620）

29 岁

七月，明万历帝崩。

王铎之姊病故。

明天启元年（1621）

30 岁

八月，王铎中乡试，时在开封府。

冬，为应明年会试，王铎已至京师，寄寓于京城报国寺东庑，舅父陈具茨至报国寺会见王铎，当晚并同宿于报国寺中。

明天启二年（1622）

31 岁

三月，王铎参加殿试，名列二甲第五十八名，赐同进士出身。与倪元璐、黄道周同改庶吉士，三人因爱好趣味相投，从此成为至交，人称"三株树"，又因三人与阉党势不两立，又称"三狂人"。

明天启三年（1623）

32 岁

正月十五日夜，同倪元璐、傅寄庵、许明苍游灯市，有诗记之。

次女相生。

明天启四年（1624）

33 岁

正月，王铎受翰林院检讨。倪元璐、黄道周授翰林院编修。

之后，王铎返回孟津省亲。

四月，舅陈具茨卒，王铎于病榻旁为其送终。

季冬，有陆浑山之游，继沿伊水北上，过龙门，登香山。

明天启五年（1625）

34 岁

以魏忠贤为首的阉党诛杀异己，杨涟、周朝瑞、左光斗、顾大章、袁化中、魏大中六君子相继下狱死。

王铎身在京城，但因人单势孤，无法与阉党势力相对抗。

十一月十二日，于"蜀亭老先生"斋中临《兰亭序并律诗帖》。

明天启六年（1626）

35 岁

正月，秉魏忠贤意，修《三朝要典》，顾秉谦为总裁。王铎也被任命参加此书的编修，他与黄锦、郑之玄等人联合辞修《三朝要典》之事，以示对阉党的不满。

春日经筵文华殿，王铎为侍从之官。

袁崇焕破清军于宁远，王铎喜作《丙寅宁远捷》七律二首。

明天启七年（1627）

36 岁

八月，熹宗崩，其弟朱由检即位，以次年改元崇祯。

五月，王铎任福建考试官，由东直门出京城，经山东兖州之汶上，继沿运河达杭州府，沿富春江历岩州府之建德、衢州府之两安，后取陆路至玉山、广信、铅山而入福建境内。

冬，取路返里，恰遇岳父马从龙卒，王铎为其料理丧事后匆匆返京。

明崇祯元年（1628）

37 岁

魏忠贤被处死，其授意编修的《三朝要典》也被焚毁。

王铎在京城，充"皇陵陪祀"职，陟翰林院侍讲职。

夏，返里，修整"再芝园"并将其更名为"拟山园"。

十一月，后金大举入寇，陕西饥民也因连年天灾人祸发动起义，以高迎祥、李自成两支势力最大。明朝处于内忧外患之中。

明崇祯二年（1629）

38岁

重阳节，同乡里友人登览邙山，并游郦山之阴龙洞。

年底，返京，途中曾投宿于距卢沟桥二十余里的良乡枣长店。

明崇祯三年（1630）

39岁

五月，王铎请假告归乡里。某日，约友人及二弟仲和、三弟子陶等相聚于孟津城外一里的柳寺。集会上，王铎舒毫染翰，书写个人吟咏的诗作。

八月初六日，与友人有洛水之行，当晚，至洛阳白马寺。

九月十六日，王铎与张鼎延、邢舜玄二亲家同登金门山顶，遇雨少留山中。

同月，与家人、亲友经伊水而至少室山，于此暂住。初冬，返孟津。

明崇祯四年（1631）

40岁

五月十三日，出行邯郸，曾拜"黄粱祠"。

冬，河南孟津一带积雪五尺，百姓多冻馁而死者。王铎为之心忧。

明崇祯五年（1632）

41岁

王铎奉旨出使山西潞安府，封潞安六合王，途经安肃暂住，抵潞安府时在六月十五日，事毕，经太行返里。

河决孟津，百姓溺死无数，王铎作五言律诗记其事。

因农民起义军高迎祥等部连破山西州县入河南事，王铎作七言诗八首以抒忧虑之情。

明崇祯六年（1633）

42 岁

王铎同家人、奴仆等十余人起程赴京。取道郑州，三月二十一日，从封丘一带渡河，从长垣入河北；三月二十八日，至河北开州府，应开州守王复邀请，宴饮于王复朴园亭。

四月，抵达北京，暂居于友人冯祯卿之绿雪园。

秋冬之际，任右春坊左谕德职。

明崇祯七年（1634）

43 岁

王铎在京城，闲暇之余常外出走访游历，时常有人慕名而来，上门求字，王铎无不应允。

明崇祯八年（1635）

44 岁

王铎任右庶子，王铎曾先后于涿县、洛阳、孟津等处逗留，并曾携家人游邙山，并作诗记之。

后因与辅政大臣温体仁、吴宗达等人政见不合，自请调任掌南京翰林院事，以避其锋芒。十二月，率家人、奴仆赴南京上任，始乘舟沿黄河东下，在河南东部之虞城登陆，由虞城而夏邑，由夏邑而水城，由水城而宿州。

明崇祯九年（1636）

45 岁

五月，皇太极改国号为"大清"，改元崇德。

正月，王铎及家人一行抵达南京，在南京期间，王铎曾与张湛虚、屈静原等人游览牛首山、燕子矶、普德寺等名胜。

十月一日，王铎与家严、家慈、二妹、四弟镆及奴仆七八人有池河之行，路遇农民义军，时值傍晚，且战且走，仓皇奔逃一夜。

友人朱五溪、长子无党自孟津来南京会王铎，与吴飞卿同游。

明崇祯十一年（1638）

47岁

正月，王铎晋詹事职。

二月七日，太子出阁，王铎当在东宫侍班任上。

二月十二日，帝御经筵毕，召封王铎、姚明恭、黄道周、顾锡畴及翰林诸臣问"保举考选孰为得人"。

五月二十六日，王铎任礼部右侍郎、教习馆员。

七月在经筵讲官任上，时"秋讲"尚未开始，王铎上疏言边不可抚事，当在此顷，其时疏数上，杨嗣昌乃嗾中铛欲廷杖王铎，家人及奴仆皆惊恐，王铎泰然处之。

同月，侄无骄卒。

"秋讲"日，王铎进讲《中庸·唯天下至圣章》："力加派，赋外加赋，白骨满野，敲骨剥髓，民不堪命，有司驱民为贼，室家离散，天下大乱，致太平无日。"帝以其言辞过激，切责之。

九月，清兵入寇。

九月二十四日，京师戒严，王铎分守京城大明门，幼女佐卒于此顷。

十二月，次女相卒，时已两度上疏乞归省亲，遂返孟津。

侄无荒生于是年。

明崇祯十三年（1640）

49岁

三月三日，上遣王铎祭告风雷等坛。

九月，王铎受命南京礼部尚书。

十月，以家人先行，取路暂返孟津，王铎率家丁二十五骑随后，行至卫辉张吴店，家人一行陷农民义军围中，农民义军两千余，王铎以二十五骑驰突往救，竟得救出家人并冲出重围，有诗文记其事。

王铎父病故于此顷，始为父服丧。遂携家人于怀州东湖岸边筑草堂栖之，名曰涵晖阁。

明崇祯十四年（1641）

50岁

正月，书《柏香帖·思松涧书舍柬友诗四首》。刻石藏河南省沁阳县柏乡镇。

三月，同亲翁张玉调、李庚生游月山寺作《月山寺录》。

王铎母病故于此顷。

明崇祯十五年（1642）

51岁

春暮，王铎尚在怀州，与张抱一等游，书《赠张抱一草书诗卷》《赠张抱一行书诗卷》。

五月，朱五溪、三子无回有太行鸿飞山房之行，寻渡河，暂返孟津，安葬父母于郦山阴之祖茔。以农民义军进据孟津，忍痛离父母墓旁。与家人亲眷等近百口人，乘舟而东。复走新乡、滑县、封丘、夏镇等地。于封丘，值南京大理寺评事张如兰丧事，王铎修书与钱谦益，由张如兰长子宁生持之南下往见，请为父铭，钱谦益乃为作《南京大理寺甫评张君墓志铭》。

十一月二十六日，王铎一家人行至江苏桃源，妻马氏病故于舟中。时家人栖止小舟之内，备极艰难，得湖北黄冈"凝之"公助，于河边完丧礼。暂将妻马氏葬于此。

明崇祯十六年（1643）

52岁

八月，清太宗死，子顺治即位，是为世祖章皇帝，改年号为顺治。

春，于江苏浒墅关同故友袁枢相聚。

王铎三妹卒于此顷。

南下至嘉兴，会稽及楚之漳水、黄冈、洞庭湖一带，幼子无争卒。

秋，携家人北归。返乡后，因庐舍尽毁，乃投奔至河南辉县苏门山南十里之孟庄山志园，将藏书数车贮于孟庄山志园主人郭公隆之玄览堂。其时常与胙城贵履吾、山阴朱五溪游太行三潭，路拾"乌头"以为"芋"，食之，险些丧命。

四子无技病故于此顷。

胙城贵履吾时亦避难居此，有草舍曰"琴言斋"。十月某夜，王铎于琴言斋中，书《王维五言诗卷》。当晚宿于琴言斋。次日早，与郭公隆、贵履吾、朱五溪往游"紫团峰"及西崖诸胜，又留宿于友人维章之紫团山宅中。

次子无咎率奴仆等自五百里外之桃源迁母灵柩归，移葬于新乡城东二里之水柳湾。

明崇祯十七年（1644）

53岁

二月，李自成自三边入山西，直驱北京。十九日，明崇祯帝自缢于煤山。

王铎与彭禹峰、张云斋一同乘舟至丰、沛、清江浦一带。

五月三日，福王朱由崧称监国于南京，以王铎为东阁大学士。王铎尚未赴任。

六月十三日，王铎见朝。二十三日，予王铎弟镛、子无党世袭锦衣指挥使。

八月六日，叙翊戴功，加王铎太子少保、户部尚书、文渊阁大学士，荫中书舍人。

清顺治二年（1645）

54岁

正月初六日，加王铎少保，子荫。

二月十九日，叙殿功，赐王铎金、币。

二月二十一日，王铎六请告归。

同月二十六日，王铎晋少傅。

五月十一日，都城百姓入狱救太子。擒王铎，众殴之。

同月十五日，赵之龙叩首迎豫亲王多铎进入南京，开洪武门，钱谦益等文武数百员出城降。

次日，王铎随百官朝贺豫亲王多铎。

闰六月，王铎同清贝勒博洛至杭州。

清顺治三年（1646）

55岁

正月，王铎被命以原官礼部尚书兼宏文院学士，充明史副总裁。

同月，四弟王镆卒于太平任上。

同月，次子无咎中进士。

同月，于泲水龚奉常斋中，见米芾《天衣禅师碑》真迹，四月十六日炬前跋之。

三月，黄道周被俘，不屈死。

六月，受赐朝服。

清顺治四年（1647）

56岁

三月，充殿试读卷官。

九月，长子无党自昆山来京，道王铣事，王铎喜而作《尹教》一篇。

清顺治五年（1648）

57岁

闰四月十一日，王铎姬段氏卒。

同月，王铎返里，为段姬完丧事，作《段姬墓碣》。

冬，王铎返京。

清顺治六年（1649）

58岁

正月，王铎诏授礼部左侍郎，充太宗文皇帝实录副总裁。

二月，作《临王羲之伏想、清和等三帖轴》。

十月，遇恩诏，加太子太保。

清顺治七年（1650）

59岁

二月，作《书画虽遣怀文语轴》。

三月，作《三弟拟寻梦曲序》。

七月，书《赠沈石友草书卷》。

清顺治八年（1651）

60 岁

正月，晋少保。

四月，受命祭告华山。

六月，祭毕华山。

七月，作《临谢安帖轴》。

九月，作《临褚遂良帖轴》。

十二月，抱病。

顺治九年（1652）

61 岁

三月十八日去世。

皇帝赠太保，谥"文安"，敕封其孙凤为中书舍人。

附录二：历代名人评论王铎及其作品

余于睢州蒋郎中泰家见所藏觉斯为袁石愚写大楷一卷，法兼篆隶，笔笔可喜。明季之书者推赵文敏（赵孟頫）①。文敏之风神潇洒，一时固无所及者。若据此卷之险沉著，有锥沙印泥之妙，文敏尚逊一筹。

——张庚

铎书宗魏晋，名重当代，与董文敏（董其昌）并称。

——吴修

明季书学竞尚柔媚，王（铎）、张（瑞图）②二家力矫积习，独标气骨，虽未入神，自是不朽。

——梁巘

观《拟山园帖》，乃知孟津相国于古法耽玩之功亦有不少，其诣力与祝希哲相同。

——郭尚先

王觉斯铎，魄力沉雄，丘壑峻伟。笔墨外别有一种英姿卓荦之概。始力胜于韵者。

——秦祖永

张果亭（瑞图）、王觉斯人品颓丧，而作字居然有北宋大家之风。岂以其人而废之。

——吴德旋

---

① 南宋末至元初书法家赵孟頫与明代书法家董其昌谥号皆为"文敏"。
② 张瑞图（1570—1641），字长公，又字无画，号二水，别号果亭山人、芥子、白毫庵主、白毫庵主道人等。晋江二十七都霞行乡（今青阳镇莲屿下行）人。明代著名书画家，《明史》有传。

僵燥无韵。

——包世臣

笔鼓宕而势峻密，真元明之后劲。

——康有为

明人草书，无不纵而取势者，觉斯则纵而能敛，故不极势而势若不近，非力有余，未易语此。

——马宗霍

归前突兀山险峨，文安健笔蟠蛟螭。
有明书法推第一，屈指匹敌空坤维。

——吴昌硕

一生吃着二王法帖，天分又高，功力又深，结果居然能得其正传，矫正赵孟頫、董其昌的末流之失，在于明季，可说是书学界的"中兴之主"。

——沙孟海

觉斯书法出于大王，而浸淫李北海，自唐怀素后第一人，然尽变右军之书法，而独辟门户，纵横挥霍，不主故常。

——林散之

王侯笔力能扛鼎，五百年来无此君。

——启功

附录三：王铎墓志铭及祭文

故宫保大学士孟津王公墓志铭

钱谦益

近代儒者，不讲六书之义，自李茶陵、杨新都后，几为绝学。天启间，孟津王公觉斯，蔚起词林，以六书为己任，如李监生之开元也。公之学书也，鸟迹壁书，夏铭秦刻，梵净怯卢三元八会，莫不穷究宗祖，极命旁生。秘阁诸帖，部类繁多，编次参差，蠹衄起伏，趣举一字，矢口立应，覆而视之，点画戈波，错见侧出，如灯取影，不失毫发。是为公之书学，兴酣笔落，泼墨濡袖，蝇头细楷，擘窠狂草，风雨发作于行间，鬼神役使其指臂。师宜之挥壁，子敬之扫帚。天地万物，有动于中，无不于书发之。是为公之书才，劲而不猛，若鹰隼之戾天，丰而不沉，兼犟翟之备色。所谓藻曜而高飞，书之凤凰也。岩廊弘敞，簪裾肃穆，戢锐于内，振华于外。昔人称徐季海书，有君子之器焉，是为公之书品。然而公之为人，于学于才品，则又有大焉者，请移其书以论之，苞孕古今，囊括典俗；辨经史之源流，萃斯文之体要，或一挥而数制，或一饮而百篇。行则口占，卧则腹稿，人谓公之学博而敏。官史局以史事擅长，官坊局以公望倚重。事崇祯先帝于北，启沃讲筵，论列边计，凿凿不为亵言。事弘光皇帝于南，奖护忠直，疏解禁锢，侃侃有以自处。人曰："公之才，明而允。"疏节阔目，坦衷直肠，推贤让能，不啬口出，慰藉饥渴，尝若由己。不为崖岸斩绝之行，不附焱热噂沓之党。以山水为园囿，以歌咏为鼓吹，以文章朋友为寝食。人曰："公之品逸而端，平生规言矩行，动止有常。"既入北庭，颓然自放，粉黛横陈，二八递代。按旧曲，度新歌，宵旦不分，悲欢间作。为叔孙昭子耶？为魏公子无忌耶？公心口自知之，子弟不敢以间请也。

辛卯六月，礼白帝于华山。度毛女峰，度回心石，自伤蜿晚，赋诗以见志。登莲峰，望大壑，自诧善载腐躯朽骨，屏营不欲下者久之。烽火噩梦，踟蹰告劳，抵家未浃日，饰巾长逝。呜呼烯矣！昔金元之后，故直学士王若虚从之与浑源刘郁，东游泰山，至黄岘峰，憩萃善亭，谓同游曰："汩没尘土中一生。"晚年乃造仙府，遣其子前行视路，垂足坐大石上，瞑目而逝。公与从之，皆王姓，皆有声翰苑，从之游泰而解形，公游华而长往，百年而下，记二岳游者，其将比而同之耶？否耶？从之遗民旧老，微服东游；而公有事，代祭告华岳之灵，视两人之游踪，亦将如世之差别耶？否耶？达削成四方，不知天否可升矣。白帝少昊之司，百神之所家，祭告虔之时，神祗莅止，肝蠡赫然，其亦有灵爽恁焉，而挟以俱往耶？公易箦时云："有仙迎我，盖知之悉矣。"

公讳铎，字觉斯，河南之孟津人，天启壬戌进士，历官俱在国史。祖作、父本仁，俱以公贵，赠如其官；祖妣□氏，妻□氏，俱赠一品夫人。公生于万历二十年□月□日，卒时年六十有一。子五人。葬于□地之□阡。余与公同官交好，酒阑歌罢，谈说平生，辄以不朽为托，故于其子之请铭，不敢以老病辞，系之铭曰：

鸿朗庄严昭有融，光岳气合生骏容。魁颜伟十声如钟，珠囊玉杯推国工。西清东壁罗心胸，广厦细旈达帝聪。槐厅柳院声实隆，驾鹤双飞五马东。延登受策忧心冲，飙回雾塞天梦梦。吁嗟一桩颓昊穹，高文巨什完琰崇。海涵地负终无穷，八分三体追高踪。下蹑羲献上斯邕，鸾翔鹄峙惊郁葱。鱼颅鸟颔何匆匆，缥湘缣素流蛮戎。丰碑贞石争磨砻，如椽笔补造化工。谁云文艺徒雕虫，蓐收别馆少昊工。巨灵高掌光熊熊，车箱栝矢与天通。爟火既举登莲峰，玉浆金醴觞芙蓉。归来竹杖成茅龙，挥手高揖青鸟公。潬南羽化将无同，金天喑醒移策封。昭王博铭瞖蒙茸，华阴授璧怀抱中。天门跌荡秩礼终，佳诚郁郁开中嵩。我裁铭诗依变风，千年吐气成白虹。

上柱国光禄大夫赠太保兼太子太保礼部尚书王文安公神道碑铭

张镜心

赐同进士出身旧资政大夫正治上卿总督蓟辽军务兵部尚书加升一级仍加服二级留部官左侍郎事前总督两广军务兼巡抚，广东地方兵部右侍郎兼都察院右佥都御史眷年弟张镜心顿首拜撰

顺治九年壬辰二月十七日，少保礼部尚书孟津王公卒于里第。

天子闻而悼之，下谕大宗伯，是惟我国家，入定中原，首得文学之臣，其亟遣使治葬并祭，进位太保，子一，子中书舍人仍令太常以易名进用，副有礼儒臣至意，盖特恩也，于是其子参议臣无党，编修臣无咎，拜命稽首。走壮来告曰："我先君文安公立朝始终，载国史不诬，而亦有不为人知者，尚待表章，例得树碑。"如甲令以昭示来兹，敢请文丽牲之石，无亦先君遗命是笃，岂惟小子于故交甚厚，得其世次官封仕迹甚悉，乃不敢辞。

惟公讳铎，字觉斯，始祖自洪洞徙洛上，数传及公。考曰太傅公讳本仁，妣曰一品太夫人陈氏。公生有殊相，顶骨隆隆凸起，伟干丰髯，雄顾善瞵，吐声若巨钟。自少磊落有大志，十六岁为诸生治举子。业精即攻古文词，每厌时习纤靡慨然志三代之业，以谓空同沧溟，可方武文。自周汉丘迁而下，诗自唐初盛而外，辄弃去不为也。既乡举，以明年壬戌登进士、用高第，入翰林为庶常，读中秘书。与晋蒋太保德璟，山阴倪尚书元璐，鼎峙词林，声实

相伯仲。孙太师高阳公，以阁臣兼枢密，名能知人慎与可顾，独推重公曰："此他年宰相也。"余文其诗文行世久之，授检讨。魏珰焰甚，盗威福，龋寄畸龅绅间，取媚词无后者，公独落落然，无有所与。自谓吾史臣其敢曲笔以干清议。于是珰开局治《三朝要典》，得不与编纂例，而珰衔极思以中之矣。丁卯典闽试，令人微诸途，以公自束严，得不败，是岁入闽，所举皆名士，程生为天下最翕然称之。

逾年，怀宗即大位，珰诛，连治羽党，即公同事多坐免，而公超然议论之外，名重公卿间矣。迁谕德益谢去时，尚一袍三澣，且起一苍头携鹿卢床前持俎骑俾直金马门归即键户淫读，俸金嗛嗛，无侈俎。客至持一案对食，其于声色货贿之间，泊如也。休沐里中为拟山园自寓，大肆力坟典，尝语客："王生无他嗜好，但愿读尽世间书，多置古法，书名画，商周彝敦而婆娑吟咏其间，罢一切征逐宴会，简牍居间，诸鄙事乃至郡长吏时以干旄来请，宴间而不得又奚啻其庭无灭明迹也。丙子掌南院，奉太傅公与俱。而西方操贽谒文者，趾相错所，荐金帛以供封公，充赠赍，每风日晴好，辄奉杖履，为溪山游，士林侈为盛谈，时余秉南勋，相约为文字，饮从笔床墨陲间，见所著诗文词赋，奏牍与身等，因叹国朝文章家自弇山而后有公尔。一日，相与登钟山，下瞰玄武湖甚乐，而陵珰从旁治具。惟谨出所藏宋绢索书。公饮不顾，而以醉墨挥洒岩石间自若也。俄而拜学士，视院篆则集馆员庶常辈于待漏院，而谕之曰，翰林故清曹编纂外无可自表，见此日非有用文章，异日即无本经济尔，俨然中秘地而顾，即于嬉以自耗居诸一日，圣天子勤顾问畀事，权何所藉手以报明命也，入为太子经筵讲官。每进见，必危襟端笏，陈养正之学，吐音洪亮，睿表肃穆，为注听者移时。

是时，天下困于兵，自神庙来二十有七载，寇穴肠心，肢股将溃决，民不胜贼，往往逋绿林为亡命，而公独闲然为国本虑，即一旦有事，且瓦解不忧民乃忧兵耶。异日以少宗伯人对便殿，上言天下哀鸿满中泽，而赋日多，官缘为奸，民岌岌无生，皇上独不闻也。上不怿为切责，坐是忤宰相，指宰相者故武陵公，割民医兵，空天下相与争旦夕者也。公退，具疏由前请，武陵不胜愤，至相与腾口，而公于是时，用中外望推枚卜者数矣。遂不与大拜，迁南礼部尚书。公曰："二亲开七秩，久不获视晨昏，乃便道温清甚，幸归而觐太保公及太夫人，融融如也。"明年，两尊人即世，哀毁柴立，易戚无所不备，至而武陵亦以督兵襄沔卜败死。于是寇溃函谷关东走，中原糜烂，河以南成血国矣。公寄居怀州，为书告当事，不悟，乃携眷属南侨寓阊门武林间。甲申，京师陷，大清为怀宗皇帝驱仇贼，遂定河北。马睿士英奉福藩归金陵，福藩故邸嵩洛间，夙知公贤，遥拜大学士。既应召，泣而言曰："寇篡明，中国无以一矢相加。"遗者今尚稽诛，即南军弱不足恃，当通使北庭奋同仇之甲。而马辅观望，逡巡未遑也。有妄男子诣阙称太子，命诸臣杂视，莫敢出声，独公一辩而决："臣实侍青宫，此何事可赝为隽不疑何人哉？"又为罢厂卫，斥妖僧诬告，焚其书，得不株连善类，盖保全江以南巨籍者数百家。弘光游射南内，适进封事辄敕中使勿闻，公甚严重，公如此，乃以定策故，为马辅持不自振，马墨甚，又起营垒，斗国中公度不可为，五疏祈身不许，仅仰屋咄咄窃叹而已。乙酉，清兵渡江，首命后车载公此。比至京，守怀宗时旧官，管左侍郎事。明年，次子无咎成进士，公泣为之曰："吾自幼读书任世事，幽轲三十年，志未行，今老矣，汝曹其竭力报国。吾自知寿命不长，不能为世用也。"时御款段过署，出则召歌童数十人，为曼声歌吴歈取醉，或宵分不寐以为常，一日出郭遇大贾，遮道肆几筵即掀髯浮白，取大笔拚洒千尺素绫，大醉而归，醒亦不问谁何氏。间召青楼姬，奏琵琶月下，其声噪哽凉婉，辄凄凄以悲居，尝垢衣跣足，不潴不饰，病亦不肯服药，久之更得愈，则纵饮颓堕益甚。尝语客曰："吾悔壮盛巨官，为簪绅缚。幸熙朝宽法网，哀怜老臣，待以不死，计此七年皆余生。愿解骹从溟涬生游耳。"会上亲政，告祭华岳及陇蜀汉唐诸陵寝，属公以王简从事，则喜见颜色，夙欲寻高帝一问真原，久不践兹约，奉命登陟，得顶摩苍穹，手弄日月，即死无憾矣。事竣抵里，寻寝疾卒，享年六十有一。遗命用布素殓，垄上无得封树。先是领天监言，斗口文星失曜，而公不起，兹岂其应耶。卒之后数日，天子拜公尚书，且大用，而公不待矣。公为人澹率旷逸，而于世法疏，不斤斤细行，语必见底蕴，耻为术钩致人，然亦不能也。及余为忘形交，尝劝公释嫌怨。怫然曰："夫实有缺，乃曲情为眤也。"其他大事以道义为规勖，折节恐后，平生笃于文。谓此道四十年，沉酣其中，辄岳岳自负。己未，刻集二百四十卷，五言诗尤卓荦成一家，近代无与雁行者。自少精八法，行楷草书，远宗钟王，近逼真颜鲁公。以及篆隶、山水、竹木毛羽之类，无所不精绝，识者拟之元文敏公孟𫖯，海内得其一。赫蹄珍为拱璧，四裔使臣至，必购公书，上其国王以为重。居家俭朴，无赢金以贻其子孙。苟无愧而已及贵被肌，犹寒素其自奉，性尤笃友爱，与弟金华参议镛，刑部员外郎鑨，太平知府镆，廪生镡，忧喜祸福共，虽蕴郁终不自异也。配马氏赠一品夫人，偕德克丽，相公起家。自历宦有鸡鸣杂佩之风，先公十年卒。子男四人，无党、无咎，官著作前。无回，内府中书舍人，皆马氏出。无颇，官监，侧室石氏出。女三人，一适兵部尚书吕忠节公维祺子举人兆琳，一聘刑部侍郎张公鼎延子庶吉士璿，一聘礼部右侍郎兼内院学士薛公所蕴子廪生葳生，可谓盛矣。旧司马氏曰："天启、崇祯之世危矣，观世之用公，与公之所以用于世，盖其难哉。"以文章致身馆阁，慨然思以自见，三十年冒机触危，再诎再起，卒用功名气谊显于时。及晚岁精神筋力暴减，即不克胜世事。至今天子旦夕柄用不及见，而一以杯盂妓优声歌之事，寓其适意古所谓达生者欤？或者如昔之得道者，俨然知之，而顾任放剧书者为铭诗碑于道，令后世凭吊，想见文安公之所以为人者。铭曰："瞻彼洛矣，淑灏停洪。苞厥异美，笃生巨公。惟公之兴，明业云敞。瓦缶竞鸣，风雅斯替。公以文起，规制典谟。力任廓清，艾是榛芜。挥斥百家，古学有倬。天揭三光，地屹五岳。鸿文法书，夷夏购求。西清东序，大贝天球。学士清标，南宫峻秩。拟殚其蕴，乃与时失。礼右筋力，老用逸休。蒙庄破缚，旷尔天游。为鼎未实，有梅未和。奕世象贤，踵武銮坡。典刑忽陨，帝心用悼。载锡龙章，式崇美报。爰界之谥，厥问丕彰。宗伯将奠，司空治藏。元曰孟頫，唐曰摩诘。异代齐名，流芳可述。我铭其石，丰碑造穹。嵩岳之下，有缭其虹。"

中书科中书男无回顿首拜书

赠太兼太子太保光禄大夫礼部尚书王文安公墓表

光禄大夫太子太保工部尚书梁水友弟张凤翔撰

岁壬辰，少保、太子太保礼部尚书、前进士、礼部尚书大学士王公卒。其仲子秘书院编修无咎衰经而请表其墓，且曰：孤甫乞假归省，竟未得逮及先君，子孤则非人子矣。其所恃以不朽者，则有先君之老友在。余怆然谢不文者再；已念余奉公色笑，且三十余年所矣，是诚老友也。曷可辞，抑闻之标者，标也，标而勒诸七尺之珉，凡以为名也云尔，公之业在天下，文章在世，奚所籍石上之一言而名之。独其逡巡沧海之余，依违夷惠之，内求仁不得怨乎非耶？公顾有独刺于心者，公既不自言，而夜台不作，人莫我知，是则后死者之责也。

公讳铎，（字）觉斯，号痴庵，先世洪洞人。徙孟津家焉，遂为孟津人。俱载公家牒中不及赘。公生而奇，颖丰、须髯、漆瞳、重眉，轩轩豪上，出声若洪钟。少读古人书目十行。下为文章不屑三代，以后十六补诸生，试辄高等即工诗，诗必开元大历已复工章草，又能为晋魏人，画要皆绪余及之，非其好也，平生不迩声色，泊然惟恐即于尘，当其汲井拾樗，罔离典索，已毅然有天下之志矣。二十九举于乡，三十成进士，选庶常士，再授检讨。时魏珰罗织诸正人，无一二漏。慕公名，嘱修《三朝要典》，公辞不赴，珰颔，丁卯典闽试，伺尾载途，亘六千里，弗克中也。《易》之《小畜》曰："君子以懿文德。"此亦语其变□。履道坦坦，公则何心而操执，贞明诚素所蓄积然矣。珰败，怀宗御极遂历为谕德，公布被饭脱粟，曾不以一字假寺人扇头。再为南北掌院，讲授琅琅，释华求实，所甲乙诸名士，业亡少讳，未几以少宗伯充讲官。上召对便殿，陈百姓疾苦，乞减徭赋，郑图贾哭词，旨肃然，上动色，逾时乃霁。惟曰："此后更宜从容耳。"又奏疏时政，忤武陵、汉城二相，君或危之。公曰："吾知忠君，不闻有权臣。"再待经筵，正襟危论。所日直于宫者，惟是正心诚意四字不肯视为故事。庚辰，迁南宗伯，年四十有九矣。寻以禄养归，晨昏膝下，依依孺子，慕未衰也。友爱诸昆弟，四十年未肯易箸，盖如一日云，日进乡人为鸡豚社，共父老罄折欢甚，且以是教子弟，作家诫。亡何，丁□，赠君暨太夫人之变，哀毁骨立，戚易俱备。会流寇攻城邑，公条靖乱安民诸事，上有司弗克用。叹曰："贼乌合，本易制。当世沔沔，浸且蔓矣，奈何居此土。"携家而南，舟次下邳，而夫人马太君卒。公念攻苦食啖，皆内助力，终其身不复娶。虽夫妇之节，其不苟于义有此者。甲申，寇移燕鼎，清师入关，公在浙。弘光南播，藉公望，拜右相，以五疏辞乃就。公曰："北朝已奋同仇之甲，为今日计，但宜抚绥江表，练兵足食，徐俟天心。"时马相秉国，格弗行也。诸如疏停织造，止女谒，减苏杭税，斥妖僧诬告，宽北来自新之人，凡可为者，为之则不争之。然终郁郁思去位。嗟呼！以公之才之志，而会与时，左咎固在尼之者，是不可谓非天矣。清师入石头城，豫亲王礼公行宫载后车，陛见天子，复拜前官。泣谓诸子弟曰："吾幼读书，思以天下为己任，幽轲三十载，今老矣。吾知寿命不长，不能为当世用也。"于是守宗伯者七年。晨骑羸马入部，比例坐堂皇，出则召歌儿环侍，设粉粢糟蟹斗酒，唱吴骚曲，继和之，忽歌忽泣，卜夜为常，座客或潜去，公犹手檀板未极也。凡大贾以币交，乞书未得，探公意，欲购千尺绫，伺公过市，遮道留酒肆中，公则掀髯就醉，取笔大书，不问客主礼归，或呼青楼杂沓，桐荫梧月间，琵琶声嘈哎凄婉。衣垢不浣，病不尝药。亲识藏之，贻书劝曰："公素不迩声色者；今际开辟，曾无所光赞而沉湎若此，谓平生何？"公笑不答。更谏乃曰："吾少也贫，从未适吾欲，幸逢盛世，待老臣以不死，诚溢望外客休矣。某自有养生术，未易一二为知己道也。"月以庙市过慈仁，凡旧搨败楮，公一注目辄腾贵，公实贫无可得市，仅徘徊古松下，默塞久之，以是云寄耳。辛卯春，皇帝亲政，遣诸大臣祭告天下名山大川、古先帝陵墓。公得秦蜀时服于初归，郡盗未息，且蛇盘鸟道，丰草间之仆夫咸诧阻，公独喜曰："吾得登西岳，蹑箭栝，呼日月与共语，死且无憾。"十一月，以游华山，记并诗十数首寄长安。天云荒莽，万峰雷动，诸公属而和之，而公之讣音至矣。西洋汤君，善天官家言，岁正月语所知曰："文星匿耀，当王文人不禄。"公以二月考终。文献往矣，礼乐未兴，岂非天哉！岂非天哉！

公著有拟山园，已刻诗百卷、文二百卷，未刻诗文二十余卷，五经诸子、左国史记廿二、韩柳文、古唐诗、李杜二诗、琵琶拜月、西厢诸剧，皆有评次。书追二王，四种皆入堂奥。高丽异域，多有乞公片纸珍如玉者。晚好画竹石、花鸟山水烟峦，悉本董巨范李诸大家，为海内称。嗟呼！公之隐心微行，不得已而寄之酒，又寄之书与画。然迹其行以思其志，终不谓天下万世，遂莫我知也。

公生万历二十年壬辰十二月初十日寅时，卒以壬辰年二月十七日辰时，寿六十一。弟镛，金华道（参议）；鑢，刑部员外郎；镆，太平知府；镡，廪生。子四：长无党，济南道；次无咎，秘书院编修；次无回，内府中书科中书舍人，俱马夫人出；次无颇，官监，石氏出。女三：长适兵部尚书吕忠节公维祺子兆琳，戊子举人；次许见任兵部右侍郎张公延次子璿，己丑进士翰林；次许见任礼部侍郎薛公所蕴次子葳生，廪生。

时顺治十二年四月初七日谷旦

山东布政使司守济南道右参议不孝男无党

刑部河南清吏司员外郎弟巍

内翰林弘文院侍读学士男无咎

内府中书科中书不孝男无回书丹

国子监官监不孝男无颇同立石

王太保文安公家庙碑

皇帝遣皇华使者李爵乘辒车□传□傅藩臣，动水衡经费，鸠木伐石，葬我太保公。九年三月，既襄事，凡卒哭虞祭典礼。于是孝子慈孙率王于庙舍，故而讳新衬于祖父，报享万祀。粤稽太保公姓王氏，讳铎，字觉斯，谥文安，籍河南孟津。其先舜支裔，居洪洞自太原□□□□公王父□□优越传公。父本仁，咸赠宫保文渊武英殿大学士户部尚书。母陈，封一品夫人。公生奇嶷，体貌丰伟，沐瞳修眉，□吐若巨□□□□汲采自给。嗜坟索，入山寺，下帷讲诵，凡上古三代书，无不究其旨要。壬戌，拔南宫，选庶常，进学宫检讨。独树风节，辞修要典。珰□以郢□□间，丁卯□上闽海陟侍讲，唧□命封潞府六合注如礼，却赠金历□□谕德掌南北院事。除礼部侍郎，侍经□，忤乌程毗陵两政，□□其三对时，□□御便殿，与诸臣执论天下大计。公痛哭，陈百姓苦疾，□□□谏至动色，触感严勿少诎之，亦报罢塞上吏以抚□□□后主□共疏不可，凛凛数千言，触武陵讳，挡喉廷杖，赖□对庶□勿问辰移南秩宗。公年四十有九，盖二十年，祠苑荐历台阁，树□□之田垒□□南学归晋江，归安毗陵，非不模范八大家，而文气抑弱丧不振，□□□□川倒澜顺流，王屋、太行、龙门，其何砥北学归郁邺、□□□□□经秦汉，建枃斗极，泛星宿，驰昆仑，其源溯文祖而商周，浑噩之□犹□焉，未散学者固翕然□公时舨官壮盛以前后牴牯□□□□思北南卿养才望知者，惋惜之□恬如过里象舨间。立事晨昏者，婴儿一父之子五，友爱□□，年若终日，击鲜刺肥。拶印友言□□□□已寇陷津，大河之南血国。挈家迁新乡孟庄，又徙姑苏、西泾山、荆水，残五噫七哀浩殷□□。及弘光初，□磬赞耆旧，股肱师保□献□□相机辅道之力，毅然自任，终格贵阳而艰过巷救失扶夷。凡公所为溪韵隐忍，自甲申鸿劫以逮今，兹于宗伯故官者，进七□□迹牛马□情声歌，不垢不翰，病不循医，将桎梏其身，而怀御风行吾余生哉。公情见矣，顺治辛卯。

今皇亲政，例遣告祭，公陟秦蜀。秦封之华隋四千仞，熊熊魂魂。公觞于百□帝台纪其游，弟事当代之一攀龙，又裹粮上青天度绣□□□□足而望，飑飑其在下，摩苍穹，弄白月，实地下且即安也。公文章追古谟训，立言必三代□□诗雄浑沉，唐少陵以来体俱□□□□以曳以绳，名涵负海，俯之若谷，冲□气善嗒焉。□我其游戏墨苑，迭唱音律，神龙首尾□可得而端倪。卒赠宫保尚书□魔谥□□□□于参议无党、侍读学士无咎、中书无回等状。公生平悬其石，以请公子其行古之道哉，□□祭墓以庙。庙，德之基也。公前□□者□□而大佐翼文功吾道万世可无。庙，庙功之报也。碑无□无传，予出公门无□辞公子，其行古之道哉，爰辑所履以赞铭之。铭曰：

有虞百世，支分太原，十四而昌，爰上于津。罢车驽马，遑焉力穑，资赇楼空，教率匪□。□诞其良，文绒以张，扶黯而茔，不□□□，□彼□□，惟□惟默。伊雒之间，地气已竭，既大而浑，亦隐而见。匡时深心，论者莫殚，秦碑汉峙，古人邈矣，百年之乐，胡不考矣。

帝曰文哉，汝修汝庸，赉以俊号，为建土封。金石作颂，大雅扬言，模范后人，绳继以蕃。

征取在京前兵部尚书兼翰林院□□见任浙江布政司左布政河北门人张缙彦拜撰

大清顺治十二年岁次乙未八月谷旦

中书科中书男无回拜书

王文安公御祭碑文

维顺治九年岁次壬辰十一月壬子朔二十六日甲午，皇帝遣河南布政使司右参议许文秀谕祭于少保兼太子太保礼部尚书赠太保谥文安王铎之灵曰：

惟卿茂德淳和，赋质英敏。学窥东壁，探石函金匮之藏；才擅西京，冠王署木天之俊。晋宗伯而典礼，夙夜惟清；赋皇华以明禋，星霜靡盬。多才多艺，有猷有为。乃称秩华封，效驱驰于仙掌。而告虔江北，积劳瘁于蚕丛。王事嘉其克勤，大礼因而肇举。方期贞宪考度，黄发无愆。讵意晦雨冥风，缁衣永逝。朕闻报讣，痛悼良深。特赐祭九坛，谥文安，造坟安葬。

呜呼！工亮曲台，远陋绵蕞之节；纶章夯室，永昭楸槚之容。魂而有灵，尚其歆此！

王文安公首七御祭文

维顺治九年岁次壬辰十二月癸亥朔初八日丙午，皇帝遣河南布政使司右参议许文秀谕祭于少保兼太子太保礼部尚书赠太保谥文安王铎曰：

惟卿德器冲娴，学识博雅。方资典礼，遽叹奄终。日月不居，俄临首七。载颂御祭，用示殊恩。慰尔幽灵，歆兹异渥。

王文安公下葬御祭文

维顺治十年岁次癸巳三月丙辰朔初六日壬申，皇帝遣行人司行人李爵谕祭于少保兼太子太保礼部尚书赠太保谥文安王铎曰：

惟卿嵩岳降灵，河津毓秀。书穷蝌蚪，笔兢龙蛇。方期秩叙以寅清，胡不憖遗而即世。遣官送葬，用慰九原。灵如有知，尚其歆格。

附录四：《清史列传·王铎传》

王铎，河南孟津人。明天启二年进士，改庶吉士，授编修。荐升少詹事，充经筵讲官。崇祯十一年春，进讲《中庸·唯天下至圣》章，旁及时事，有"白骨如林"语，庄烈帝切责其敷衍支吾，不能发挥精义，铎惶惧俯伏案前待罪。明年，大学士张至发奏东宫出阁时，设侍班四人、讲读六人、校书二人，皆以翰林及詹事坊局官兼任。时廷议举谕德黄道周，至发屏之，而铎为侍班，寻乞假归里。十七年三月，擢礼部尚书，未赴。留贼李自成陷京师，明福王朱由崧立于江宁，铎与詹事姜曰广并授东阁大学士，道远未至。大学士马士英入辅政，出史可法督师扬州，嗾其党朱统𨦉劾曰广去之。铎至，遂为次辅。是年十二月，刑部尚书解学龙治从贼狱，仿唐制六等罪。庶吉士周钟曾为贼草劝进表，又上书劝贼早定江南，与率先从逆之光时亨，仅列二等，拟缓决。士英传旨令再议，学龙谋之铎，欲缓周钟、光时亨死，司士英注籍上之，且请停刑。铎即拟谕旨，褒以详慎平允。士英闻之大怒，削学龙籍，而置铎不问。

本朝顺治二年五月，豫亲王多铎克扬州，将渡江；明福王走芜湖，留铎守江宁。铎同礼部尚书钱谦益等文武数百员，出城迎豫亲王，奉表降。寻至京候用。三年正月，命以礼部尚书管弘文院学士，充明史副总裁。六月，赐朝服。四年，充殿试读卷官。六年正月，授礼部左侍郎，充太宗文皇帝实录副总裁。十月，遇恩诏，加太子太保。八年，晋少保。是年三月，疏言："帝王御世，莫不重道尊师。今上亲政伊始，百度维新。请幸学释奠，并命祭酒、司业诸臣于彝伦堂进讲。先期敕工部修葺圣庙，仍照例咨调衍圣公及四姓博士赴京陪祀，以襄盛典。"得旨"释奠大典，允宜举行。其令择吉具仪以进，葺文庙，如所请行"。五月，御史张煊疏劾吏部上书陈名夏私庇南人，以铎资深不得升尚书，反升资浅右侍郎陈之遴为证。名夏谓之遴升任，由尚书谭泰、侍郎李率泰等遍询九卿，莫有言铎居官优者，乃推升之遴。九年三月，授铎礼部尚书，而铎先以二月间祭告西岳、江渎事竣，乞假归里，卒于家。事闻，赠太保，赐祭葬如例，谥文安，荫孙之凤中书舍人。

长子无党，初仕明为指挥同知，入本朝官山西河东道。姜瓖叛时，巡抚祝世昌奏其御贼有功，寻迁济东道。次子无咎，顺治三年进士，官至太常寺少卿。

参考文献

1. 〔唐〕张彦远：《法书要录》，人民美术出版社，1986年。

2. 〔唐〕张怀瓘：《书断》，浙江人民美术书出版社，2012年。

3. 〔唐〕韦续：《续书品》。

4. [后晋] 刘昫等：《旧唐书》，中华书局，1975年。

5. 〔北宋〕苏轼：《东坡题跋》，浙江人民美术书出版社，2016年。

6. 〔北宋〕欧阳修、宋祁：《新唐书》，中华书局，1975年。

7. 〔北宋〕欧阳修：《集古录目》，商务印书馆，1930年。

8. 〔北宋〕苏轼：《苏东坡全集》，珠海出版社，1996年。

9. 〔北宋〕黄庭坚：《山谷题跋》，上海远东出版社，1999年。

10. 〔南宋〕袁褧：《枫窗小牍》，中华书局，1985年。

11. 〔南宋〕江少虞：《宋朝事实类苑》，上海古籍出版社，1981年。

12. 〔南宋〕董逌：《广川书跋》，上海书画出版社，1998年。

13. 〔南宋〕吴曾：《能改斋漫录》，上海古籍出版社，1979年。

14. 〔南宋〕陈思：《书苑菁华》，北京图书馆出版社，2003年。

15. 〔南宋〕胡仔：《苕溪渔隐丛话》，人民文学出版社，1962年。

16. 〔元〕脱脱：《宋史》，中华书局，1985年。

17. 〔明〕项穆：《书法雅言》，中华书局，1983年。

18. 〔明〕王世贞：《池北偶谈》，中华书局，2006年。

19. 〔明〕范明泰：《米襄阳外记》。

20. 〔明〕董其昌：《画禅室随笔》，江苏教育出版社，2005年。

21. 〔明〕陶宗仪：《书史会要》，中国书店，1988年。

22. 〔明〕李贽：《焚书》，中华书局，2009年。

23. 〔明〕袁宏道：《袁中郎全集》。

24. 〔明〕钟惺：《问山亭诗序》。

25. 〔清〕杨守敬：《学书迩言》，文物出版社，1982年。

26. 〔清〕何焯：《庚子消夏记校文》，中华书局，1991年。

27. 〔清〕梁巘：《承晋斋积闻录》，上海书画出版社，1984年。

28. 〔清〕张庚：《国朝画征录》，上海人民美术出版社，1963年。

29. 〔清〕梁同书：《频罗庵论书》，中华书局，1985年。

30. 〔清〕刘熙载：《艺概》，上海古籍出版社，1982年。

31. 〔清〕吴德旋：《初月楼论书随笔》，中华书局，1999年。

32. 〔清〕包世臣：《艺舟双楫》，北京图书馆出版社，2007年。

33. 〔清〕康有为：《广艺舟双楫》，上海书画出版社，2006年。

34. 〔清〕王澍：《虚舟题跋》，上海古籍出版社，

1996年。

35.〔清〕刘廷献:《广阳杂记》,中华书局,1957年。

36.〔清〕穆彩阿:《嘉庆重修一统志》,中华书局,1986年。

37.王钟翰:《清史列传》,中华书局,1987年。

38.刘灿章:《王铎和他的书法艺术》,上海书画出版社,2005年。

39.韩仲民:《王铎史料存真》,海天出版社,2006年。

40.杨宪金:《王铎诗文手迹鉴赏》,中国书店,2009年。

41.王宁宇:《王铎墨迹鉴赏》,陕西人民美术出版社,2000年。

42.黄简:《历代书法论文选》,上海书画出版社,1979年。

43.侯镜昶:《书学论集》,华东师范大学,1982年。

44.马宗霍:《书林藻鉴》,文物出版社,1984年。

45.谢稚柳:《鉴余杂稿》,上海人民美术出版社,1996年。

46.房弘毅:《历代书法精论——明代卷》,中国书店,2007年。

47.任平:《书法艺术论》,山西教育出版社,1999年。

48.叶鹏飞:《中国书法发展史》,天津古籍出版社,2000年。

49.卢辅圣主编:《中国书画全书》,上海书画出版社,1998年。

50.杨震方:《碑帖叙录》,上海古籍出版社,1982年。

51.刘恒:《中国书法史》,江苏教育出版社,2002年。

52. 方韬:《山海经》,中华书局,2009 年。

53. 嵇文甫:《晚明思想史论》,河南大学出版社,2008 年。

54. [日]中田永次郎著,卢永磷译:《中国书法理论史》,天津古籍出版社,1987 年。

55.《王铎书法集》,北京工艺美术出版社,2005 年。

56. 黄思源:《王铎书法全集》,河南美术出版社,2006 年。

后 记

记事易而评人难，自古如此。王铎生活在明末清初，当时社会动荡不安、政局不稳。在王铎入仕为官的数十年中，其政治经历颇为复杂。因此，虽然王铎是明末清初著名的书法家，但他却始终囿于政治旋涡之中不得脱身，以致在其死后仍被人视为不忠之臣，为多数儒家士大夫所不齿，其书法作品也受到了牵连。

对于王铎的评价，清康熙年间吴德旋的见解异于常人，他在《初月楼论书随笔》中说："明自嘉靖以后，士夫书无不可观，以不习俗书故也。张果亭、王觉斯人品颓丧，而作字居然有北宋大家之风，岂得以其人而废之。"吴德旋以儒家"忠君"的德行考量王铎，因王铎降清而称其"人品颓丧"。但是，吴德旋仍然称王铎的书法堪与"北宋大家"比肩，能够肯定王铎书法方面的造诣，在当时的情况下实属不易。

书法是一门历史悠久的艺术，对于书法家的评价自然也应该以艺术家的标准加以衡量。假如书法家艺术水平的高低和其政治立场存在必然联系的话，那就等于说王铎在明末的书法作品价值极高，而当他归顺清朝之后，其书法的水平就每况愈下了。这种假设显然是不成立的，因为每位书法家都是循序渐进，在不断的实践探索中形成自己的风格并最终成为大家，王铎也是如此。从王铎书法艺术创作的经历可以看出，其书法的成熟阶段在明清之交，进入清代后，王铎的书法技艺更是臻于化境，我们在评论书法家王铎的时候，又怎么能因为他的政治经历而无视他精湛的书艺和不朽的作品呢？

　　目前，对于王铎书法风格及其书作的研究已经形成一股潮流，很多书法爱好者都被王铎书法独特的风格所吸引，这是对王铎书法艺术成就的一种极大肯定。不过要练好王铎的书体不是一件容易的事情，虽然王铎自称"独尊羲献"，但事实上他对于历代书法名家都进行过系统而细致的研究。要学习王铎的书体，自然要熟悉王铎学书经历的点点滴滴，坚持日日临帖，方能有所感悟。

　　今天距离王铎生活的年代已有数百年，但每当我们驻足于王铎巨幅长卷之前，便似乎跨越了时空的界限，回到了王铎生活的动荡岁月，亲历其挥毫泼墨完成作品的完整过程，这种真切的感触令人不由得对其肃然起敬。在搜集资料和撰写本书的过程中，启功先生的"王侯笔力能扛鼎，五百年来无此君"的诗句时常在我们的耳边响起。

　　在本书的撰写和出版过程中，得到了社会各界相关人士的大力支持，在此，我们一并表示衷心的感谢！